Kärnten

mit Hohen Tauern, Nockbergen und Karawanken

51 Touren von der Glocknergruppe bis in die Karnischen Alpen

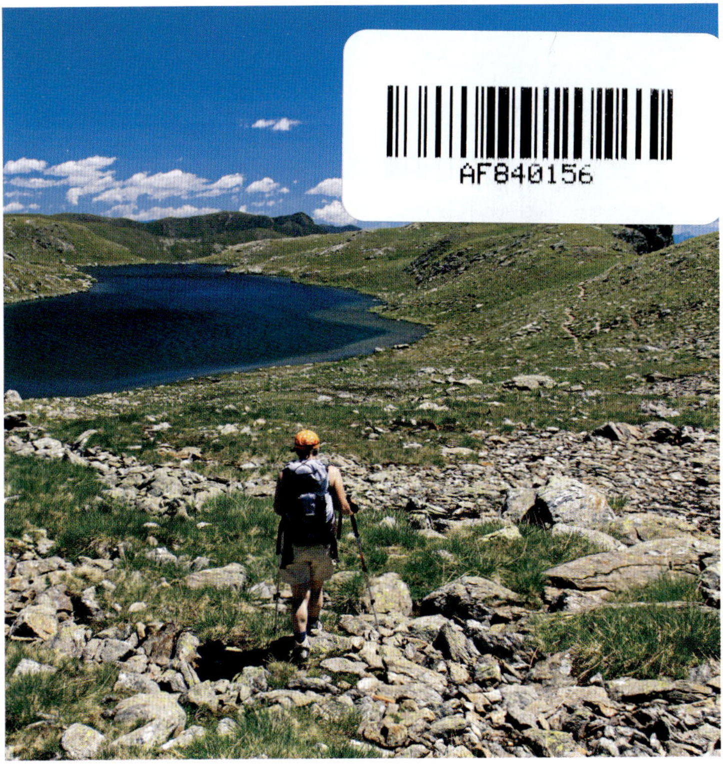

Evamaria Wecker

ROTHER
BERGVERLAG

Vorwort

Bereits im Kindergartenalter war ich das erste Mal in Kärnten. Neben einem herrlichen Spielplatz sind mir die Glimmersteine, die mir der Vater aus den Nockbergen mitbrachte, in bester Erinnerung – sie wurden sofort als Spiegel für meine Puppen eingesetzt. Sommer für Sommer fuhren wir nach Kärnten, genossen das milde Klima, erfreuten uns an den typischen Wegkapellen oder Marterln, die es in dieser Form nur in Kärnten gibt, und schmuggelten Kleidung und Pfirsiche aus Tarvisio über die Grenze – kein Zöllner hätte ein Auto mit einem schlafenden Kleinkind durchsucht! Besonders eindrucksvoll blieben mir die Ruine Landskron und die Burganlage von Hochosterwitz in Erinnerung. Und die Fahrten über die Pässe: Katschberg, Turracher Höhe waren damals noch nicht geteert – ein Albtraum – und auf der Großglockner-Hochalpenstraße kochte regelmäßig das Kühlerwasser. Dafür wurden wir für die aufregende Fahrt mit einem besonders schönen Abziehbildchen in Form eines großen G belohnt, das stolz das rückwärtige Autofenster zierte. Später im Leben lockten andere Ziele, die Viertausender der Westalpen übten einen unwiderstehlichen Reiz aus. Als jedoch Freunde nach Finkenstein zogen, entdeckte ich Kärnten neu. Vieles ist heute noch so, wie ich es in Erinnerung hatte, vieles hat sich geändert, das Schönste jedoch sind die offenen Grenzen. Heute wird niemand mehr am Wurzenpass abgewiesen, weil er kein Visum hat, und die slowenischen Berge, vor allem die Julischen Alpen, entwickeln sich zu den neuen Hausbergen der Villacher. Kärnten wirbt mit dem Slogan »wasserreich«, zu Recht – man kann fast keine Tour unternehmen ohne idyllischen See oder rauschenden Bach! Je mehr ich in Kärnten unterwegs bin, umso mehr bin ich fasziniert: untertags am Berg, abends schwimmen im See. Heute Lust auf Hochgebirge, morgen auf Klettern im Kalkfels oder eine gemütliche Wanderung über sanfte Bergwiesen. Berühmte Dreitausender besteigen oder unbekannte Gebirgsgruppen erforschen. An einem der vielen Gebirgsseen den Tag verträumen. Oder besser eine der Käsealmen im Gailtal aufsuchen und ein leckeres Jausenbrettl oder Kärntner Kasnudeln verspeisen? Schluchtenwandern an einem heißen Sommertag? Wieder einmal zur Franz-Josefs-Höhe hinauffahren? Oder die Murmeltiere und Edelweiß im Nationalpark Hohe Tauern besuchen, das wäre eine gute Idee. Auch eine Blumenwanderung über die Nockberge wäre nicht zu verachten und nach Glimmerschiefer und Granaten suchen. Allerdings, wenn die Paradieslilie blüht, ruft die Mussenhöhe. Und die Gladiolenwiese in der Schütt, die Narzissenwiesen in den Karawanken und, und, und … Welches Land hat eine solch vielfältige Auswahl zu bieten?
Jetzt haben Sie die Qual der Wahl! Ich wünsche Ihnen viele schöne Berg- und Urlaubstage im Land der Vielfalt.

Brannenburg/Finkenstein, im Sommer 2024 Evamaria Wecker

Inhalt

Allgemeine Hinweise

Tourenauswahl

In einem Land wie Kärnten, das so viele verschiedene Gebirgsgruppen und unzählige schöne Gipfel sein eigen nennt, ist es schwer, eine Auswahl von 51 Touren zu treffen, die möglichst allen Bergbegeisterten gerecht werden soll: dem erfahrenen, konditionsstarken Bergsteiger wie dem ambitionierten Genusswanderer, dem untrainierten Gelegenheitswanderer ebenso wie der Familie mit abenteuerhungrigen Kindern. Ich habe mich um eine bunte Auswahl bemüht, die für jeden Geschmack und alle Eventualitäten die passende Tour bietet. Eines haben sie alle gemeinsam: eine schöne Wegführung und etwas Besonderes unterwegs. Das kann eine unvergleichliche Aussicht oder eine unendliche Blumenfülle sein, die Begegnung mit ein paar Murmeltieren oder die Überquerung eines harmlosen Gletschers, eine enge Schlucht, ein tosender Wasserfall oder eine faszinierende Gratwanderung, die Fahrt mit einer ungewöhnlichen Bahn oder spannende Klettereien am straff gespannten Drahtseil, ein idyllischer See oder eine gemütliche Hütte. Eine Tour mit Ärgernis oder ohne Genussfaktor wurde gnadenlos von der Auswahlliste gestrichen!

Schwierigkeitsbewertung

Die Bewertung der einzelnen Touren richtet sich nach der schwierigsten Stelle; das heißt jedoch nicht, dass der gesamte Wegverlauf gleichbleibende Schwierigkeiten aufweist. Häufig finden sich auch bei schwierigeren Touren längere leichte Passagen. Die Schwierigkeiten werden nach den folgen Kategorien unterschieden, die sich in der Farbe der Tournummer ausdrücken:

▸ Leicht

Talwege, Alm- und Forststraßen ohne Schwierigkeit sowie einfache Bergwege. Diese können schmal

Die Schobergruppe vom Aufstieg zum Mohar.

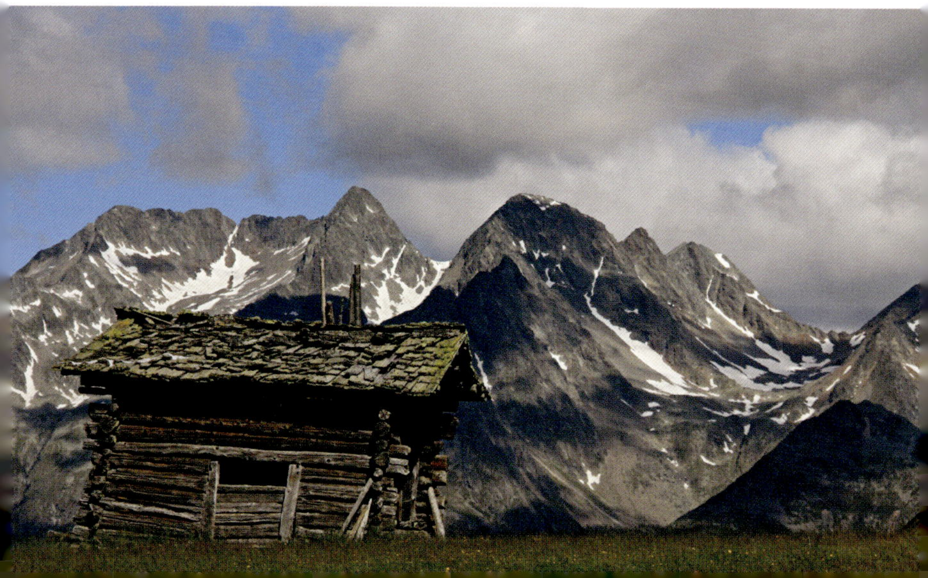

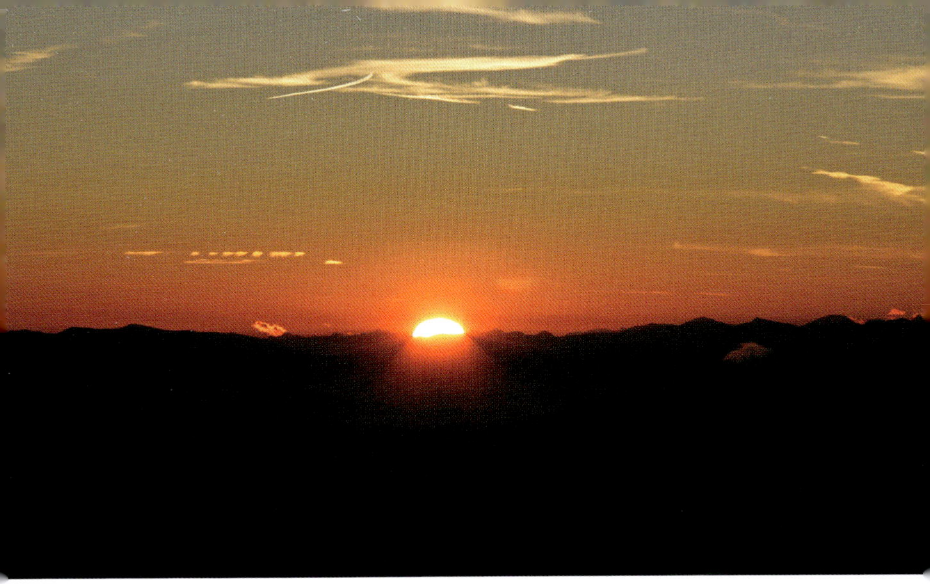

Sonnenuntergang auf der Koralpe.

und steil angelegt sein, weisen jedoch keine schwierigen und absturzgefährlichen beziehungsweise ausgesetzten Stellen auf oder sind an solchen Stellen mit einem Geländer versehen.

▸ **Mittel**
Mittelschwere Bergwege sind meist schmal, oft steil angelegt und können ausgesetzte beziehungsweise absturzgefährliche Stellen aufweisen. Kurze Gehpassagen können auch mit Drahtseilen versichert sein. Die Wege führen meist durch alpines Gelände und erfordern bereits Trittsicherheit und Schwindelfreiheit.

▸ **Schwierig**
Schwere Bergwege sind schmal, oft nur als Steigspur erkennbar, häufig steil angelegt, ausgesetzt beziehungsweise absturzgefährlich und führen meist durch hochalpines Gelände. Es kommen vermehrt versicherte Gehpassagen vor und teilweise auch leichte Kletterstellen, die nur mit Unterstützung der Hände zu bewältigen sind. Ebenso sind weglose Passagen, die nur am Verlauf der Markierungen erkennbar sind, möglich. Trittsicherheit und Schwindelfreiheit sind unbedingt erforderlich. Die Route kann zeitweise auch über Schnee und leichte, spaltenarme Gletscher führen, die unter Umständen bereits den Gebrauch von Steigeisen und Pickel erfordern. Auch sämtliche Klettersteige gehören in diesen Schwierigkeitsbereich. Die Länge einer Tour hat keinen Einfluss auf die Bewertung der Schwierigkeit! Ebenso können sich die jeweiligen Schwierigkeiten durch äußere Umstände wie Nässe, Schnee, Eis oder Wegunterbrechungen durch Muren oder Ähnliches erhöhen.

Tourenplanung

Neben der Auswahl des Zieles gilt es bei der Tourenplanung außerdem zu berücksichtigen:

- Bin ich beziehungsweise sind meine Mitgeher den Anforderungen dieser Tour gewachsen? Vor allem bei Kindern ist dies oft eine schwierige Entscheidung.

- Hält das Wetter? Vor allem im Hochsommer stellen Hitzegewitter auch bei schönem Wetter eine nicht zu unterschätzende Gefahr dar. Informieren Sie sich vor jeder Tour über den aktuellen Wetterbericht.
- Passen die Verhältnisse? Schnee, Nässe, Eis erhöhen das Gefahrenpotenzial, und verwelkte Blüten auf einer berühmten Blumentour sind absolute Spaßkiller.
- Geht die Gondel, fährt der Bus, den ich zur Rückkehr zum Ausgangspunkt benötige? Recherchieren Sie vor der Tour immer eventuell benötigte Fahrpläne.
- Haben die Hütten geöffnet? Informationen über Alpenvereinshütten finden sie unter alpenverein.at/huetten.

Bachübergang im Leitertal.

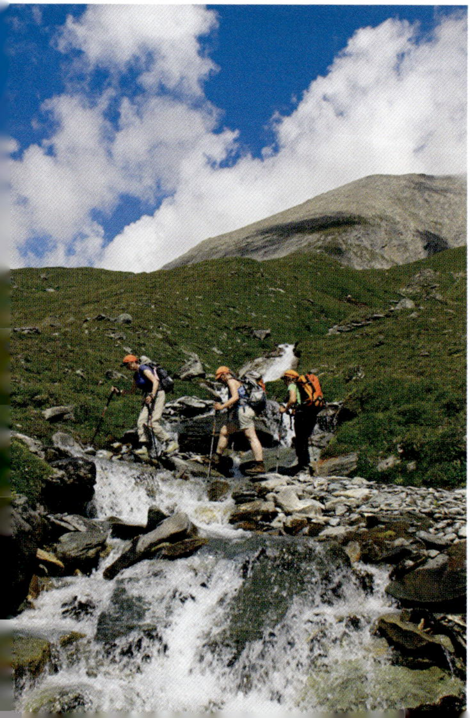

Gehzeiten und Höhenunterschiede

Die Gehzeiten sind ein schwieriges Thema, denn sie sind individuell sehr unterschiedlich und stark abhängig von Kondition, Trittsicherheit, Körpergröße (und damit der Schrittlänge) und dem Rucksackgewicht. Im Infokasten der jeweiligen Etappe finden Sie die reine Gehzeit unter normalen Bedingungen für die folgende Tour. Die angegebenen Zeiten sind Durchschnittswerte, gemessen am üblichen Tempo eines sportlichen Freizeitwanderers mit einem nicht allzu schweren Rucksack. Rastpausen sind dabei nicht berücksichtigt, diese müssen bei der Tourenplanung noch mit eingerechnet werden.

In der Info zu jeder Tour finden Sie außerdem den zu erwartenden Höhenunterschied. Dabei handelt es sich nicht nur um einen einmaligen Aufstieg, sondern kleinere Gegenanstiege wurden ebenfalls mit eingerechnet.

Alpine Gefahren

Die meisten Touren führen durch alpines Gelände. Neben den wetterbedingten Gefahren wie Regen, Gewitter, Nebel, Kälte und Schneefall verlaufen viele Wegabschnitte durch ausgesetztes, absturzgefährliches Gelände, in dem man nicht stolpern sollte. Häufig besteht hier auch eine erhöhte Steinschlaggefahr, am besten zügig weitergehen und nicht rasten. Auch mangelnde Kondition, Selbstüberschätzung sowie schlechte Ausrüstung können eine Gefahrenquelle sein.

Das alpine Notsignal ist einheitlich: sechsmal pro Minute ein akustisches oder optisches Signal geben (Rufen, Pfeifen, Winken ...), dann eine Minute Pause und dann wiederholen.

Der Umwelt zuliebe ...

Auch beim Wandern hinterlassen wir einen ökologischen Fußabdruck, aber im Einklang mit der Natur unterwegs zu sein, ist gar nicht so schwer!

VORBEREITUNG UND ANFAHRT

- Sich vorab informieren, worauf in Bezug auf Natur und Umwelt in der jeweiligen Wanderregion besonders zu achten ist.
- Soweit möglich mit Bahn und Bus anreisen, Wander- und Rufbusse nutzen.
- Ist eine Anfahrt mit dem Auto nötig, Fahrgemeinschaften bilden.
- Bei weiten Anfahrten Mehrtagestouren planen oder von einem Quartier vor Ort aus mehrere Touren absolvieren.
- Flugreisen möglichst reduzieren und durch Beiträge zu Klimaschutzprojekten kompensieren.

KLEIDUNG UND AUSRÜSTUNG

- Beim Kauf von Outdoor-Kleidung auf umweltfreundliche und faire Herstellung achten und Kleidungsstücke möglichst viele Jahre nutzen.
- Ausrüstung kann man eventuell auch gebraucht kaufen oder ausleihen.
- Reparieren statt neu kaufen.

VERPFLEGUNG

- Beim Einkauf Bio-Ware, regionale und saisonale Erzeugnisse bevorzugen.
- Hütten und Gasthäuser auswählen, die regionale Produkte verwenden.
- Auf Einwegflaschen und Plastikverpackungen verzichten, stattdessen wiederverwendbare Trinkflaschen und Brotzeitboxen benutzen.

ÜBERNACHTUNG

- Bei lokalen Anbietern buchen, damit Menschen vor Ort profitieren.
- Auf Hütten und in anderen Unterkünften Strom und Wasser sparen.

UNTERWEGS

- Wege benutzen und Abkürzer vermeiden.
- Sperrungen von Wegen und Schutzgebieten respektieren.
- Keine Blumen pflücken und keine Pflanzen entnehmen.
- Waldbrandgefahr beachten.
- Müll wieder mit nach Hause nehmen und dort entsorgen.
- Toilettengänge in freier Natur möglichst vermeiden.
- Lärm vermeiden.
- Hunde an die Leine nehmen.

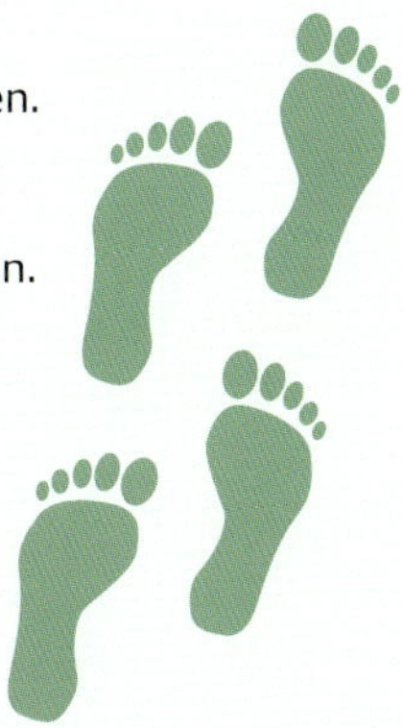

ROTHER BERGVERLAG

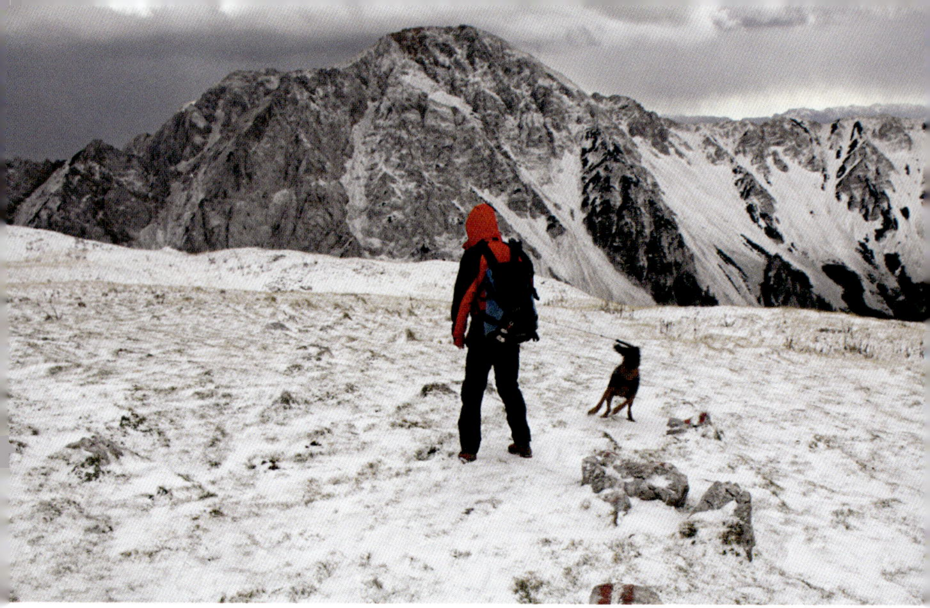

Spätsommerlicher Wettersturz am Geißberg.

Die Antwort des Empfängers wird mit drei Zeichen pro Minute gegeben und ebenfalls nach einer Minute Pause wiederholt.

Eine zusätzliche Gefahr, mit der die Bergsteiger in Kärnten konfrontiert sind, ist die weit verbreitete Muttertierhaltung auf Almweiden. Auch wenn die kleinen Kälbchen oder Lämmer noch so süß sind, sollten Sie Abstand halten und sich das Streicheln verkneifen. Muttertiere können zum Schutz ihrer Kinder sehr aggressiv reagieren, und mit Mutterkühen haben sich schon schwere Unfälle ereignet.

Ausrüstung

Auf den Wanderungen benötigen Sie keine spezielle Ausrüstung. Wichtig sind stabile, aber leichte Berg- oder Wanderschuhe mit guter Profilsohle. Empfehlenswert sind Wanderstöcke, die Ihnen Stabilität geben und Beine und Rücken an Gewicht entlasten.

Wind- und Regenschutz (auch für den Rucksack!), Handschuhe, Mütze, Sonnenschutz (Brille, Hut und Creme), Erste-Hilfe-Set, Rettungsdecke oder Biwaksack und ein Handy sind bei jeder Bergtour notwendige Begleiter.

Und schließlich gehören in den – möglichst leichten – Rucksack ausreichend Getränke und Verpflegung für unterwegs.

Bei Hüttenübernachtungen brauchen Sie einen leichten Hüttenschlafsack, aus hygienischen Gründen besteht auf allen Alpenvereinshütten Schlafsackpflicht.

Auf den Klettersteigen sollten Sie eine komplette Klettersteigausrüstung dabeihaben (Hüft-, eventuell auch Brustgurt, Klettersteigbremse und Steinschlaghelm). Von Vorteil ist ein spezieller Klettersteigschuh.

Auf den Gletschertouren sind bedingt steigeisenfeste Bergschuhe erforderlich, Steigeisen und Pickel unentbehrlich und Seil empfehlenswert.

GPS-Daten und Koordinaten der Ausgangspunkte

Auf **gps.rother.de** stehen zu diesem Wanderbuch GPS-Tracks und die Koordinaten der Ausgangspunkte zum kostenlosen Download bereit. Dieser QR-Code führt direkt zum Download.
4. Auflage, Passwort: **307204urm**
Die GPS-Tracks können in die Rother App importiert werden. In der App kann man unterwegs stets sehen, wo man gerade ist und wo es langgeht.
Anleitungen dazu: rother.de/gps.
Trotz sorgfältiger Prüfung können wir Fehler und zwischenzeitliche Veränderungen nicht ausschließen. Verlassen Sie sich für die Orientierung niemals einzig und allein auf die GPS-Daten, sondern beurteilen Sie die Verhältnisse vor Ort.

Karten

Für die meisten Wanderungen genügen die im Buch abgedruckten Kartenausschnitte (von Freytag & Berndt) im Maßstab 1:50.000, für weitergehende Erkundungen und Bestimmung der umliegenden Berge empfiehlt sich jedoch die Mitnahme einer Wanderkarte.
Freytag & Berndt deckt Kärnten mit seinen Wanderkarten im Maßstab 1:50.000 vollständig ab.
Der Alpenverein bietet für die Hohen Tauern mehrere hervorragende Kartenblätter im Maßstab 1:25.000 an (Glocknergruppe, Schobergruppe, Sonnblick, Hochalmspitze - Ankogel), die vor allem für die Gletscherüberquerungen (Tour 7, 11) zu empfehlen sind.
Das Bundesamt für Eich- und Vermessungswesen gibt Landeskarten im Maßstab 1:50.000 und 1:25.000 flächendeckend für Kärnten heraus.

Immer hilfreich: eine gute Karte.

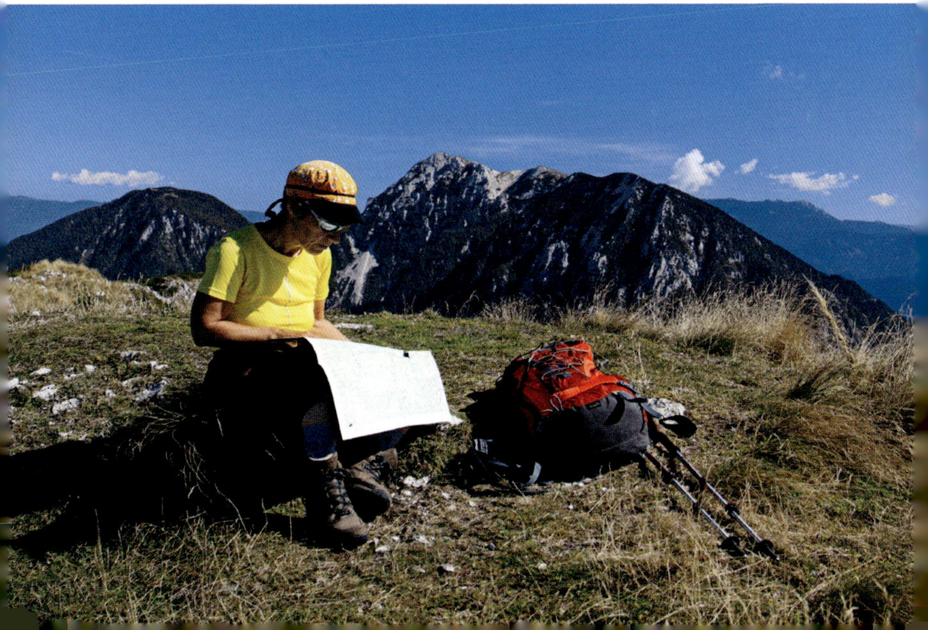

Die Bergwelt Kärntens

Hohe Tauern

Unter diesem Oberbegriff vereinen sich mehrere eigenständige Gebirgsgruppen: Glockner-, Schober-, Ankogel-, Goldberg- und Kreuzeckgruppe sowie außerhalb Kärntens Venediger-, Rieserferner- und Granatspitzgruppe. Die Hohen Tauern sind aus Silikatgesteinen aufgebaut, im Volksmund gerne als »Urgestein« bezeichnet, zum Teil auch stark vergletschert, was diesen Bergen ein unverwechselbares Aussehen verleiht.

Im Tauernfenster finden wir allerdings eine Gesteinsvielfalt, die selbst Geologen verblüffte. Während sich in niedrigeren Höhen blumenreiche Almwiesen ausbreiten, gedeihen in den höheren Regionen zarte Pflanzen wie das Edelweiß und blühende Polster wie die Steinbrecharten oder das Alpenleinkraut, die sich hervorragend an die extremen Witterungsbedingungen angepasst haben und eine wichtige Funktion als Pionierpflanzen erfüllen, indem sie den meist sandigen Moränenboden durchwurzeln und damit festigen. Sie müssen den kurzen Bergsommer für ihre Blütezeit nutzen und erfreuen uns bis weit in den Spätsommer mit ihrer Farbenpracht. Ein besonders eindrucksvolles Farbenspiel ist die Alpenrosenblüte, die – je nach Witterung – schon ab Mitte Juni die Berghänge mit einem roten Teppich überzieht.

Das Kernstück der Hohen Tauern bildet heute der Nationalpark Hohe Tauern, um dieses unvergleichlich schöne Gebiet zu bewahren. Damit wird auch Tieren, die bereits ausgerottet oder vom Aussterben bedroht waren, ein geschützter Lebensraum geboten. Erfolgreich wurden Steinböcke wieder angesiedelt, die Steinadler vermehren sich und auch die Bartgeier, unsere größten Vögel, fühlen sich langsam wieder heimisch. Ihre Einbürgerung gilt erst als gelungen, wenn sie hier auch brüten. Dies ist 2011 zum ersten Mal geschehen, das erste Geierpaar hat einen Jungvogel im Nationalpark großgezogen!

Auf der Franz-Josefs-Höhe, Großglockner (links) und Johannisberg (Bildmitte).

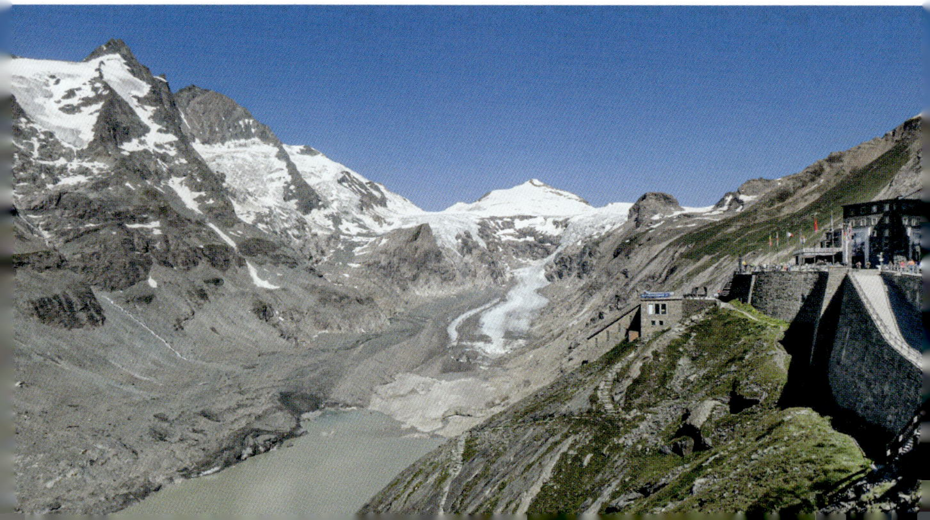

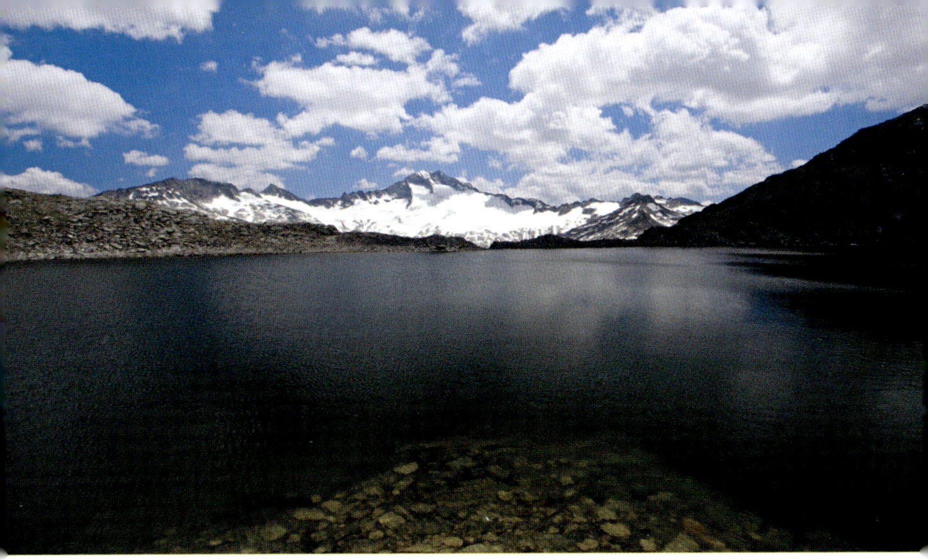

Das Massiv der Hochalmspitze mit dem Großelendkopf über dem Oberen Schwarzhornsee.

Glocknergruppe

Die berühmteste Gebirgsgruppe Kärntens ist wohl auch die faszinierendste: Rund um den größten Gletscher der Ostalpen, die Pasterze, breitet sich eine vielfältige Bergwelt aus, die an Attraktionen ihresgleichen sucht. Vom Großglockner, dem höchsten Berg Österreichs, bis zum eindrucksvollen Gletscherweg Pasterze, vom Logenplatz Spielmann bis zum geologisch interessanten Tauernfenster, von den einzigartigen, historisch interessanten Zirknitztälern bis zu den Edelweißwiesen an der Salmhütte, von verspielten Murmeltieren bis zu majestätischen Steinböcken werden dem Bergsteiger fast alle Bergträume erfüllt.

Schobergruppe

Diese relativ unbekannte Gebirgsgruppe schließt sich südlich an die Glocknergruppe an. Hier finden wir nur noch abschmelzende Gletscherreste; Blockhalden und Blockgletscher kennzeichnen das Bergbild und erschweren die Besteigung mancher Gipfel. Ein Berggebiet für Individualisten; abseits der großen Touristenströme, von einer wilden, ungezähmten Schönheit und auf weiten Strecken einsam verbirgt die Schobergruppe einige ganz besondere Schätze. Wer sich auf Entdeckungsreise begibt, wird nicht enttäuscht werden. Anspruchsvolle Gipfelziele, malerische Gebirgsseen und gemütliche Hütten sind Garanten für erholsame und abwechslungsreiche Bergtage.

Ankogelgruppe

Hier werden Dreitausenderträume erfüllt! Der leicht erreichbare Ankogel ist zwar nicht höchster Berg der Gruppe, aber sicherlich der beliebteste und meistbesuchte. Die Ehre des höchsten Gipfels gebührt der Hochalmspitze, einem der schönsten Berge in den Hohen Tauern. Sie ist der zentrale Gletscherberg, der sich ganz auf Kärntner Boden befindet, und zeichnet sich durch eine

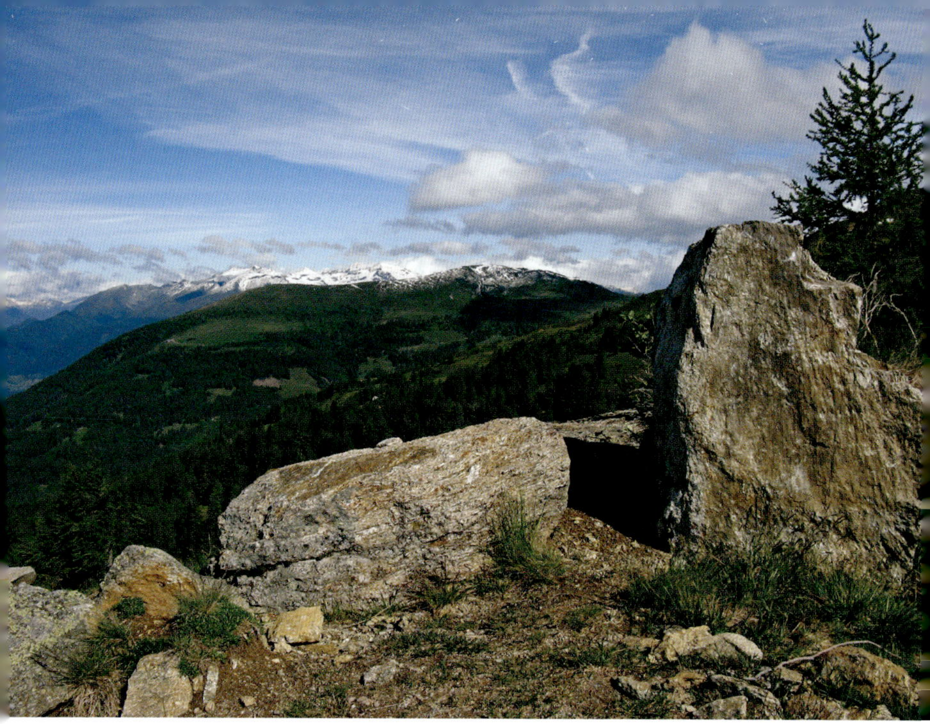

Blick zur Reißeckgruppe vom Aufstieg zum Stana Mandl.

ebenmäßige Pyramidenform aus, die von den meisten Kärntner Gipfeln aus zu bewundern ist. Die Kärntner nennen sie liebevoll die »Tauernkönigin« und weisen ihr damit zu Recht eine zentrale Bedeutung zu. Ähnlich wie in der Schobergruppe erschweren teils mächtige Blockhalden und Blockgletscher ein Durchkommen, und so zeichnet sich die Ankogelgruppe bis auf wenige, berühmte Gipfelanstiege durch große Einsamkeit aus.

Goldberggruppe

Der Name sagt schon fast alles: Hier wurden in alter Zeit vor allem Gold und Silber abgebaut. Auf vielen Wegen begegnen wir Relikten aus der Bergbauzeit, manches wurde wieder entdeckt und restauriert, anderes verfällt weiter. Ein Goldgräberdorf im Kleinen Fleißtal, wo die Besucher Gold waschen können, ist die große Urlauberattraktion von Heiligenblut. Viele Namen erinnern an die Zeit des Edelmetallabbaus: Goldzechkopf, Silberpfennig, Waschgang und so weiter. Die Goldberggruppe ist touristisch recht gut erschlossen: Seilbahnen, ein Gletscherskigebiet, gut ausgestattete Hütten, viele leichte Wanderwege und rund um den Hohen Sonnblick mehrere Dreitausender für ambitionierte Hochtouristen.

Kreuzeckgruppe

Ganz anders die Kreuzeckgruppe: Unspektakulär und ohne berühmte Namen zählt sie zu den einsamen Gebieten der Ostalpen. Kein Gipfel weist die magische Höhe 3000 m auf, keine Gletscher sorgen für wohliges Gruseln, die Gipfelzustiege sind lang und noch länger sind die Höhenwege, die die wenigen, kleinen Hütten miteinander verbinden. Hier werden Individualisten und Liebhaber unberührter Natur fündig und erleben – gute Kondition und Trittsicherheit vorausgesetzt – traumhafte Tage am Berg. Als »Puffer« zwischen den gleißenden Firngipfeln der Hohen Tauern und den im Dunst verblauenden Bergketten der Gailtaler und Julischen Alpen bieten sie an klaren Tagen ein unvergleichliches Panorama. Ihre idyllische Seite zeigt uns die Kreuzeckgruppe mit unendlich vielen, kleinen und größeren Seen – keine Bergtour, auf der wir nicht mit mindestens einem See und einem rauschenden Bach beglückt werden.

Nockberge, Lavanttaler Alpen

Altes, stark verwittertes Gestein bildet sanft gerundete Bergformen wie in den Nockbergen, auf der Saualpe und der Koralpe. Es sind ideale Wanderberge mit einfachen, leichten Wegen über Almwiesen, die sich bis in die Gipfelregion erstrecken, und mit weiter Aussicht. Je nach Ausdauer und Kondition lässt sich häufig Gipfel an Gipfel zu einer langen Überschreitung reihen. Aber nicht nur Wanderer lieben das sanfte Wiesengelände, auf den saftigen Weiden tummeln sich Kühe, häufig mit kleinen Kälbchen, Schaf- und Ziegenherden und viele Pferde. Im späten Frühling überziehen sich die Wiesen mit einem bunten Blütenteppich aus Enzian, Gämsheide, Echtem Speik, verschiedenen Primelarten, Glockenblumen und vielem mehr. Wer die Bergblumen in voller Blüte erleben möchte, sollte vor Beginn der Almsaison den Nocken aufs Haupt steigen. Wer dagegen gerne einkehrt, wartet, bis die Almhütten wieder geöffnet haben, um sich auf der Wanderung mit köstlichen Almprodukten zu stärken.

Karawanken

Dieser lang gestreckte Gebirgskamm im südlichen Kärnten, der sich durch eindrucksvolle Berggestalten aus zersägtem Kalkgestein auszeichnet, markiert die Grenzlinie zu Slowenien. Während der Zeit des Eisernen Vorhangs verfielen die Karawanken in eine Art Dornröschenschlaf, außer den einheimischen Bergsteigern fanden nur wenige zu ihren Gipfeln. Im slowenischen Süden finden sich meist sanfte Wiesenhänge, nach Norden, nach Kärnten, brechen die Karawanken mit wilden Karen und eindrucksvollen Felswänden ab. Hervorzuheben sind der märchenhaft schöne Talschluss im Bodental mit der Felswand der Vertatscha und die riesige Felsmauer der Koschuta. Schaustück und Wahrzeichen ist der Mittagskogel, der mit seinem felsigen Gipfelaufbau die Landschaft über dem Faaker See dominiert. Die Karawanken sind ein Blumenparadies, hier finden sich ausgesprochene Pflanzenraritäten; und der Hochobir gilt als einer der schönsten Blumenberge Kärntens. Berühmt ist die Narzissenblüte auf der Quadiaalm, sie läutet einen bunten Blumenreigen ein, über Enzian, die verschiedensten Orchideen- und Lilienarten bis zu den Alpenrosen.

Gailtaler Alpen

Diese wenig bekannte Gebirgsgruppe nördlich der Gail ist eine spröde Schönheit, die erobert werden will. Steile, felsdurchsetzte Grashänge wachsen aus dem tief gelegenen Gailtal in die Höhe, lang und heiß sind die oft schwierigen Wege zu den Gipfeln. Keine bequemen Wanderungen, sondern anspruchsvolle Touren erwarten den Bergsteiger. So sind die Gailtaler Alpen, bis auf wenige Ausnahmen, still und einsam geblieben. Dem Liebhaber unberührter Natur und langer Wege bietet sich eine reiche Auswahl an lohnenden Zielen. Hier finden wir die vielleicht schönsten Kärntner Seen: im Gailtal lockt der kleine, warme Presseggersee, die »Badewanne Kärntens«, und im Herzen der Gebirgsgruppe liegt, wie ein blauer Fjord, der Weißensee. Blumenliebhaber und Botaniker finden in den Gailtaler Alpen einige ganz besondere Kostbarkeiten: die Feuchtwiesen am Ostufer des Weißensees, am Dobratsch die Schütt mit der Gladiolenwiese und die Mussenhöhe mit ihren einzigartigen Bergmähdern. Im Gailtal, zwischen den Gailtaler Alpen im Norden und dem Karnischen Hauptkamm im Süden, verläuft die Periadriatische Naht, die geologische Grenze zwischen den Kontinentalplatten von Europa und Afrika.

Karnischer Hauptkamm

Im Karnischen Hauptkamm finden wir zahlreiche geologische Phänomene. Hier mischen sich alte und junge Gebirge, Kalkriffe und Silikatgestein. Die Karnischen Alpen zählen zu den 100 wichtigsten geologischen Gebieten der Erde. Nirgends in Europa sind die Entwicklungsräume des tiefen Meeres, der Kontinentalränder und der Rifflagunen des Erdaltertums so nahe beieinander und so gut erlebbar. Weltweit einzigartig sind die mächtigen, aus Korallen, Muscheln und Seelilienbänken entstandenen Kalkriffe von Kellerwand und Hoher Warte neben den Tiefseekalken rund um den Wolayersee. So weist diese Region ein besonders reichhaltiges Fossilienvorkommen auf, das durch Geo-Trails verbunden und erklärt wird. Diese Mischung der Gesteinsarten auf kleinstem Raum hat zu einer einzigartigen Flora geführt. Kalkliebende und kalkfliehende Pflanzen gedeihen nebeneinander und erfreuen uns mit ihrer Vielfalt und Buntheit während des ganzen Bergsommers. Im Ersten Weltkrieg verlief entlang des Karnischen Hauptkamms die Frontlinie, und am Plöckenpass tobte ein erbitterter Stellungskrieg. Heute sind die Wege entlang der ehemaligen Front zum Karnischen Höhenweg verbunden, eine beliebte, mehrtägige Längsüberschreitung des Karnischen Hauptkamms, bei dessen Begehung wir immer wieder auf Reste der ehemaligen Kriegsschauplätze treffen, weshalb er auch Friedensweg oder Via della Pace genannt wird.

Norische Region

Diese sanfte Mittelgebirgslandschaft zeichnet sich durch bäuerliches Kulturland und viel Wald aus, der von zahlreichen Forstwegen durchzogen ist und vor allem Mountainbikern Freude bereitet. Viele interessante Ausflugsziele sind mit kurzen Wanderungen verbunden: Freilichtmuseen alter Bergbauruinen oder Ausgrabungen wie der Archäologische Park am Magdalensberg, Wege durch kleinräumige Moorlandschaften, Burgen wie Hochosterwitz oder die verschiedensten Themenwege wie der Lingkorpfad beim Heinrich-Harrer-Museum in Hüttenberg und vieles mehr.

Meerauge und Vertatschawand im Bodental.

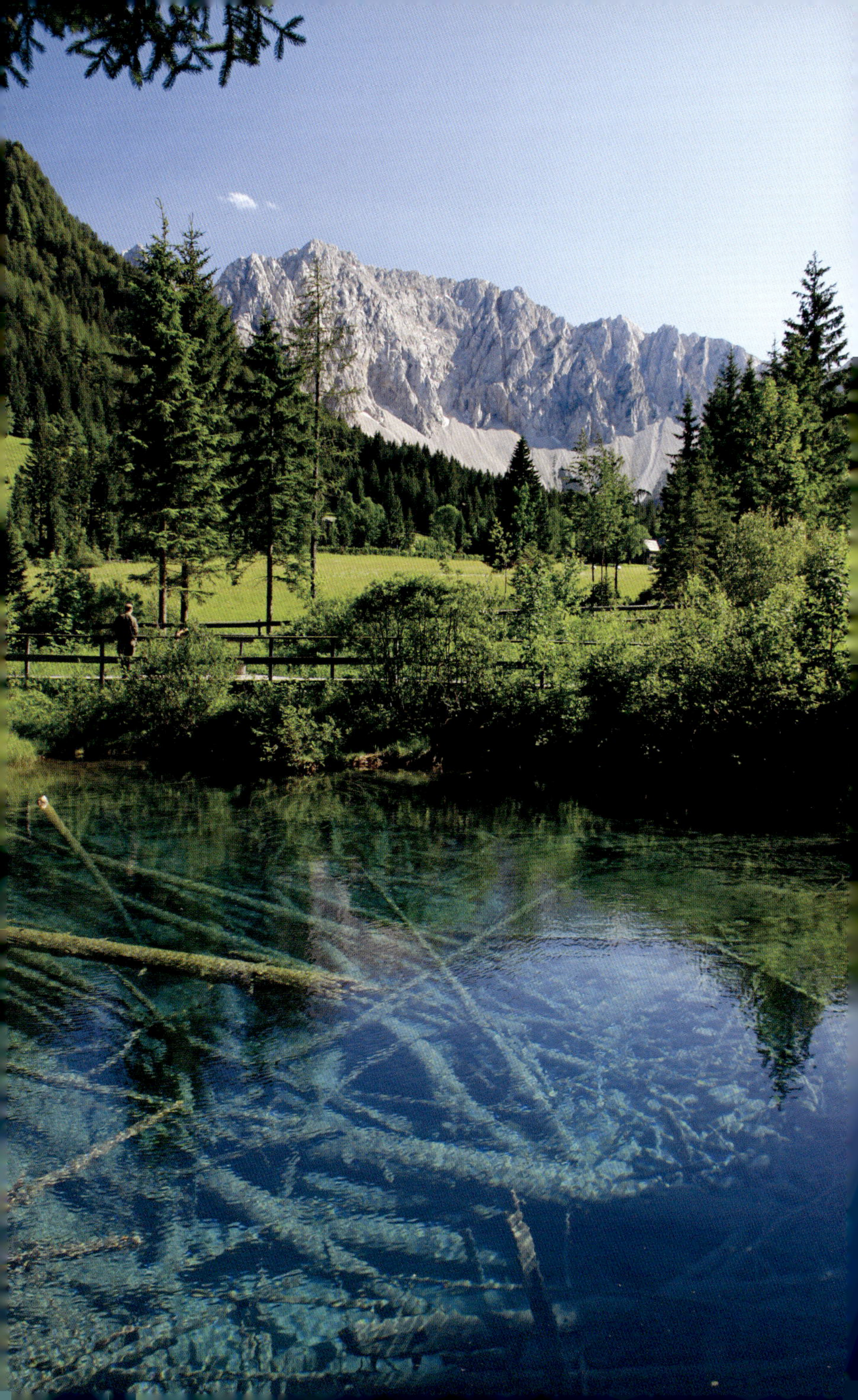

Land und Leute

Das Land und seine Menschen

Kärnten ist das südlichste Bundesland Österreichs und wird begrenzt von den Bundesländern Tirol im Westen, Salzburg im Nordwesten, Steiermark im Nordosten und Osten sowie von Italien und Slowenien im Süden. Es umfasst 9533 km^2, das sind etwa 11 % des österreichischen Staatsgebiets. Die Landeshauptstadt ist Klagenfurt am Wörthersee.
Die Bevölkerungszahl beträgt etwas über 550.000 Einwohner, davon sind ca. 5 % Slowenen, die vor allem im südöstlichen Kärnten leben. In Gemeinden mit hohem slowenischen Bevölkerungsanteil wird deutsch und slowenisch gesprochen und vieles ist auch auf slowenisch angeschrieben, aber erst 2011 wurden nach jahrelangem Streit die zweisprachigen Ortstafeln endgültig aufgestellt.
Richtige Großstädte gibt es in Kärnten nicht, dafür unzählige kleine Dörfer, in denen die Menschen altes Brauchtum pflegen. Das wichtigste Fest ist der Kirchtag, den jede Gemeinde zu einem anderen Zeitpunkt feiert. Selbst die Almdörfer haben ihren Kirchtag, und so gibt es im Sommerhalbjahr an jedem Wochenende immer irgendwo ein Fest. Am berühmtesten ist der Villacher Kirchtag Anfang August mit einer speziellen Kirchtagssuppe und einem Jahrmarkt einschließlich wilder Fahrgeschäfte mitten im Stadtzentrum.
Das Essen in Kärnten ist oft gehaltvoll und deftig, zu jedem Jausenbrettl gehört neben dem geräucherten Speck das Verhackerte, eine Art Schmalz, und auf den Almen und Hütten gibt es die Frigga, ein mehr als nahrhafter Pfannenmix aus Ei, Speck und Käse, mit dem sich früher die Holzknechte Kraft für ihre Schwerstarbeit holten. Zunehmend mehr Gasthäuser bemühen sich jedoch um eine moderne, leichte Küche mit mediterranem Einschlag. Typische Kärntner Spezialitäten sind außerdem die Kärntner Nudeln, speziell die Kasnudeln, und der Reindling aus Hefeteig mit Zucker, Zimt und Rosinen.

Mmmh, das schmeckt!

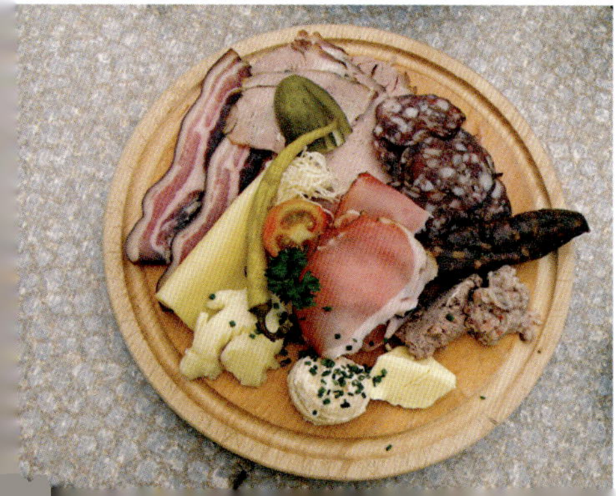

Ein kurzer Streifzug durch die Geschichte

Etwa 250 v. Chr. begründeten Kelten ein norisches Königreich, dessen Hauptstadt auf dem Magdalensberg entstand. Nachdem die Römer das Land besetzt hatten, begründeten sie ihre Hauptstadt Virunum ebenfalls am Magdalensberg. Heute gilt die Stadt am Magdalensberg als eine der größten römischen Ausgrabungsstätten des Ostalpenraums mit einem 3 ha großen Freilichtmuseum.
Nach dem Ende der römischen Herrschaft besetzten Slawen das Gebiet; unter einem karantanischen Slawenfürsten wird das Land erstmals »Carantanum« genannt.
Auf die Slawen folgten die Franken unter Karl dem Großen, dann regier-

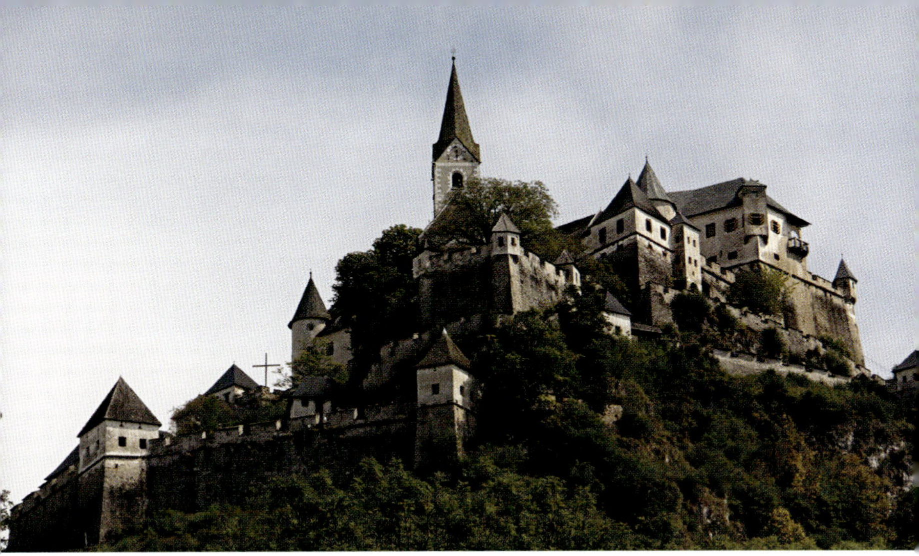

Die Burg Hochosterwitz.

ten verschiedene Fürstengeschlechter das Land, darunter auch das Haus Görz-Tirol, und schließlich geriet Kärnten unter die Herrschaft der Habsburger.
Fünfmal fielen die Türken plündernd und brandschatzend in Kärnten ein. Zum Schutz gegen die Türken baute Georg Khevenhüller die Burg Hochosterwitz zu einer imposanten Feste mit 14 Toren und Verteidigungsstellungen aus, heute eines der Wahrzeichen Kärntens und eine der beeindruckendsten Burgen in ganz Österreich.
Nach einer längeren Periode des Friedens hatte das Land unter den Franzosenkriegen und den napoleonischen Truppen schwer zu leiden.
Im Ersten Weltkrieg tobte entlang der italienischen Grenze ein erbitterter, verlustreicher Stellungskrieg. Am Ende des Krieges besetzten slowenische Verbände Teile Südkärntens. Der bewaffnete Widerstand endete erst 1919; mit dem Vertrag von St. Germain am 10.9.1919 verlor Kärnten das Kanaltal mit Tarvisio an Italien, die Gemeinde Seeland und das Mießtal mit Unterdrauburg an das Serbisch-Kroatisch-Slowenische Königreich. In einer Volksabstimmung entschied sich am 10.10.1920 die Mehrheit der Bevölkerung in der besetzten Zone für einen Verbleib bei Österreich.
Unter den Gräueln des Zweiten Weltkriegs hatten Land und Menschen erneut zu leiden. Die Grenze des Eisernen Vorhangs schnitt Kärnten endgültig von seinen ehemaligen südöstlichen Landesteilen ab.
Seit dem Bau des Karawankentunnels, dem EU-Beitritt Sloweniens und der Öffnung der Grenzen entdecken die Kärntner ihr Nachbarland neu, Slowenien entwickelt sich zunehmend zum beliebten Ausflugsziel. Gleiches gilt für das italienische Kanaltal, Tarvisio ist die kulinarische Shoppingmeile der Südkärntner und der Wallfahrtsort am Monte Santo di Lussari ist Begegnungsstätte aller drei Kulturen: Hier treffen sich gleichermaßen die Menschen aus Kärnten, Slowenien und dem Friaul.

Touristische Infos

Beste Jahreszeit

Wanderungen in den tiefen und mittleren Lagen sind während der Übergangszeiten am schönsten: Angenehme Temperaturen, geringe Gewitterneigung, bunte Blumen im Frühling oder prächtige Herbstfarben und eine klare Aussicht vor allem im Herbst. Für das Hochgebirge bleiben wegen der Schneelage nur die Sommermonate, weshalb die meisten Hütten auch nur zwischen Ende Juni und Mitte/Ende September geöffnet haben.

Anreise und Infrastruktur

▶ *Mit dem PKW:* Von Deutschland fährt man am besten über die (mautpflichtige) Tauernautobahn A10, mautfrei verläuft die Route über den Tauernpass (Obertauern) und den Katschberg. Eine Alternative ist auch die Autoverladung durch die Tauernschleuse zwischen dem Gasteiner Tal und Mallnitz. Innerhalb Österreichs führt neben der A10 von Salzburg die A2 von Wien und Graz nach Klagenfurt und Villach.

▶ *Mit der Bahn:* Gute Verbindungen nach Klagenfurt und Villach sowohl aus Deutschland als auch innerhalb Österreichs. Österreichische Bundesbahn (ÖBB), oebb.at.

▶ *Öffentliche Verkehrsmittel:* Innerhalb Kärntens gibt es ein begrenztes Zugangebot und ein ziemlich umfassendes Busnetz, allerdings fahren viele Busse nur außerhalb der Ferienzeit und nur an Werk- bzw. Schultagen. In den Ferien gibt es verschiedene Wanderbusse, Hinweise finden Sie bei den entsprechenden Touren. Fahrplan- und Tarifauskunft: Tel. +43 5 1717 (mit Handy), innerhalb Österreichs: 05 1717, weitere Informationen unter kaerntner-linien.at, kaernten-bus.at/fahrplaene, postbus.at und oebb.at.

Autoverladezug in Mallnitz.

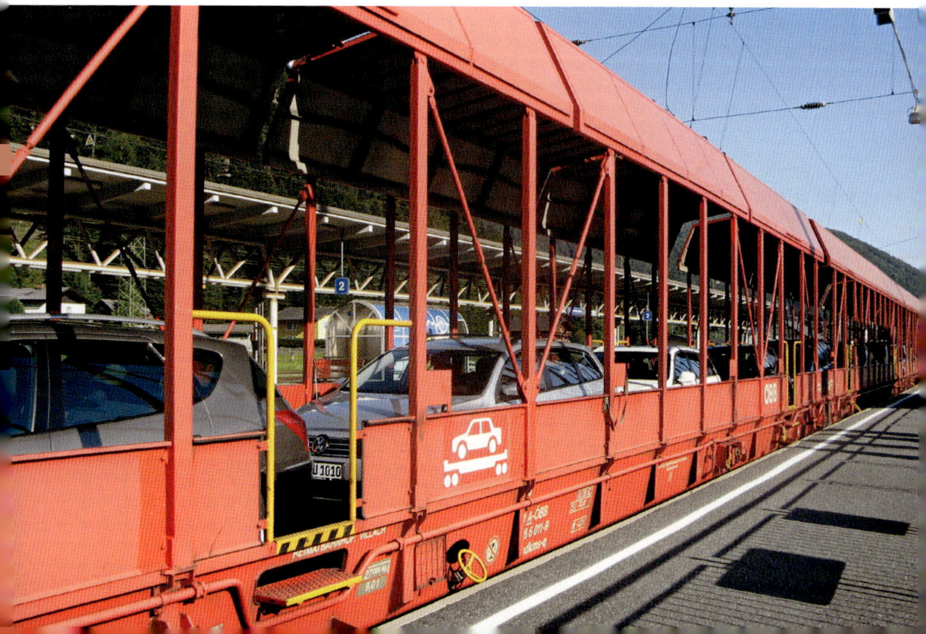

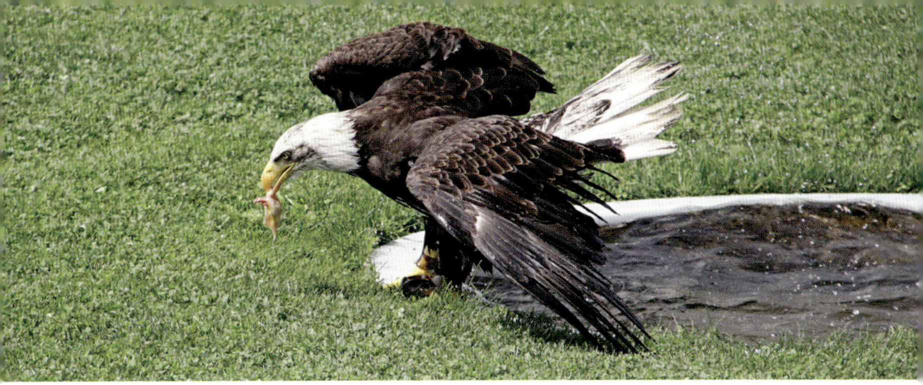

Weißkopfadler (Greifvogelschau auf der Ruine Landskron).

Kärnten Card

Mit der Kärnten Card erhält man bei zahlreichen Ausflugszielen und vielen Bonuspartnern Ermäßigungen. Die Kärnten Card gibt es als Wochen- oder Saisonkarte. Info: Tel. +43 4242 90525, kaerntencard.at.
Zusätzlich gibt es eine eigene Nationalpark Kärnten Card mit Vergünstigungen speziell in der Nationalparkregion. Info: Tel. +43 4824 2700, nationalpark-hohetauern.at/nationalpark-kaernten-card.

Bergsteigerdörfer

Bei der Umsetzung der Alpenkonvention hat der Österreichische Alpenverein unter dem Begriff »Bergsteigerdörfer« ein Projekt ins Leben gerufen, in dem sich Dörfer im ländlichen Raum mit natürlicher Authentizität, harmonischer Dorfkultur und Alpinkompetenz für die große Schar naturbewusster Bergsteiger und Wanderer qualifizieren. Für diese Bergsteigerdörfer gibt der Österreichische Alpenverein eine Urlaubsempfehlung ab. In Kärnten sind dies das Lesachtal, Mallnitz, Malta, Mauthen und Zell-Sele. Infos: bergsteigerdoerfer.at.

Nationalpark Hohe Tauern

Die Nationalparkverwaltung bietet ein umfangreiches Programm, um Interessierte mit den Anliegen und Zielen des Nationalparkgedankens vertraut zu machen. Dazu gehören auch geführte Wanderungen mit ausgebildeten Nationalparkrangern zu den unterschiedlichsten Themen. Informationen rund um den Nationalpark und die geführten Wanderungen unter nationalpark.at oder heiligenblut.at.
Interessant ist in diesem Zusammenhang die Greifvogelstation auf der Ruine Landskron zwischen Villach und dem Ossiacher See. Bei den Flugvorführungen kann man Adler, Gänsegeier, aber auch andere Raubvögel aus nächster Nähe beobachten und sich das unterschiedliche Flugbild der Vögel einprägen. Man erfährt aber auch sehr viel Spannendes über die unterschiedlichen Raubvögel.

Kärntner Grenzweg

Die Wanderwege entlang der Grenze Kärntens wurden 1985 zu einer durchgehend markierten Route verbunden, dem Kärntner Grenzweg. Er umfasst 45 Tagesetappen und rund 800 km. Weitere Informationen bietet der Wanderführer »Der Kärntner Grenzweg« von Alexander Schlick (Styria Regional, 1. Auflage 2015).

1 Gletscherweg Pasterze, 2369 m

Vom Glocknerhaus zur Franz-Josefs-Höhe ★★

Faszinierende Wanderung in der Welt der Gletscher

Gletscher bzw. das Eis der Gletscher sind immer in Bewegung, ständigen Veränderungen unterworfen. Im Nährgebiet verwandelt sich Schnee in Eis, fließt als Gletscher talwärts, schmilzt im Zehrgebiet zu Wasser, meist im Bereich der Gletscherzunge, wo es häufig durch ein Gletschertor den Gletscher verlässt. Ist der Nachschub an Schnee geringer als der Abschmelzvorgang, schwinden die Gletscher, was wir seit einiger Zeit in unseren Alpen in wahrhaft dramatischem Ausmaß erleben müssen.

Das Gestein, das die Gletscher mit sich führen und bei ihrem Rückgang ablagern, nennt man Moränen; an ihnen kann man die Entwicklungen der Gletscher gut erkennen. Mitte des 19. Jh. erlebten die Alpen eine Kälteperiode, die Gletscher vergrößerten sich, stießen weiter in die Talregionen vor, wurden mächtiger und erlebten neue Höchststände. An der Pasterze wird anhand des Moränenwalls und vom Eis freigegebener Holzteile der Höchststand auf das Jahr 1852 datiert. Damals waren der Margaritzenfelsen östlich und der Elisabethfelsen westlich des heutigen Margaritzenstausees vollständig vom Eis bedeckt. 1856 besuchten Kaiser Franz Josef I. und Kaiserin Elisabeth die Glocknerregion. Die Kaiserin kam bis zum Elisabethfelsen, der damals wieder ein wenig aus dem Eis ragte, während sich der Kaiser bis zur Franz-Josefs-Höhe vorwagte, um von dort das eindrucksvolle Panorama zu genießen. Seither gehen die Gletscher immer mehr zurück, sowohl in der Länge als auch in der Höhe der Eisoberfläche: 1852 reichte die Eisoberfläche der Pasterze noch bis zur Franz-Josefs-Höhe, 1963 wurde von der Franz-Josefs-Höhe zur Pasterze eine Standseilbahn gebaut, um die Schaulustigen bis an den Eisrand zu fahren, heute befindet sich die Talstation weit oberhalb und streckenmäßig weit entfernt von der Gletscherzunge! In den letzten Jahren ist die Pasterze so stark abgeschmolzen, dass ein riesiger Schmelzwassersee entstanden ist und das Ende der Gletscherzunge sich um ca. 2 km zurückgezogen hat. Experten befürchten inzwischen, dass die mittlerweile sehr schmal gewordene Verbindung des Oberen Pasterzenbodens zur Gletscherzunge in ein bis zwei Jahren ganz abreißen könnte. Der Gletscherweg Pasterze führt vom Glocknerhaus über den Margaritzenstausee und den Moränenwall von 1852 zum Elisabethfelsen und an der jungen Möll entlang über den Sandersee in die karge Moränenlandschaft, die der Gletscher in den letzten 20, 30 Jahren freigegeben hat.

Auf dem Weg zum Elisabethfelsen.

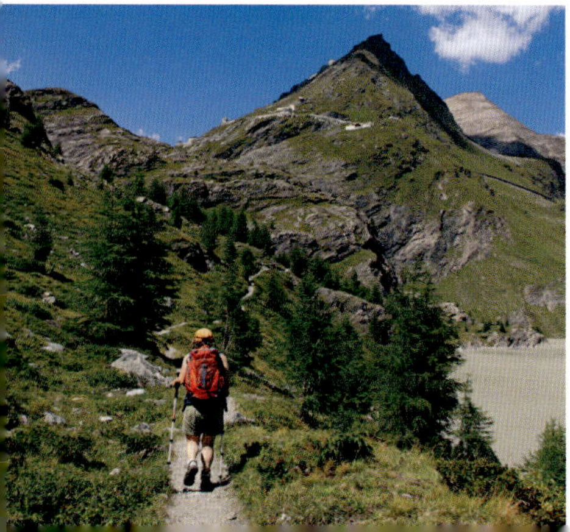

KURZINFO

Talort: Heiligenblut, 1288 m, am südlichen Ende der Großglockner-Hochalpenstraße.
Ausgangspunkt: Glocknerhaus, 2136 m, an der mautpflichtigen Glockner-Hochalpenstraße (Infos unter grossglockner.at) gelegen, großer Parkplatz.
Verkehrsmittel: Wanderbus Heiligenblut–Franz-Josefs-Höhe, Fahrplan unter postbus.at/unsere-leistungen/rad-wanderbusse. Gletscherbahn vom Gletscherweg zur Franz-Josefs-Höhe, 2369 m, Mitte Juni–Mitte September täglich 10–16 Uhr (nicht bei schlechtem Wetter), skisport.com.
Gehzeit: 3.00 Std.
Höhenunterschied: 450 Hm.
Anforderungen: Leichte, wenig anstrengende Bergwanderung auf alpinem Steig durch eine großartige Hochgebirgswelt, gutes Schuhwerk erforderlich.
Einkehr: Glocknerhaus, 2136 m, ÖAV, bew. Mai bis Oktober, je nach Öffnung der Glocknerstraße, Tel. +43 4824 24666, glocknerhaus.net; verschiedene Möglichkeiten rund um die Franz-Josefs-Höhe.
Karten: F&B WK 120; AV-Karte Blatt 40.
Tipp: Auf halbem Weg zwischen dem Gletscherweg und der Talstation der Standseilbahn zweigt der Weg Richtung Pasterze ab. Anfangs ist der Weg noch deutlich, verliert sich aber zunehmend im Schotter. Steigspuren und einzelne Markierungsstangen zeigen die beste Route. Gutes Schuhwerk und Erfahrung im weglosen Gelände sind erforderlich, außerdem besteht Steinschlaggefahr aus den höher gelegenen Moränenhängen. Empfehlenswert ist es, den Weg Richtung Gletscher im Rahmen einer geführten Nationalparkexkursion zu gehen.

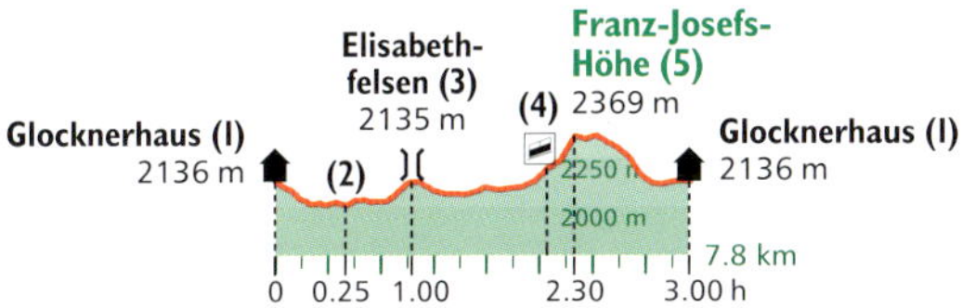

Die Hängebrücke über die Möll.

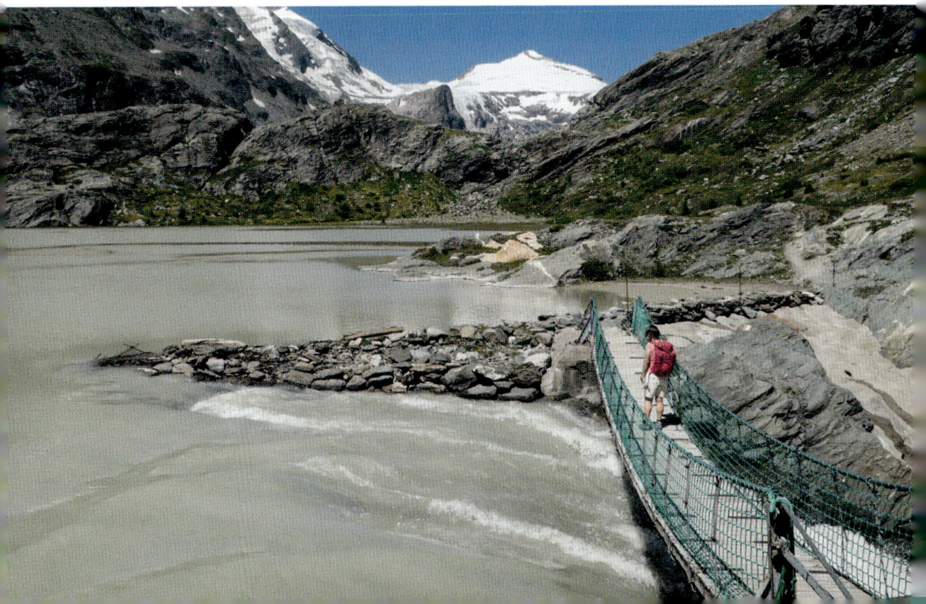

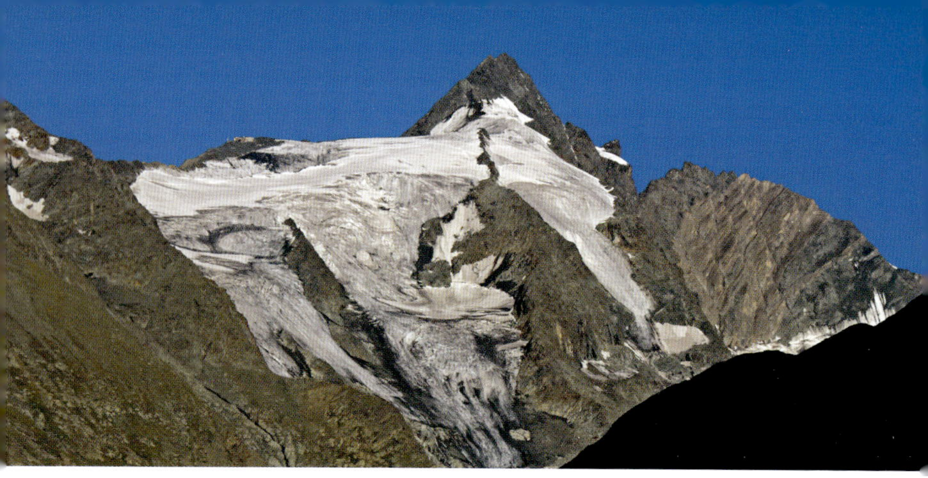

Großglockner und Adlersruhe (links).

Vom Parkplatz am **Glocknerhaus (1)** steigen wir über sanfte, blumenreiche Almweiden ab zum **Margaritzenstausee**, gehen über die Staumauer **(2)**, 2015 m, wandern am Südufer entlang über sanfte Wiesen, vorbei an den letzten Lärchen und steigen dann etwa 100 Hm bergauf zum Sattel am **Elisabethfelsen (3)**, 2135 m. Jenseits geht es nochmals kurz bergab zum **Sandersee**, dessen Wasser vom fein geschliffenen Gesteinsmehl trüb ist, und über seinen Abfluss, die junge **Möll**. Wir überqueren die Möll auf einer schwankenden Hängebrücke – ein kleines, spannendes Abenteuer. Der Weg verläuft noch ein Stück am Sandersee entlang, dann gilt es einen sperrenden Felsriegel zu überwinden, was uns keinerlei Probleme bereitet. Vor uns sehen wir, weit entfernt, den Pasterzengletscher und die Firnpyramide des **Johannisbergs**. Rote Markierungen lotsen uns durch den weglosen Schotter aufwärts zur **Standseilbahn**; wer weiter Richtung Pasterze gehen möchte (siehe Tipp), kann auf halbem Weg zum Gletscher absteigen. An der **Talstation (4)**, 2205 m, müssen wir uns entscheiden: gemütlich mit der Bahn hochfahren oder zu Fuß zur **Franz-Josefs-Höhe (5)**, 2369 m, hochsteigen. Der Weg führt in Serpentinen bergauf, ist teilweise steil, mit hohen Stufen und kurzzeitig etwas ausgesetzt. Um zum Glocknerhaus zurückzukehren, gehen wir auf der Glocknerstraße bis zum **Kaiser-Franz-Josef-Haus**, dann rechts über Treppen zum großen Busparkplatz und von dort auf gutem Steig über das Pasterzenhaus zum **Glocknerhaus (1)** hinunter.

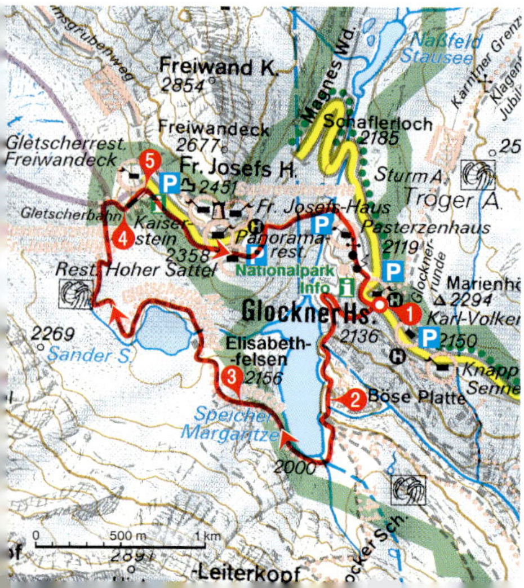

Spielmann, 3027 m

Vom Glocknerhaus über die Untere Pfandlscharte ★★

Großartiger Aussichtsberg in der Glocknerregion

Der Spielmann genießt unter Wanderern einen guten Ruf: leicht erreichbar, nicht allzu schwierig und mit einer fantastischen Aussicht auf den Großglockner ausgestattet. Und so wird er in den Sommerwochen gern besucht – zum Glück hält sich der Strom der Wanderer jedoch trotzdem in überschaubaren Grenzen. Es ist eine karge Landschaft, durch die unser Weg führt, am Rande des Südlichen Pfandlschartenkeeses, eines abschmelzenden Gletschers, vorbei, der über viele kleine Flussarme in einen namenlosen See entwässert. Über Moränenschotter und feinen Sandabrieb gelangen wir in die Untere Pfandlscharte, wo wir an klaren Tagen bis zum Hochkönig schauen können. Kaum zu glauben, dass wir uns hier auf historischem Boden befinden, aber bereits die Römer kannten die Scharte als Übergang.

KURZINFO

Talort: Heiligenblut, 1288 m, am südlichen Ende der Großglockner-Hochalpenstraße.
Ausgangspunkt: Glocknerhaus, 2136 m, an der mautpflichtigen Glockner-Hochalpenstraße (Infos unter grossglockner.at) gelegen, großer Parkplatz.
Verkehrsmittel: Wanderbus Heiligenblut–Franz-Josefs-Höhe über Glocknerhaus, Fahrplan unter postbus.at/unsere-leistungen/rad-wanderbusse.
Gehzeit: 5.15 Std.
Höhenunterschied: 1100 Hm.
Anforderungen: Wenig anstrengende Bergwanderung auf guten Bergwegen bis zur Unteren Pfandlscharte, steiler Gipfelanstieg auf Steigspuren, zuletzt kurz in drahtseilversichertem, steilem Fels.
Einkehr: Glocknerhaus, 2136 m, ÖAV, bew. Mai bis Oktober, je nach Öffnung der Glocknerstraße, Tel. +43 4824 24666, glocknerhaus.net.
Karten: F&B WK 120; AV-Karte Blatt 40.

Typische Moränenlandschaft beim namenlosen See.

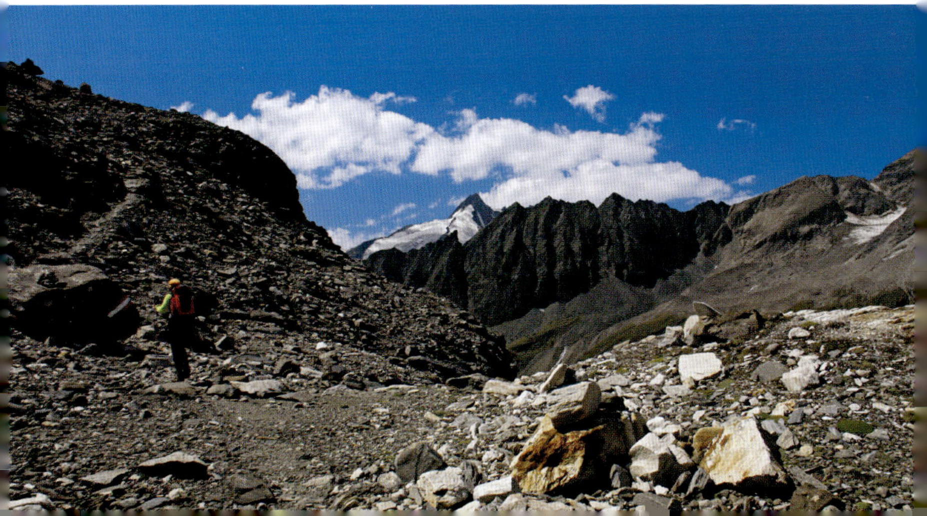

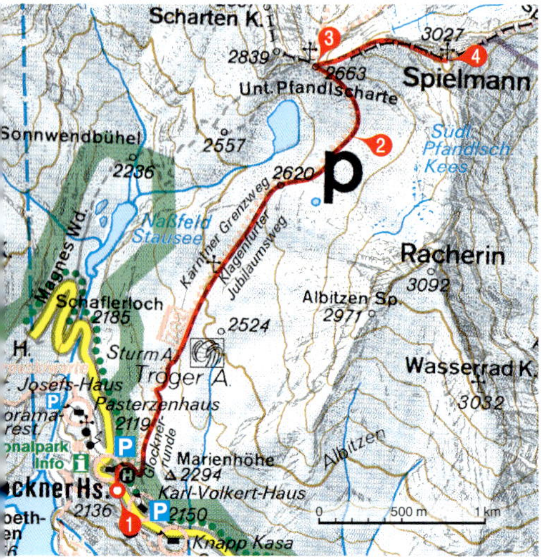

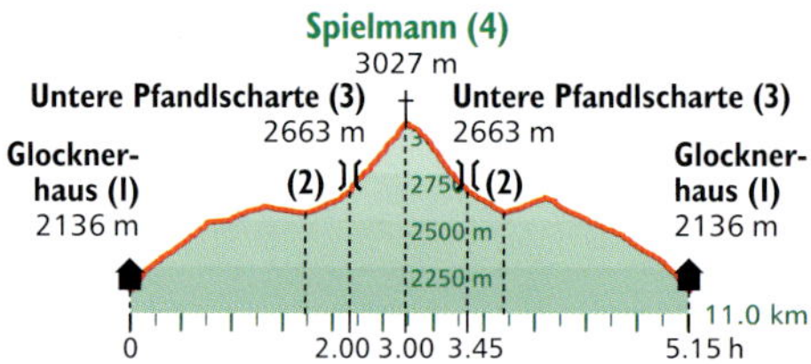

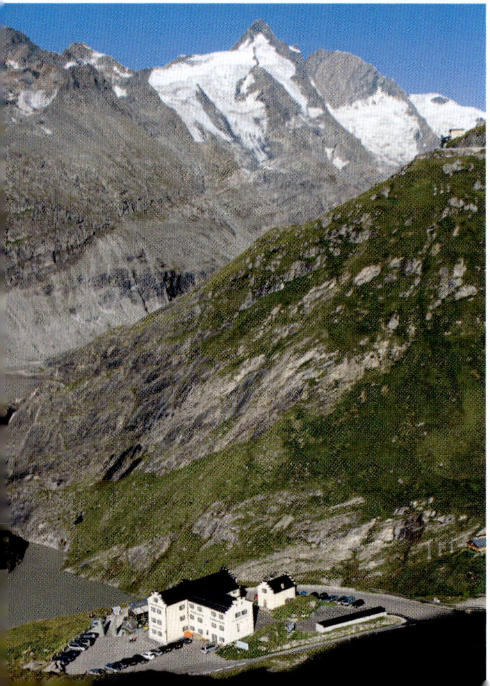

Vom **Glocknerhaus (1)** überqueren wir die Glocknerstraße und folgen dem Wegweiser in steile, blumenreiche Wiesenhänge. Mit einigen Kehren überwinden wir die erste Stufe, dann führt der Weg, in der Steilheit nachlassend, in nördlicher Richtung auf die weiten Wiesenböden der **Trögeralm**. Beim Rückblick auf den von der Morgensonne angestrahlten Großglockner können wir sogar den Seilschaften am Glocknerleitl zusehen. Von einer Kuppe, 2620 m, sehen wir unter uns den **namenlosen See** und steigen über Moränenschotter und Sand etwa 100 Höhenmeter Richtung See ab. Wir überqueren den Abfluss des **Südlichen Pfandlschartenkeeses (2)**, 2550 m, umgehen dabei den See ostseitig und steigen über Gletscherschliffe, auf denen kleine Polsterpflanzen wachsen, wieder auf zur kreuzgeschmückten **Unteren Pfandlscharte (3)**, 2663 m. Bereits kurz vor der Scharte können wir den Weg nach rechts verlassen und auf Steigspuren steil zum Westgrat des Spielmanns aufsteigen. Unser Steig bleibt nun am Grat, umgeht mehrere Grattürme nordseitig und erreicht schließlich die Gipfelfelsen. Ein Drahtseil hilft uns über den letzten steilen Aufschwung hinauf zum großen Gipfelkreuz des **Spielmann (4)**. Am geräumigen Gipfel lässt es sich gut rasten und den nahen Großglockner bewundern, bevor wir uns auf unserem Aufstiegsweg wieder an den **Abstieg** machen.

Links: Das altehrwürdige Glocknerhaus, darüber der Berg selbst. Rechts: Glocknerblick vom Spielmanngipfel.

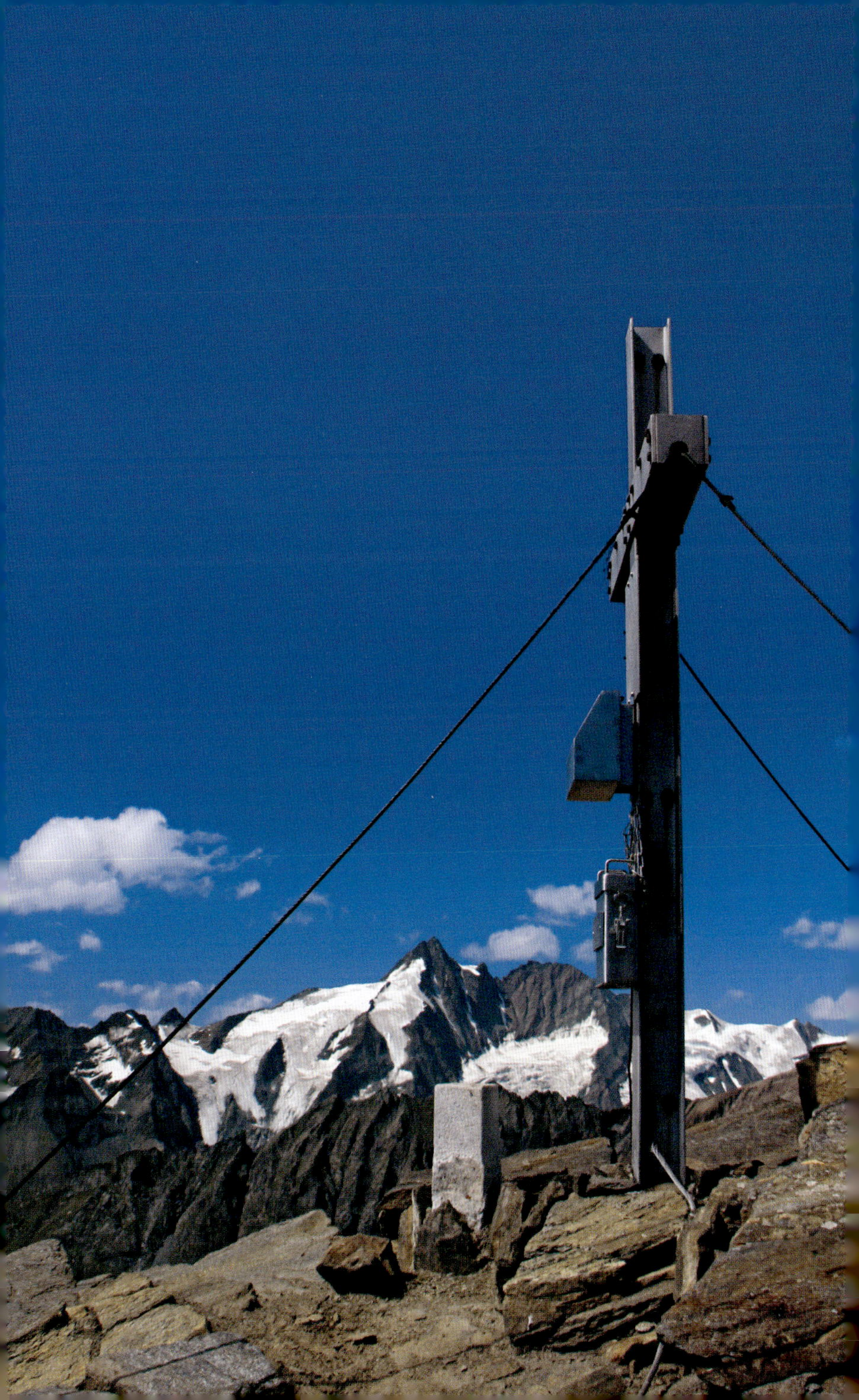

3 Zum Tauernfenster, 2626 m

Vom Hochtor über Schareck und Tauernkopf ★★★

Spannende Wanderung durch eine steinige Wunderwelt

Unsere Alpen entstanden durch die Kollision von Kontinentalplatten, Verschiebungen und Hebungen, Verfaltungen und Übereinanderstapeln von unterschiedlichen Gesteinsarten. Dies führte in einem Teil der Ostalpen zu einem geologischen Phänomen: Gesteine aus tiefen Erdschichten, unseren Blicken sonst überall verborgen, erhoben sich kuppelartig zur Erdoberfläche und schoben die darüber liegenden Gesteinsdecken zur Seite – das Tauernfenster war entstanden. Es umfasst den Zentralalpenkamm zwischen dem Brenner und dem Katschberg, besonders schön ausgeprägt in den Hohen Tauern. Dort finden wir nah beieinander die ungewöhnlichsten Gesteinsarten, vom harten, verwitterungsbeständigen Prasinit, der so schöne Formen ausgeprägt hat wie den schroffen Spitz des Großglockners, bis zum weichen Glimmerschiefer am Fuscherkarkopf, dessen sandiger Abrieb das Phänomen Gamsgrube entstehen ließ. Nördlich des Scharecks gesellt sich eine weitere steinige Besonderheit hinzu: eine Karstlandschaft aus Kalkgestein mit Karren, Dolinen, Schächten und einem kleinen Höhlensystem, eine Sensation im Zentralalpenkamm! Diese geologische Wunderwelt konzentriert sich mit all ihren Varianten auf kleinstem Raum zwischen dem Hochtor und dem Schareck, geradezu eine Herausforderung für einen Wanderweg und Geo-Trail. Auf einer großartigen Weganlage informieren wir uns über die geologischen Phänomene, genießen eine grandiose Aussicht und begegnen dabei den unterschiedlichsten Pionierpflanzen, die den kurzen Hochgebirgssommer nutzen, um mit zarten Blütenpolstern und tiefen Wurzeln die sensible Erdoberfläche, vor allem den feinen Flugsand, zu befestigen.

Flugsandgeprägte Landschaft, in der Bildmitte das Roßköpfl.

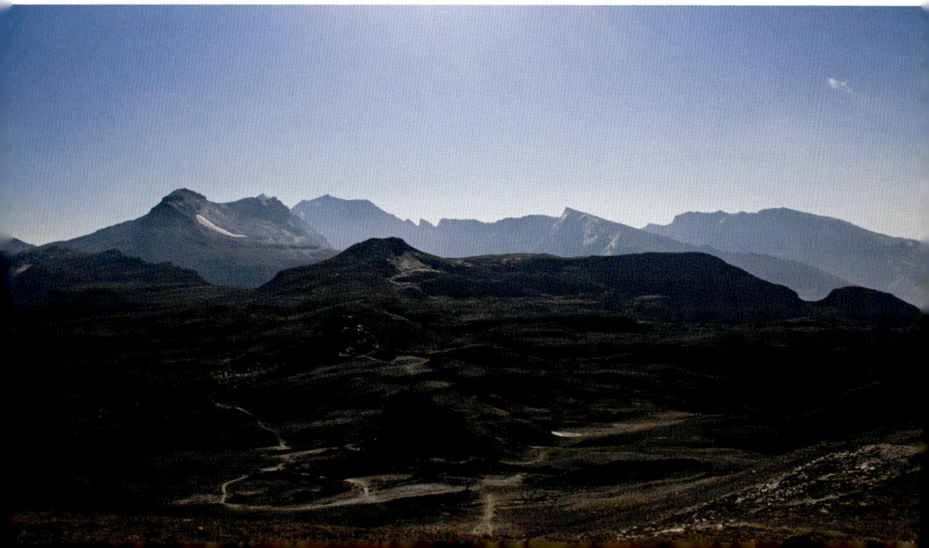

KURZINFO

Talort: Heiligenblut, 1288 m, am südlichen Ende der Großglockner-Hochalpenstraße.
Ausgangspunkt: Auf der mautpflichtigen Glockner-Hochalpenstraße (Infos unter grossglockner.at) bis zum Hochtor-Südportal, 2504 m, großer Parkplatz rechts der Straße; oder Bergstation der Schareck-Seilbahn, 2552 m.
Verkehrsmittel: Bergbahn Heiligenblut–Schareck, Betriebszeiten Ende Juni–Anfang September 9.30–16.00 Uhr, Mittwoch und Samstag Ruhetag, skisport.com.
Gehzeit: 3.30 Std.
Höhenunterschied: 420 Hm.
Anforderungen: Landschaftlich sehr abwechslungsreiche, wenig anstrengende Bergwanderung auf guten Wegen, im Abstieg vom Schareck sollte man schwindelfrei sein; Gegenanstiege gut 150 Hm.
Einkehr: Raststätte am Hochtor; Restaurant an der Bergstation der Schareck-Seilbahn.
Karten: F&B WK 120; AV-Karte Blatt 42.
Tipp: Naturkundlicher Führer »Geo-Trail Tauernfenster« des Österreichischen Alpenvereins informiert bestens über die Geologie entlang des Rundwegs und liefert interessante Detailinformationen zu den 15 Haltepunkten am Weg, zu beziehen über den ÖAV Innsbruck, alpenverein.at, in den Nationalparkinformationsstellen Mallnitz und Heiligenblut sowie am Glocknerhaus.

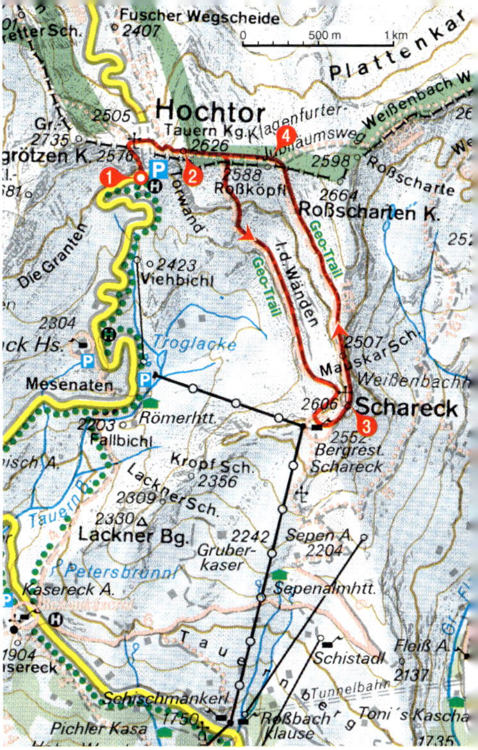

Die Rundtour können wir gleichermaßen am Hochtor als auch am Schareck beginnen. Wir wählen das **Hochtor-Südportal (1)** als Ausgangspunkt (und sind damit unabhängig von den Betriebszeiten der Seilbahn), überqueren die Passstraße und steigen zum **Hochtor** auf, einem Sattel westlich des Tauernkopfes, 2575 m, und von dort auf einem Schottersteig über den Westrücken zum Gipfel des **Tauernkopfs (2)**, 2626 m (auch Tauernkogel genannt). Weit breitet sich die sandige Hochfläche, mit dem schwarzen Gupf des Roßköpfls in der Mitte, vor uns aus. Über feinsten weißen Sand wandern wir bergab in eine Mulde, 2570 m, und folgen der Beschilderung des Geo-Trails zum Schareck nach rechts. Wir wandern weiter bergab, vorbei an interessanten Fels- und Geländeformen und erreichen unterhalb der Felsbarriere **»In den Wänden«** eine Karsthochfläche. Nahezu eben wandern wir über das Karstplateau bis in das Pisten-

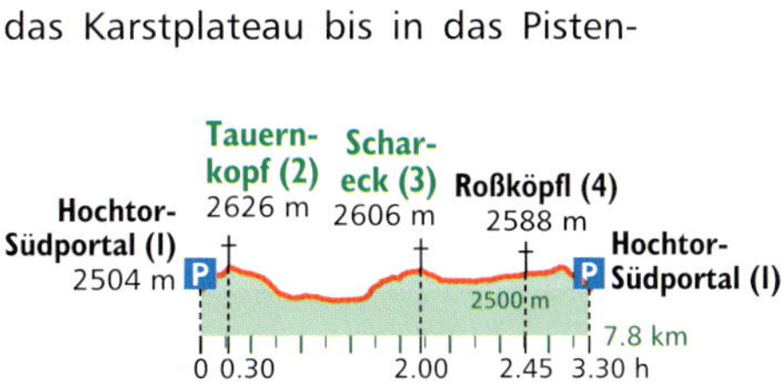

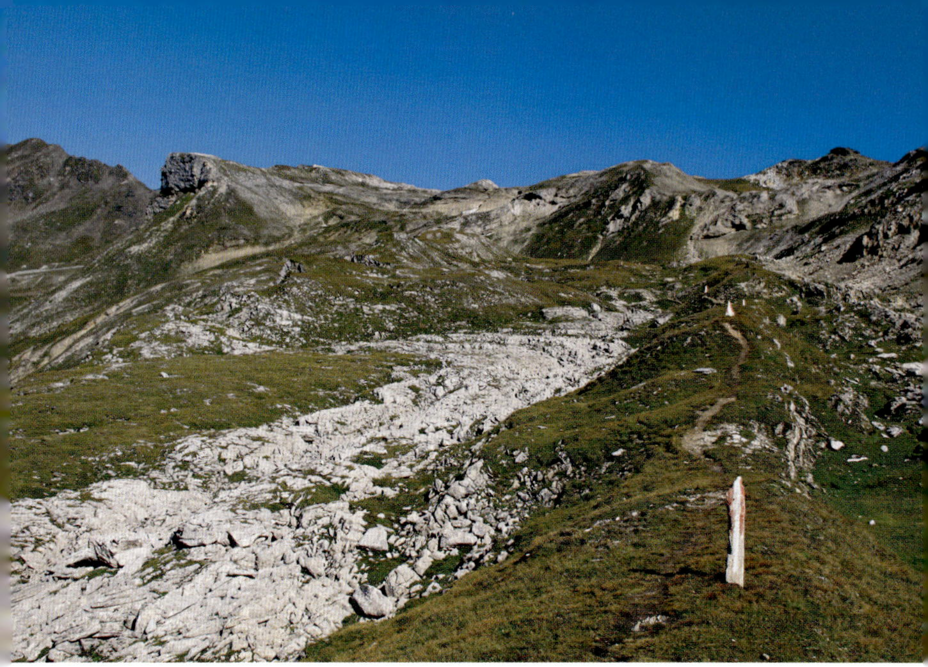

Karstphänomene entlang des Höhenwegs.

gelände des Scharecks und steigen auf einer Schotterpiste mit schönem Blick zum Großglockner zum **Schareck (3)**, 2606 m, mit seiner großartigen Rundsicht auf. Vom Gipfel folgen wir dem Strom der Bergwanderer nach Norden, über eine

Zählt zu den Pionierpflanzen: das einblütige Hornkraut.

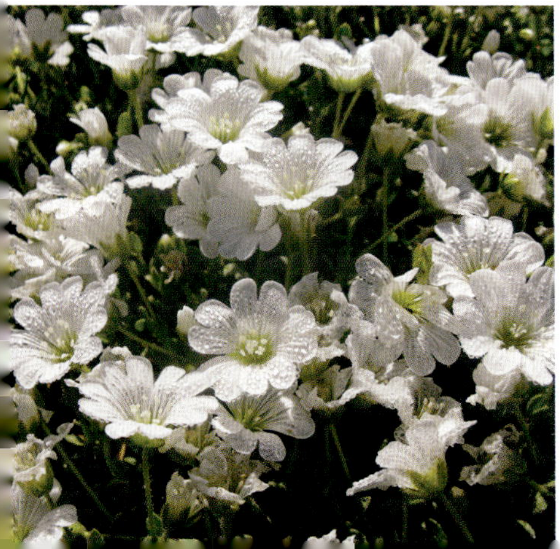

Grasflanke bergab zum Ansatz des Nordgrates. Auf schmalem Grat, hervorragend versichert mit Drahtseil und Geländer, steigen wir ab in die **Mauskarscharte**, 2507 m, und haben damit das abenteuerlichste Wegstück hinter uns. Von der Scharte haben wir einen interessanten Blick nach Osten in das Große Fleißtal, ein eiszeitliches Trogtal, und zum Hocharn, dem höchsten Gipfel in der Goldberggruppe. Dann geht es gemütlich weiter, wir bummeln über die Karsthochfläche von **»In den Wänden«** und steigen über weichen Sand aufwärts zum schwarzen Felsgipfel des **Roßköpfls (4)**, 2588 m, genau östlich des Tauernkopfs. Über weichen Sandboden gehen wir nach Westen zum flachen Gipfel **(2)**, wo sich unsere Runde schließt, und kehren auf unserem Aufstiegsweg zurück zum **Hochtor-Südportal (1)**.

Salmhütte, 2638 m

Von Heiligenblut durch das Leitertal ★★★

Im Reich der Murmeltiere

Die Erstbesteigung des Großglockners geht auf den Fürstbischof von Gurk, Franz Xaver von Salm-Reifferscheid, zurück. Inspiriert durch die Erstbesteigung des Mont Blanc 1786 ließ er im Jahr 1799 am Südostfuß des Glockners, im Leitertal, eine Hütte errichten (erste Salmhütte, ca. 2700 m). Damit ist die Salmhütte die älteste Schutzhütte der Ostalpen. Im Jahr darauf zog auf Geheiß des Fürstbischofs eine Gruppe von 62 Personen, Adelige, Priester, Diener, Träger, Führer etc., von Heiligenblut durch das Leitertal hinauf zur Salmhütte. Fünf von ihnen erreichten am 28. Juli 1800 den Gipfel des Großglockners, der Fürstbischof selbst kam nur bis zur Adlersruhe. Nach einem zweiten Hüttenbau am Fuß des Schwertecks ist die heutige Salmhütte am Hasenpalfen bereits der dritte Bau. Der historische Salmweg durch das Leitertal, als bequemer Reitweg angelegt, ist zwar ein langer, aber auch ein besonders schöner Aufstieg zur Hütte. Wesentlich kürzer, daher besonders bei Glockneraspiranten beliebt, ist dagegen der Zustieg vom Glocknerhaus über den Margaritzenstausee und die Stockerscharte. Beide Wege lassen sich zu einer großartigen Runde verbinden, deren Reiz vor allem in dem idyllischen und meist recht einsamen Leitertal liegt. Dort ist das Reich der Murmeltiere, wo sie unendliche Wiesenhänge für ihre Baue und schöne Felsen für die Wachtposten haben. Störungen durch den Menschen sind nicht sehr häufig, die größte Gefahr droht den possierlichen Tieren aus der Luft: ein einzelner, durchdringender Pfiff kündigt nicht selten einen kreisenden Adler an. Am schönsten ist es im Leitertal im frühen Sommer, wenn die Wiesen in voller Blütenpracht stehen und die ersten Edelweißsterne ihre pelzigen Blütenköpfe öffnen.

Unterwegs im lieblichen Leitertal.

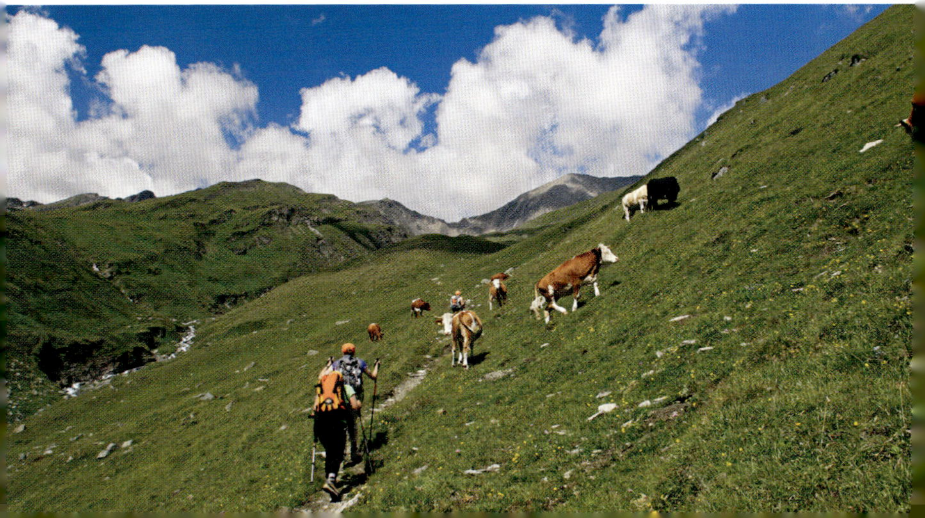

KURZINFO

Talort: Heiligenblut, 1288 m.
Ausgangspunkt: Vom Ortszentrum Richtung Winkl, über die Möllbrücke und an der Möll entlang bis zur Wolfgangbauerkapelle, dort links und auf einer Naturstraße etwa 500 m bis zum Parkplatz Zasch an der Gößnitzbachbrücke, 1290 m, beschränkte Parkmöglichkeit.
Verkehrsmittel: Busverbindung von Winklern durch das obere Mölltal bis Heiligenblut und zu Fuß in ca. 30 Min. zum Ausgangspunkt.
Gehzeit: 9.00 Std.
Höhenunterschied: 1500 Hm.
Anforderungen: Landschaftlich sehr reizvolle Rundtour auf guten Bergwegen, lang, aber nur wenig anstrengend. Ausgesetzte Passagen zwischen der Salmhütte und der Stockerscharte erfordern etwas Vorsicht.
Einkehr: Salmhütte, 2638 m, ÖAV, bew. Mitte Juni–Ende September, Tel. +43 4824 2089, alpenverein.at/salmhütte.
Karten: F&B WK 120; AV-Karte Blatt 40.

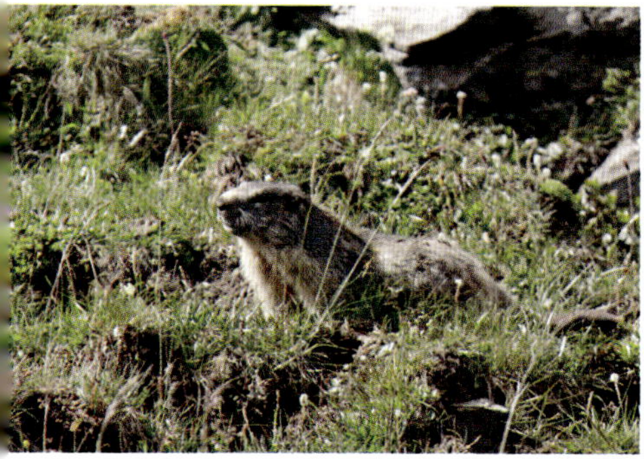

Murmeltieren begegnen Wanderer im Leitertal häufig.

Vom **Parkplatz Zasch (1)** gehen wir über die **Gößnitzbachbrücke** und folgen einer geschotterten Fahrstraße in steilen Kehren bergauf. Dabei beeindrucken uns der Anblick des rauschenden Gößnitz-Wasserfalls und der Tiefblick ins Tal der jungen Möll. Die Straße passiert eine felsige Engstelle und durchzieht dann die Wiesen der **Bruchetalm**; kurz darauf zweigt in einer **Kehre (2)** der Weg ins Leitertal rechts ab, 1605 m (die Straße führt weiter ins Gößnitztal). Auf schönem Waldweg wandern wir zu den verwachsenen Wiesen der **Trogalm** und erreichen kurz darauf den **Leiterbach (3)**, 1866 m, den wir auf stabiler Brücke überschreiten. Geradeaus geht es zum Margaritzenstausee (unser Abstiegsweg), wir biegen links in den **Salmweg** ein, der als breiter Wanderweg sehr schön am rechten Ufer des Leiterbaches bergauf führt. Kurz nach der Bachfassung der Kelag weitet sich das Tal, der felsige Hang geht in bunte Blumenwiesen über. Vom Rauschen des Wassers begleitet wandern wir durch das liebliche Tal, kommen an der **Leiter-Ochsnerhütte** vorbei und an der ersten **Abzweigung (4)** zur Glorer Hütte, 2150 m. Der bisher nur mäßig steile

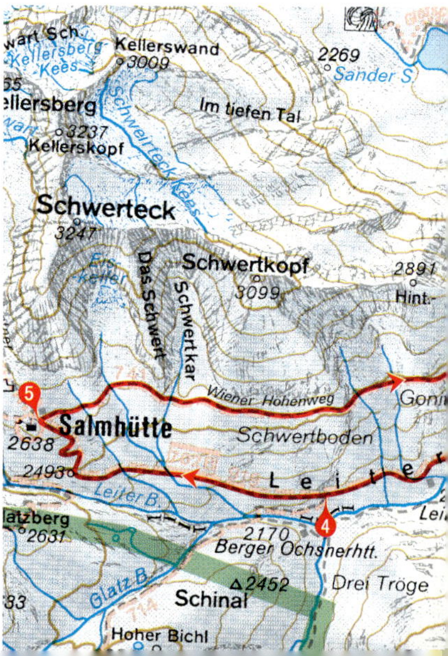

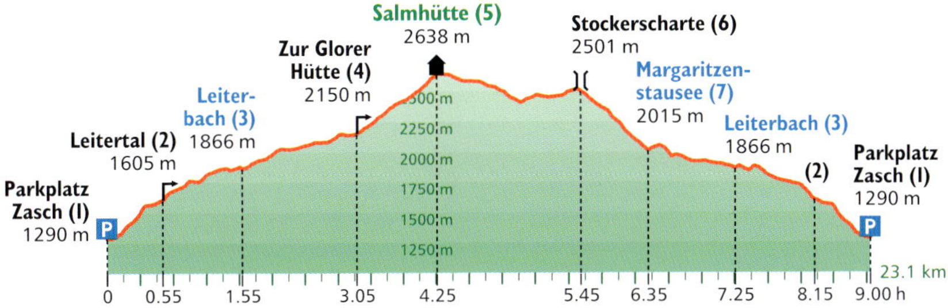

Weg steigt nun kräftiger an und windet sich nach der zweiten Abzweigung zur Glorer Hütte in Serpentinen hinauf zur **Salmhütte (5)**. Obwohl sie als Drehscheibe zwischen der Glorer Hütte, dem Lucknerhaus, dem Glocknerhaus und der Erzherzog-Johann-Hütte aus allen vier Himmelsrichtungen viel Besuch erhält, hat sie sich ihren Charme als echtes Bergsteigerrefugium bewahrt.

Unsere Tour setzt sich nun mit einem schönen **Panoramaweg** durch die Südflanke von Schwerteck und Schwerteckkopf, zwei aus Kalkglimmerschiefer aufgebauten, ganz außergewöhnlichen Berggestalten, talauswärts fort bis zur **Stockerscharte (6)**, 2501 m, die wir zuletzt nach kurzem Aufstieg erreichen. Sie eröffnet uns ganz neue Ausblicke: auf die **Pasterze** und die sie umrahmenden Firngipfel des Glocknermassivs. Auf gut angelegtem Kehrensteig wandern wir hinunter zum sandigen **Margaritzenstausee (7)**, 2015 m, können jedoch schon kurz vor dem See rechts abzweigen und hoch über der Schlucht, die sich die junge Möll in den Fels gegraben hat, zum **Leiterbach (3)** absteigen. An der Brücke schließt sich unsere Runde und wir kehren auf unserem Aufstiegsweg zum Ausgangspunkt am **Parkplatz Zasch (1)** zurück.

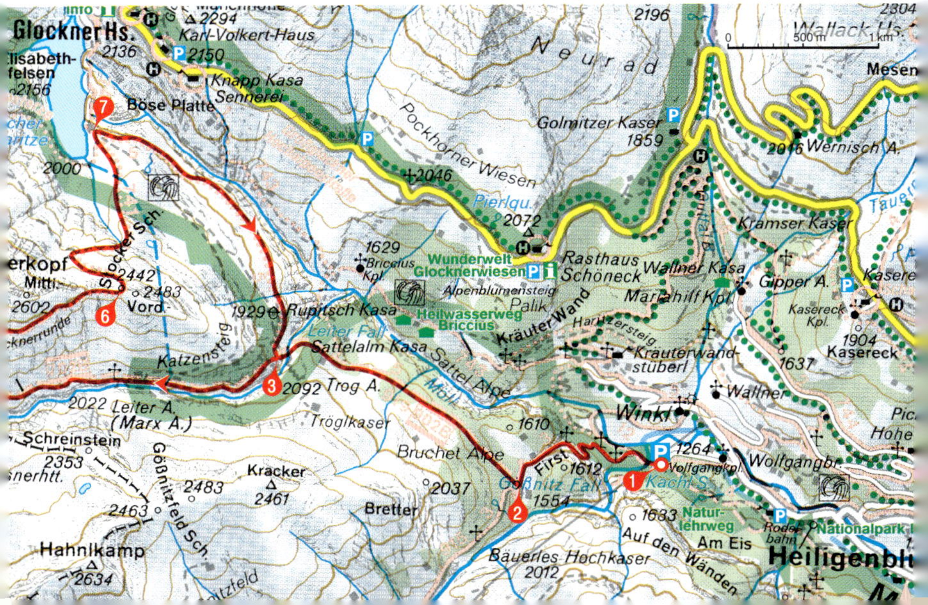

5 Elberfelder Hütte, 2346 m

Durch das Gößnitztal und über die Langtalseen ★★

Drei-Seen-Runde in der urweltlichen Schobergruppe

Das schöne, noch sehr ursprüngliche Gößnitztal verläuft von Heiligenblut nach Süden, mitten hinein in das Herz der einsamen Schobergruppe. Dort steht auf blumenreichen Rasenmatten, unter mächtigen Gletscherschliffplatten, die heimelige Elberfelder Hütte, umgeben von einem Kranz felsiger Dreitausender, deren bekanntester, der Rote Knopf, ein lohnendes Ziel für im Fels erfahrene Bergsteiger ist. Das Gößnitztal mündet im Talboden von Heiligenblut mit einem fulminanten Ende: dem Gößnitzfall, einem der mächtigsten Wasserfälle des Nationalparks. Wasser ist ein beherrschendes Element in der gesamten Schobergruppe: ungebändigte Wildbäche, tosende Wasserfälle, romantische Moore, wilde Blockgletscher, kleine Firnflecken, malerische Gebirgsseen. Die Panoramaroute über die Langtalseen beschert uns gleich drei dieser dunklen Seenaugen. Unsere Runde ist lang, aber nur wenig schwierig, mit einer Nächtigung auf der Hütte eine entspannte Zweitagestour, an der auch größere Kinder ihre Freude haben.

Heimeliges Refugium: die Elberfelder Hütte.

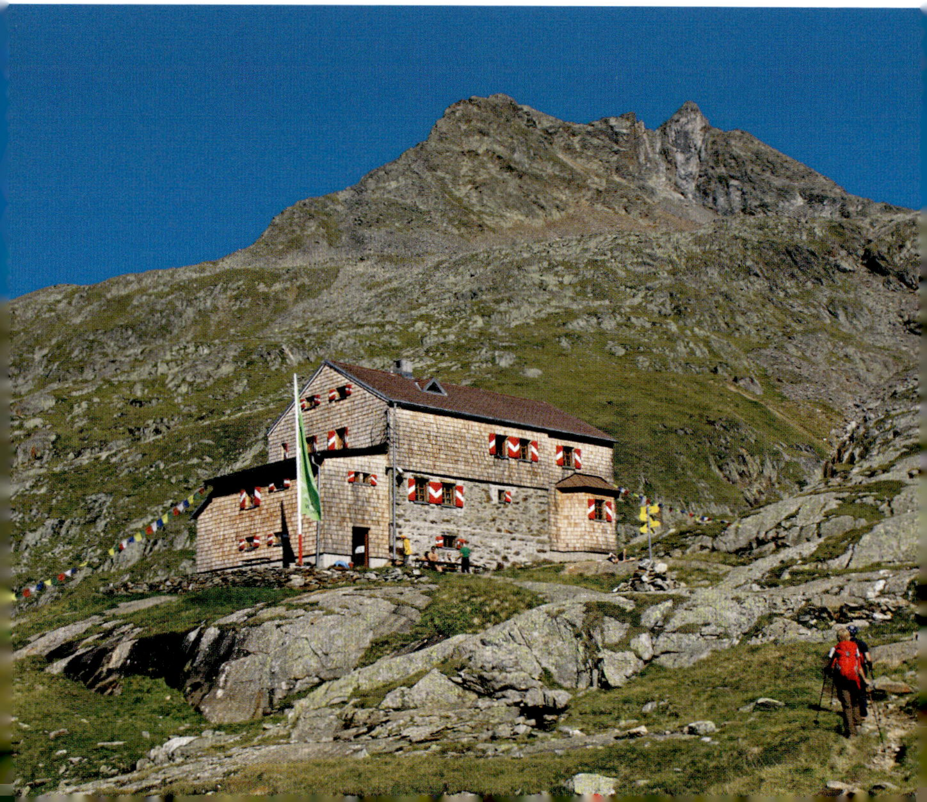

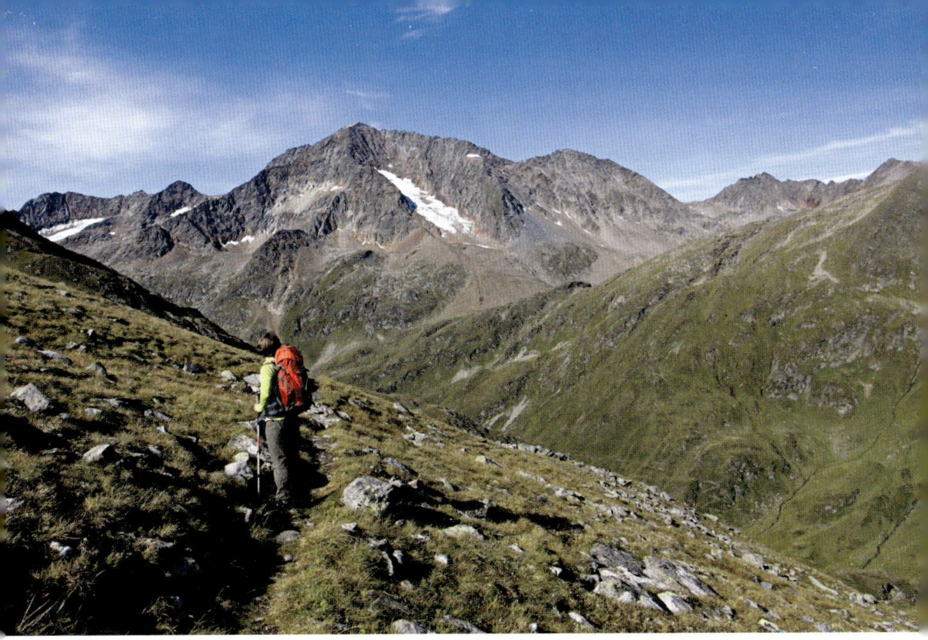

Am Höhenweg, Blick zurück zum Roten Knopf.

KURZINFO

Talort: Heiligenblut, 1288 m.
Ausgangspunkt: Vom Ortszentrum Richtung Winkl, über die Möllbrücke und an der Möll entlang bis zur Wolfgangbauerkapelle, dort links und auf einer Naturstraße etwa 500 m bis zum Parkplatz Zasch an der Gößnitzbachbrücke, 1290 m, beschränkte Parkmöglichkeit.
Verkehrsmittel: Busverbindung von Winklern durch das obere Mölltal bis Heiligenblut und zu Fuß in ca. 30 Min. zum Ausgangspunkt.
Gehzeit: 11.00 Std., verteilt auf 2 Tage.
Höhenunterschied: 1500 Hm.
Anforderungen: Sehr schöne Wanderung auf guten Bergwegen, als Tagestour ziemlich anstrengend, Vorsicht bei Nässe in den steilen Grashängen zwischen dem Hinteren und dem Vorderen Langtalsee.
Einkehr/Übernachtung: Elberfelder Hütte, 2346 m, DAV, Mitte Juni–Mitte September, Tel. +43 4824 2545, elberfelderhuette.com.
Karten: F&B WK 181; AV-Karte Blatt 41.

1. Tag: Vom **Parkplatz Zasch (1)** gehen wir über die **Gößnitzbachbrücke** und folgen einer geschotterten Fahrstraße in steilen Kehren bergauf, dabei beeindrucken uns der Anblick des rauschenden Gößnitz-Wasserfalls und der Tiefblick ins Tal der jungen Möll. Die Straße passiert eine felsige Engstelle und durchzieht dann die Wiesen der **Bruchetalm**; kurz darauf zweigt in einer Kehre der Weg ins Leitertal rechts ab **(2)**, 1605 m. Wir bleiben jedoch auf der Straße und folgen ihr in das Gößnitztal. Nach einem kurzen Abstieg überschreiten wir den **Gößnitzbach**, passieren die Abzweigung zur Äußeren Ebenalm und die Hütten des **Breimiskasers** und gelangen zu einer Wegteilung **(3)**, 1590 m. Hier verlassen wir die Straße, die zur Wirtsbaueralm führt,

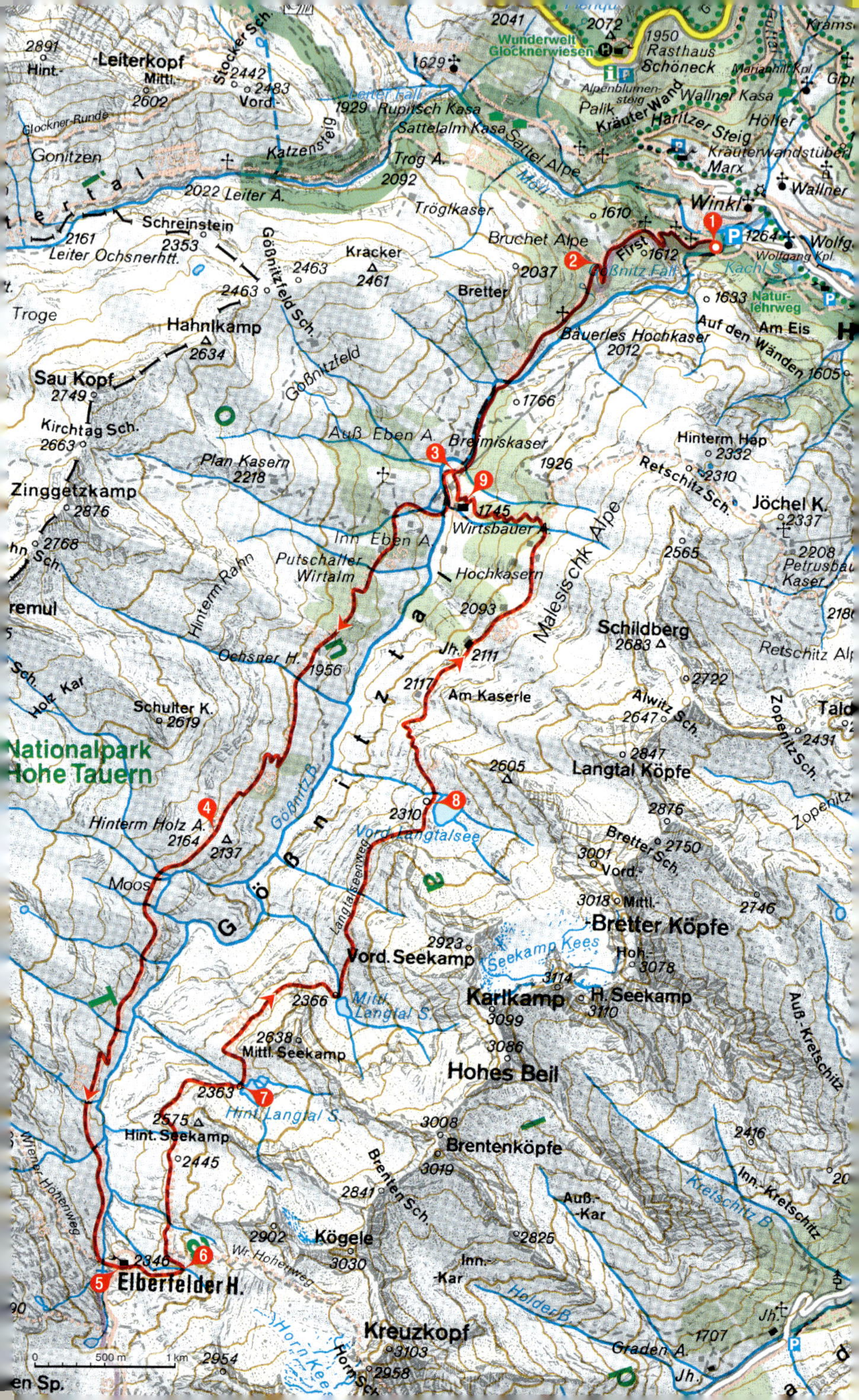

Leiterkopf
Mittl.
2602
Stocker Sch.
2442
2483
Vord.
Glockner-Runde
Gonitzen
Katzensteig
1929 Rupitsch Kasa
Sattelalm Kasa
Sattel Alpe
Trog A.
2092
2022 Leiter A.
Schreinstein
2353
2161
Leiter Ochsnerhtt.
Troge
Goßnitzfeld Sch.
2463
Kracker
2461
Tröglkaser
Bruchet Alpe
Bretter
2037
Hahnlkamp
2634
Sau Kopf
2749
Kirchtag Sch.
2663
Zinggetzkamp
2876
2768
Goßnitzfeld
Auß. Eben A.
Bremiskaser
Plan Kasern
2218
Inn. Eben A.
Putschaller
Wirtalm
Hinterm Rahn
Ochsner H.
1956
Wirtsbauer
1745
Hochkasern
2093
Jh.
2111
2117
Am Kaserle
Malesischk Alpe
1926
1766
Bäuerles Hochkaser
2012
Wunderwelt
Glocknerwiesen
2041
2072
1950
Rasthaus
Schöneck
Alpenblumensteig
Palik
Kräuter Wand
Wallner Kasa
Haritzer Steig
Kräuterwandstüber
Marx
Winkl
Wallner
1610
1612
First
1264
Goßnitz Fall
Kachl S.
1633
Naturlehrweg
Auf den Wänden
Am Eis
1605
Hinterm Hap
2332
2310
Retschitz Sch.
Jöchel K.
2337
2208
Petrusbau
Kaser
2565
Schildberg
2683
Retschitz Alp
2722
Alwitz Sch.
2647
2847
Langtal Köpfe
2431
Schulter K.
2619
Nationalpark
Hohe Tauern
Holz Kar
Hinterm Holz A.
2164
2137
Goßnitz B.
Moos
2605
2310
Vord. Langtalsee
Langtalseenweg
2876
2750
Bretter Sch.
3001
Vord.
3018 Mittl.
Bretter Köpfe
2746
2923
Vord. Seekamp
Seekamp Kees
Hoh.
3078
3114
Karlkamp
H. Seekamp
3110
3099
2366
Mittl. Langtal S.
2638
Mittl. Seekamp
3086
Hohes Beil
2363
Hint. Langtal S.
2575
Hint. Seekamp
2445
3008
Brentenköpfe
3019
Brenten Sch.
2841
2902
Kögele
3030
2346
Elberfelder H.
Wr. Höhenweg
Wiener Höhenweg
Auß.-Kar
2825
Inn.-Kar
Kreuzkopf
3103
2958
2954
Holder B.
Graden A.
1707
Jh.
Kretschitz B.
Inn.-Kretschitz
Auß.-Kretschitz
2416
Zopenitz Sch.
Goßnitztal
0
500 m
1 km

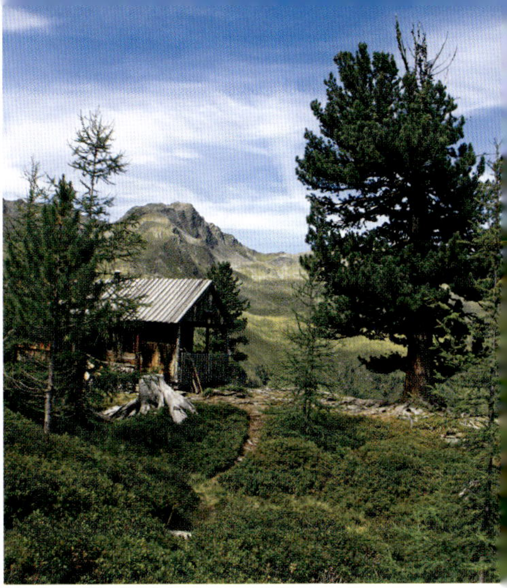

Idyllisch gelegene Jagdhütte.

nach rechts und wandern auf einem breiten Almweg bis zu einer Futterstelle. Deutliche Markierungen lotsen uns nahezu weglos über einen kurzen Wiesenhang steil bergauf zu einem Wegweiser, wo wir nach links in einen Höhenweg einbiegen. An der **Inneren Ebenalm** vorbei wandern wir auf einem neu angelegten Weg durch schönen Zirbenwald über die Ochsnerhütte zur kleinen **Hinterm-Holz-Alm (4)**, 2164 m, einem schönen Rastplatz. Nachdem wir das Moos mit seinen vielen kleinen Bächen durchquert haben, wird das Gelände zunehmend alpiner, Alpenrosensträucher und Erikapolster haben die Bäume abgelöst und nicht selten können wir spielende Murmeltiere beobachten. Langsam nähern wir uns dem **Gößnitzbach**, der bisher in einer Schlucht tief unter uns rauschte und den wir erst kurz vor der Hütte überschreiten. Noch wenige Meter Aufstieg und wir haben die **Elberfelder Hütte (5)** erreicht.

2. Tag: Der **Höhenweg** über die Langtalseen steigt hinter der Hütte zunächst Richtung Hornscharte an, verlässt diesen Weg aber schon bald bei einem Bach mit Wasserfassung **(6)**, 2440 m. Wir überschreiten den Bach und wandern über einen mäßig steilen Rasenhang gemütlich talauswärts zum wunderschönen **Hinteren Langtalsee (7)**, 2363 m. Im Weiterweg zum **Mittleren Langtalsee**, 2366 m, überschreiten wir eine felsige Gratkante und auch auf dem Weg zum **Vorderen Langtalsee (8)**, 2310 m, erwartet uns eine harmlose Felspassage. Vom Vorderen Langtalsee steigen wir 200 Meter ab und wandern mit nur geringem Höhenverlust am Rand der Baumgrenze über eine Jagdhütte zum **Hochkaser**. Kurz nach den Almhütten führt der Weg in steilen Kehren bergab zur **Wirtsbaueralm (9)**, 1745 m. Von dort kehren wir auf der Almstraße zurück zum Ausgangspunkt am **Parkplatz Zasch (1)**.

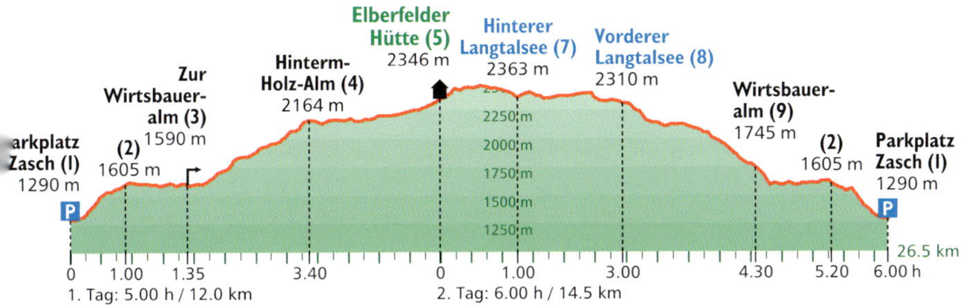

6 Petzeck, 3283 m

Von Mörtschach durch das Wangenitztal ★★★

Auf den höchsten Gipfel der Schobergruppe

Der Weg auf das Petzeck führt über die Wangenitzseehütte, ein Schutzhaus, das einen einmalig schönen Standort hat: am Wangenitzsee, dem größten Gebirgssee Kärntens, und dem benachbarten, etwas kleineren Kreuzsee, die zusammen eine tiefblaue Seenplatte bilden. Bei dieser grandiosen Lage verwundert etwas die wechselvolle Geschichte der Hütte: Erst 1927 entstand durch die Sektion Moravia/Brünn der erste Hüttenbau. Nach dem Krieg geplündert und ausgebrannt, dauerte es zwanzig Jahre, bis die damalige Sektion Holland des ÖAV die Hütte am Wangenitzsee wieder aufbaute. 2009 übernahm die Sektion Lienz die gepflegte Hütte, und aus dem Osttiroler Debanttal erhält sie auch den meisten Besuch. Der wunderschöne, etwas lange Weg durch das Wangenitztal dagegen ist einsam und still geblieben, eine Wanderung für Liebhaber unberührter Natur. Der Gipfelaufstieg, steil, felsdurchsetzt und mit einem abschmelzenden Gletscherrest gewürzt, erfordert dann den alpin erfahrenen Bergsteiger, der für seine Mühen mit einer schier unendlichen Fernsicht vom Großglockner bis zum Triglav belohnt wird.

KURZINFO

Talort: Mörtschach, 934 m.

Ausgangspunkt: Dem Wegweiser Rettenbach folgend über die Möllbrücke, dann auf geteerter Straße über den Pirkachberg bis zum höchstgelegenen Hof, dann auf Naturstraße nahezu eben ins Wangenitztal zum ummauerten Parkplatz im Wangenitztal, 1371 m.

Verkehrsmittel: Postbus von Spittal über Winklern Richtung Heiligenblut nach Mörtschach und zu Fuß in ca. 1.30 Std. über den Pirkachberg zum Ausgangspunkt.

Gehzeit: 10.30 Std., verteilt auf 2 Tage.

Höhenunterschied: 2000 Hm.

Anforderungen: Bis zur Hütte schöne, leichte Bergwanderung. Zum Petzeck anspruchsvolle, steile, teils weglose Hochgebirgstour, die vor allem in der

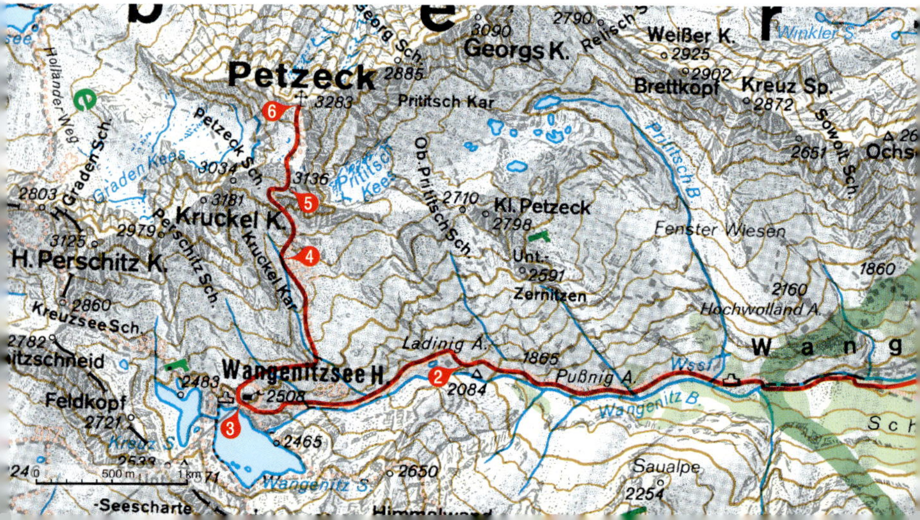

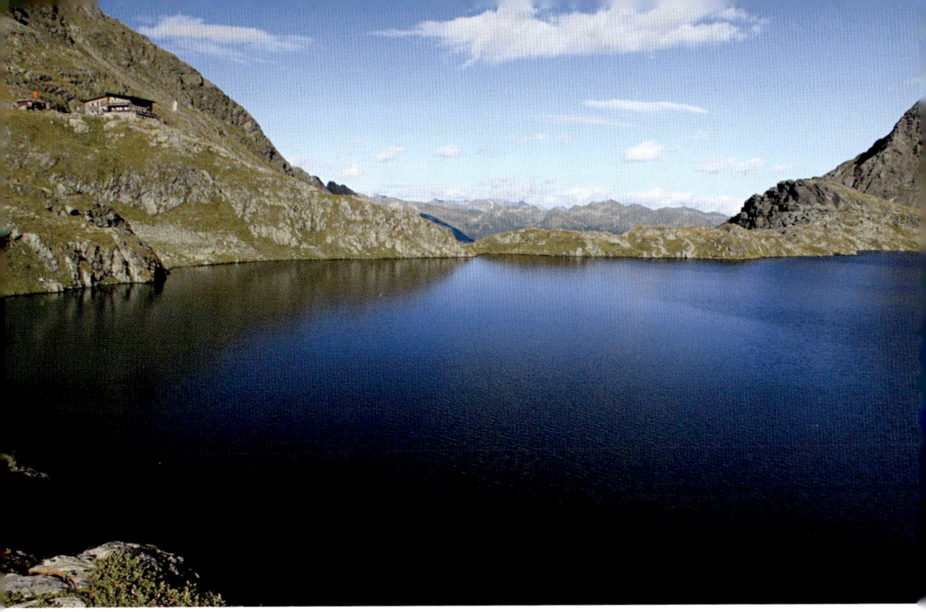

Der Wangenitzsee und seine Hütte.

Querung und an der Felsrippe Trittsicherheit und Schwindelfreiheit erfordert. Die Überquerung des flachen und spaltenfreien Firnfeldes ist meist problemlos, im Spätsommer evtl. Grödeln, bei Nebel im Gipfelbereich schwierige Orientierung.

1. Tag: Vom **Parkplatz (1)** gehen wir über den **Wangenitzbach** und direkt hinter der Brücke links. Parallel zum Bach folgen wir dem Weg, die

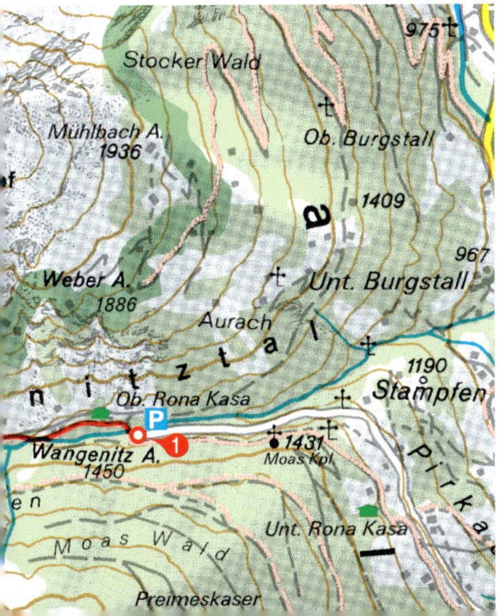

Einkehr/Übernachtung: Wangenitzseehütte, 2508 m, ÖAV, bew. Mitte Juni–Mitte September (je nach Wetterlage), Tel. +43 4826 229, wangenitzseehuette.com.
Karten: F&B WK 181; AV-Karte Blatt 41.

weiten Bögen der Almstraße abkürzend, bis zur **Oberen Wangenitzalm**, wo die Almstraße endet. Auf breitem Almweg überqueren wir erneut den Bach und wandern gemütlich durch schönen Wald taleinwärts. Schon bald geht der breite Weg in einen Steig über, auf zwei Stegen wechseln wir wieder auf die rechte Bachseite und erreichen kurz darauf einen **Gedenkstein** bei P. 1601 m. In zunehmend freierem Gelände steigen wir, vom Rauschen des Wangenitzbaches begleitet, über die Pußnigalm und die liebliche **Ladinigalm (2)**, 2058 m, hinauf zu einer malerisch gelegenen, moorigen Hochfläche. In einem felsdurchsetzten Rasenhang gewinnen wir schnell an Höhe, und auf gut an-

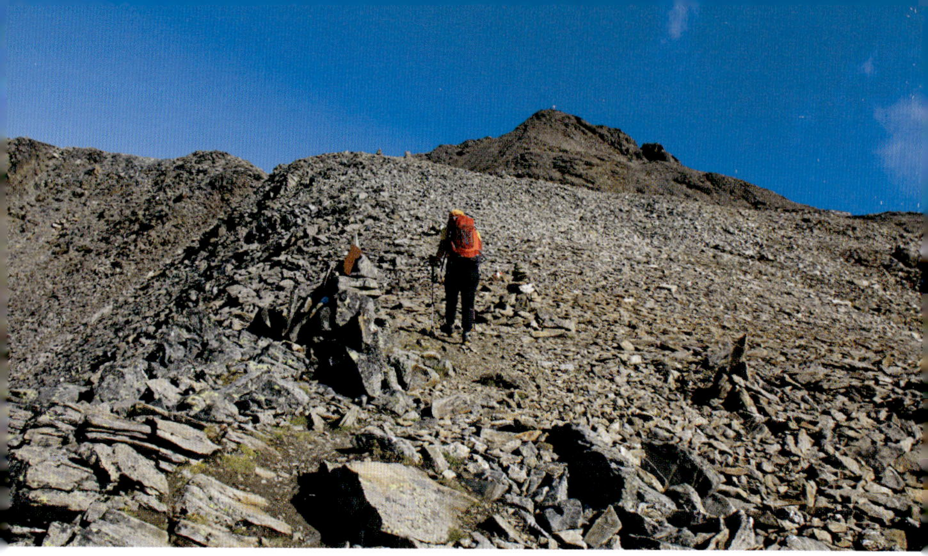

Am Vorgipfel, in der Bildmitte der Gipfel des Petzecks.

gelegten Kehren stellt auch der letzte Aufschwung zum **Wangenitzsee** kein Hindernis dar. Die **Wangenitzseehütte (3)**, 2508 m, steht nur wenige Meter oberhalb des Sees.

2. Tag: Von der **Hütte (3)** steigen wir etwa 100 Meter bergauf und queren dann, leicht fallend, nach Osten zu einer Felsrippe, die wir mithilfe stabiler Drahtseile überklettern (Vorsicht bei Nässe!). Nun geht es endlich bergauf: Über felsdurchsetzte Wiesen erreichen wir eine **Kuppe (4)**, einen schönen Rastplatz, 2784 m, dann führt der Anstieg über eine steile, felsige Rippe mühsam hinauf zu einem Absatz, 3060 m (schöner Blick zum Glödis) und wieder bequemer über Blockgelände zu einem **Vorgipfel (5)**, 3136 m, mit großem Steinmann. Nördlich ragt der kreuzgeschmückte Gipfel des **Petzecks (6)** in den Himmel, wir überqueren das Firnfeld und steigen weglos über Schutt und Blöcke, von einzelnen Markierungen geleitet, hinauf zum höchsten Punkt. Der **Abstieg** erfolgt auf der Aufstiegsroute.

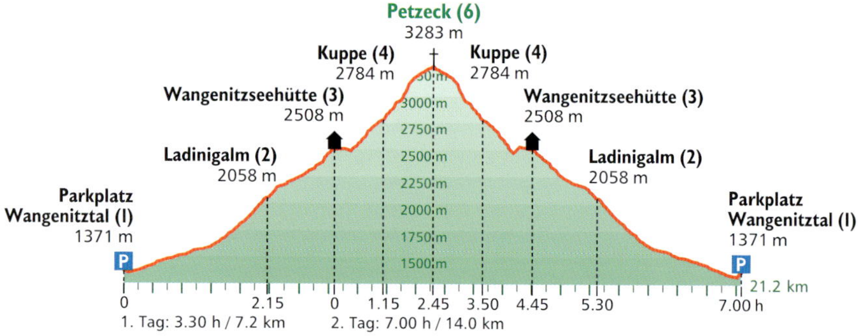

Hoher Sonnblick, 3105 m

Über Kleines Fleißtal und Kleines Fleißkees ★★★

Besuch bei den Salzburger Nachbarn

Streng genommen ist der Sonnblick kein Kärntner Gipfel, da die Landesgrenze wenige Meter westlich des höchsten Punktes verläuft. Der schöne Anstieg durch das Kleine Fleißtal ist aber eindeutig eine Kärntner Tour, sogar die schwierigste dieses Buches, immerhin führt der Weg über einen Gletscher. Das Kleine Fleißkees gilt zwar als spaltenarm und ist im Frühsommer von einer dicken Firndecke überzogen, was den Aufstieg stark vereinfacht. Im Laufe des Sommers apert der Gletscher aber zunehmend aus, wird eisig und zeigt uns eine Vielzahl von kleineren und größeren Spalten, die wir bei geschickter Routenführung meist gut umgehen können. Der Clou am Sonnblick ist das Zittelhaus am Gipfel, eine attraktive Übernachtungsmöglichkeit für Romantiker, die einen leuchtenden Sonnenuntergang oder -aufgang genießen wollen. Verschwistert ist es mit dem 1886 erbauten Observatorium, heute gemeinsam unterhalten und betrieben vom Sonnblickverein und der ZAMG, einer ganzjährig besetzten, weltweit einzigartigen Wetter- und Forschungsstation! Infos, auch über die 125-jährige, wechselvolle Geschichte, finden Sie unter sonnblick.net.

KURZINFO

Talort: Heiligenblut, 1288 m.
Ausgangspunkt: Auf der Glocknerstraße mautfrei bis zur Fleißkehre, dort geradeaus weiter in das Kleine Fleißtal bis zum Parkplatz an der Brücke über den Fleißbach, 1722 m.
Verkehrsmittel: Wanderbus Heiligenblut–Franz-Josefs-Höhe zur Fleißkehre, 1558 m, von dort zu Fuß in ca. 0.45 Std. zum Startpunkt; Fahrplan unter postbus.at/unsere-leistungen/rad-wanderbusse.
Gehzeit: 8.15 Std.
Höhenunterschied: 1400 Hm.
Anforderungen: Auf der beschriebenen Aufstiegsroute bis zum Gletscher wenig schwierige Bergwanderung. Der Gletscher ist im oberen Bereich ziemlich steil, je nach Jahreszeit problemlose Firn- bis mäßig schwierige Eistour mit mehreren, meist harmlosen Spalten. Pickel und Steigeisen erforderlich, Seilausrüstung empfehlenswert, da sich die Gletscherverhältnisse und damit die Spaltengefahr ständig ändern. Der Abstieg über den Zirmsee ist im Gletscherbereich steinschlaggefährdet, danach gut markiertes, aber mühsames Blockgelände, im Aufstieg nicht empfehlenswert, im Abstieg landschaftlich großartige Eindrücke.
Einkehr: Zittelhaus, 3105 m, ÖAV, bew. Ende Juni–Anfang Oktober, Tel. +43 6544 6412, zittelhaus.at; Almgasthof Alter Pocher, 1807 m.
Karten: F&B WK 225; AV-Karte Blatt 42.

Der Sonnblickgipfel mit dem Zittelhaus.

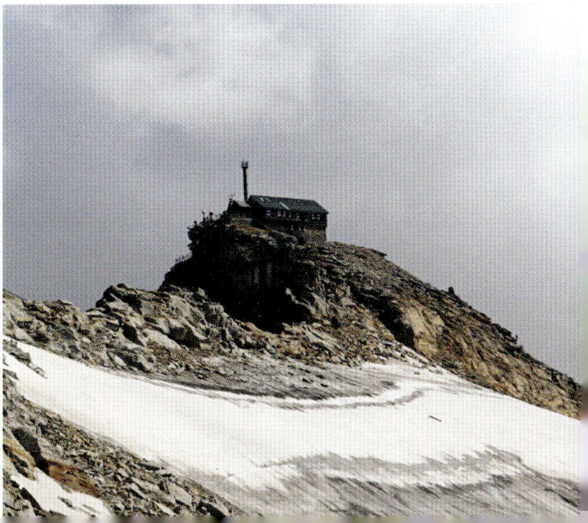

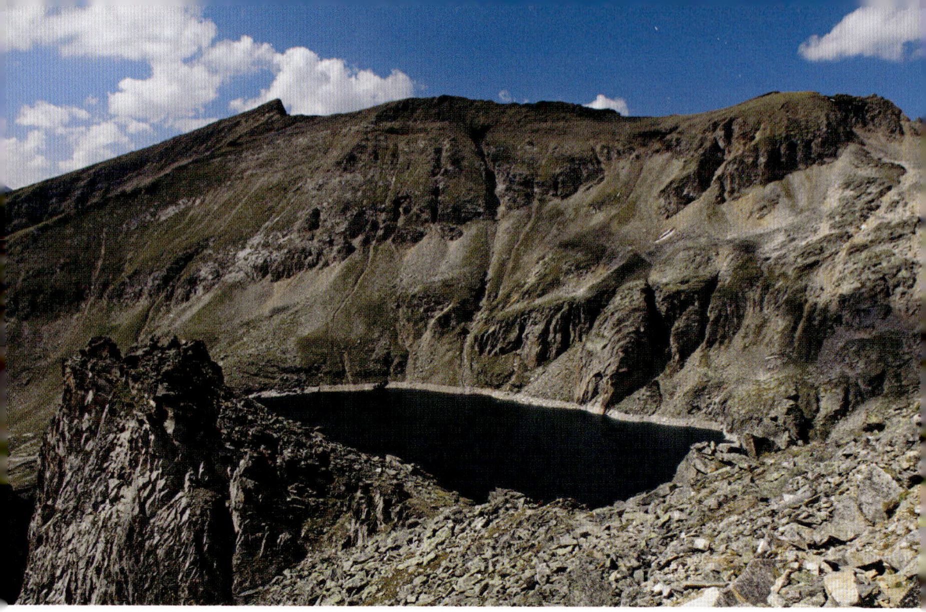

Im Abstieg fasziniert der Zirmsee mit dem Hörndl.

Vom **Parkplatz Fleißtal (1)** gehen wir auf der Fahrstraße bis zum **Goldgräberdorf** (Wegweiser), das Erinnerungen an die alten Zeiten des Goldbergbaus wachruft. Dort zweigen wir links ab und gehen am Goldgräberdorf und gleich darauf am **Gasthaus Alter Pocher (2)**, 1807 m, vorbei.

Sehr schön windet sich der Weg nun, am Kleinen Fleißbach entlang, durch eine felsdurchsetzte Steilstufe bergauf bis auf ca. 2140 m, dann wandern wir in einer flachen Querung nach links, bis wir die Werksstraße der Kelag erreichen. Wir folgen der Straße kurz nach links, bis wir rechts wieder in den Wanderweg einbiegen können. Auf ca. 2330 m erreichen wir erneut die Straße **(3)**, ignorieren die Abzweigung zum Zirmsee und folgen dem Wegweiser zum Sonnblick nach rechts. Nach einer halben Stunde Straßenmarsch können wir diese endlich wieder verlassen und links in den Wanderweg einbiegen **(4)**, 2490 m, der über einen Moränenkamm gerade zum **Fleißkees** hochführt. Wir halten uns ziemlich nahe

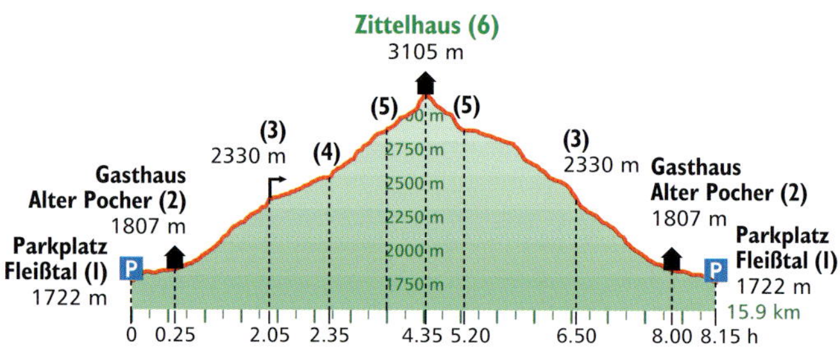

am linken Rand des anfangs noch flachen Gletschers, da hier die wenigsten Spalten sind. Langsam steilt der Gletscher stärker auf, von links mündet der Weg über den Zirmsee **(5)** ein, 2840 m. Wir überqueren harmlose Spalten und steigen in zunehmender Steilheit Richtung **Pilatusscharte** auf. Noch vor Erreichen der Felsen queren wir nach Osten, zum Ende des Firns, und steigen über Schutt und Felsen auf zum **Zittelhaus** am **Hohen Sonnblick (6)**.

Im **Abstieg** folgen wir unserer Aufstiegsspur, bis die Route zum Zirmsee rechts abzweigt **(5)**. Wir queren über den Firn bis zu den Felsen und weiter über große Blöcke ziemlich mühsam bis zu einer Kante, 2762 m, an der uns die Markierungen nach Norden leiten und sich langsam eine Wegspur zum Zirmsee hinab bildet. Am markanten Spitz des **Hörndls** (bzw. Hörnls) vorbei gelangen wir zum tiefblauen See, gehen an seinem Südufer entlang und steigen dann auf gutem Steig ab, bis wir auf etwa 2330 m wieder auf die Werksstraße **(3)** treffen. Auf unserer Aufstiegsroute zurück zum Ausgangspunkt am **Parkplatz Fleißtal (1)**.

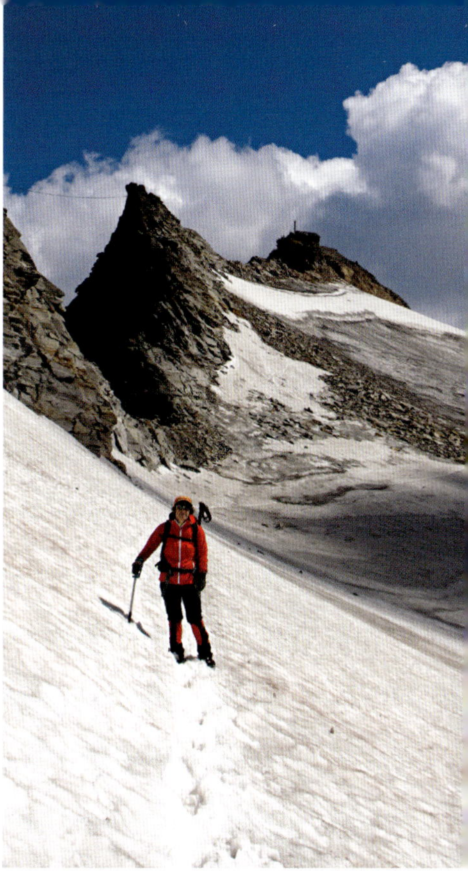

Am Kleinen Fleißkees, im Hintergrund das Zittelhaus.

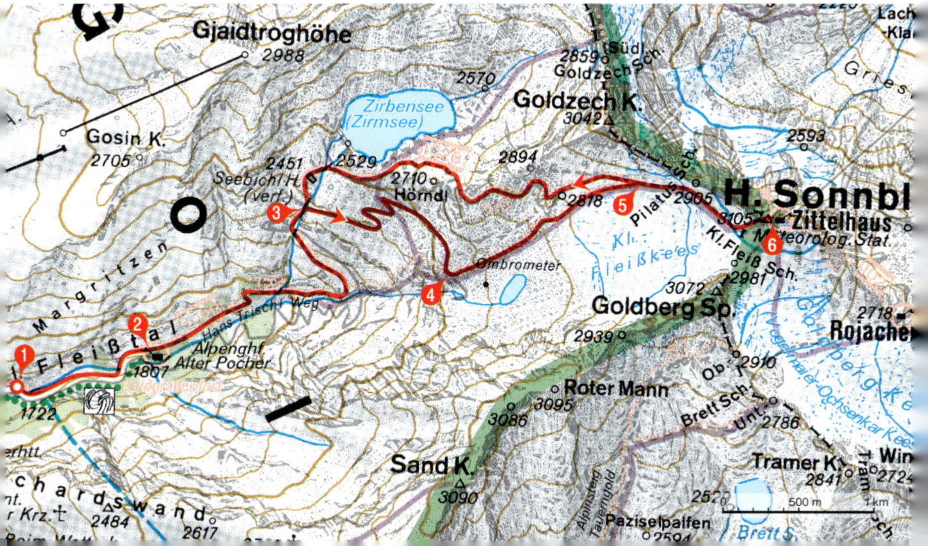

8 Großes Zirknitztal

Über Zahltisch und Ochsnerhütte ★★★

Mystisch anmutende Wege und historische Stätten des Goldabbaus

Das Große Zirknitztal ist ein relativ wenig bekanntes Kleinod im Nationalpark Hohe Tauern. Die Tour begeistert Naturliebhaber und Romantiker. Durch einen herrlichen Zirbenwald und entlang der wasserreichen Großen Zirknitz führt die Wanderung zu den Überresten des einst hier betriebenen Goldabbaus. Der Zahltisch, ein riesiger, flacher Stein, erinnert an die Entlohnung der Knappen, die im Großen Zirknitztal nach Gold und Silber schürften. Vom Zahltisch aus kann man einen Abstecher zu den Ruinen der einstigen Bergbauanlagen machen. Ein aussichtsreicher Höhenweg führt weiter zur kleinen Ochsnerhütte auf den Eckalmen, einem schönen Rastplatz, und hinunter zum tiefblauen Kegelesee. Von dort geht es erneut durch einen wunderschönen Wald mit alten Zirben und Lärchen zurück zum Ausgangspunkt.

KURZINFO

Talort: Großkirchheim (Döllach), 1013 m
Ausgangspunkt: In Großkirchheim (Döllach) der Beschilderung Apriach und Zirknitz folgend auf asphaltierter Bergstraße bis zur 4. Kehre, dort rechts nach Zirknitz. Hoch über der Bachschlucht der Zirknitz taleinwärts bis zum Zusammenfluss von Großer und Kleiner Zirknitz. Nun links dem Straßenverlauf folgend ins Große Zirknitztal, am Rupitschkaser vorbei zum Parkplatz, 1693 m.
Gehzeit: 4.45 Std.
Höhenunterschied: 600 Hm
Anforderungen: Überwiegend leichte Bergwanderung auf guten, aber schmalen Wegen und Steigen.
Einkehr: Unterwegs keine Einkehrmöglichkeiten.
Karten: F&B WK 225; AV-Karte Blatt 42.

Auf dem Höhenweg unterwegs zur Ochsnerhütte.

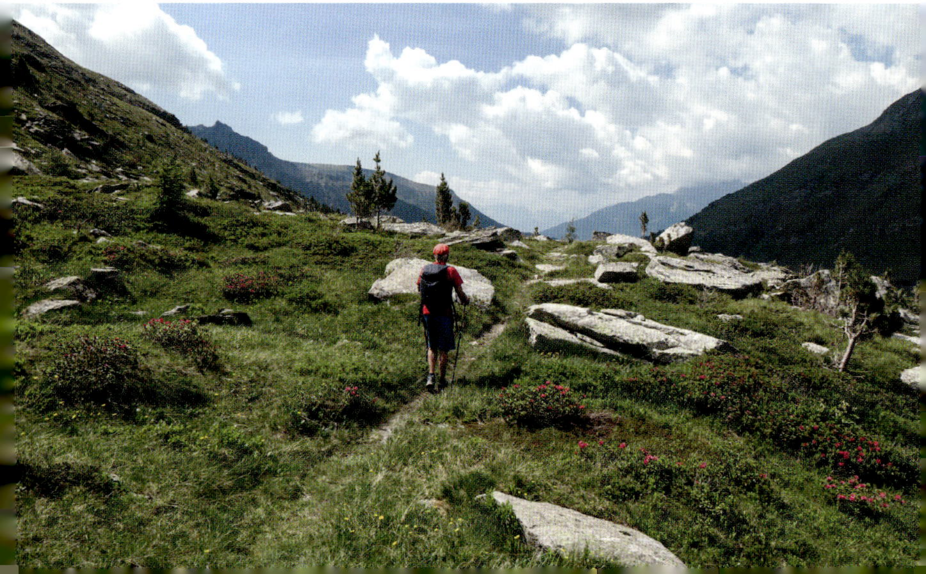

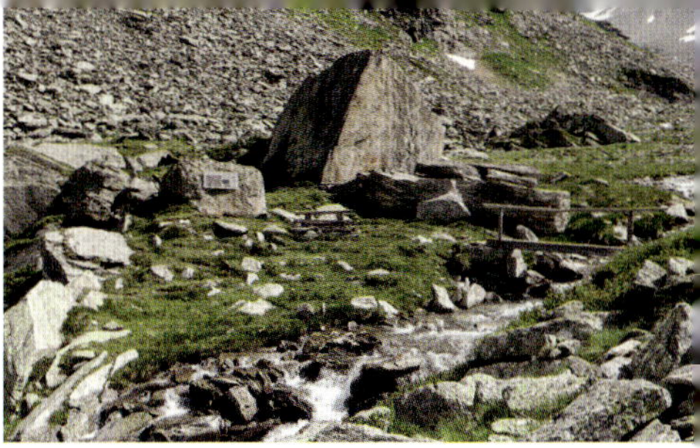

Am Zahltisch.

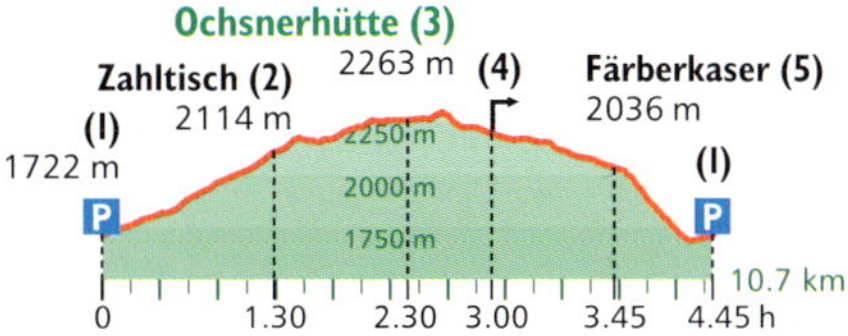

Vom **Parkplatz (1)** gehen wir weiter auf dem schmalen Sträßchen, an einer Wasserfassung vorbei, zu den Hütten des Schrallkasers. Hier zweigt der Wanderweg zum Zahltisch rechts ab zur Brücke über die Große Zirknitz. Durch schönen Zirbenwald, teils direkt am Wasser, dann etwas höher am Hang, wandern wir taleinwärts. Zuletzt geht es durch freies Gelände und abschließend über eine schmale Brücke über die Zirknitz hinüber zum **Zahltisch (2)**, 2114 m, der von einem mächtigen Felsblock überragt wird. Einzelne rote Markierungen leiten von hier zu den Stollen des Goldabbaus. Zurück auf dem Wanderweg macht dieser eine große Kehre und quert ansteigend die Westflanke des Eckbergs. Nach einer Geländekante weitet sich der Südwesthang zur Hochfläche der Eckalmen, über die wir nahezu eben zur kleinen **Ochsnerhütte (3)**, 2263 m, wandern. Unser Panoramaweg führt nun weiter nach Osten, vorbei an riesigen Felsblöcken und wettergegerbten Zirben, kurzzeitig bergauf und dann hinunter zum blauen Kegelesee. Kurz bevor wir den See erreichen zweigt rechts im spitzen Winkel unser Rückweg ab **(4)**. Dieser traumhaft schöne Weg durch einen mystischen Wald mit alten Zirben und Lärchen und moosbedeckten Felsen endet auf der Almwiese der **Färberkaser (5)**, 2036 m. Wir gehen in derselben Richtung weiter, bis ein Steig mit vielen Serpentinen durch den steilen Wald bergab führt zum Rupitschkaser und zum **Parkplatz (1)**.

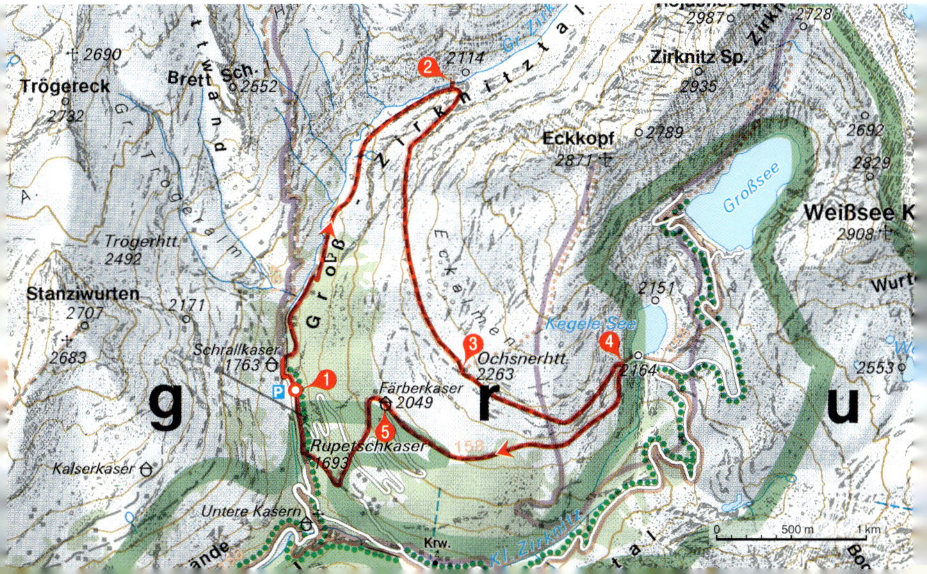

9 Mohar, 2604 m

Rundtour vom Sadnighaus

★★★

Vielgerühmter Aussichtsberg mit Glocknerblick
Hoch über dem Mölltal, als Eckpfeiler in der Sadniggruppe, einer Untergruppe der Goldberggruppe, ist der Mohar einer der schönsten Aussichtsberge Kärntens. Berühmt ist vor allem der Blick über Heiligenblut und die Pasterze zu den sie umrahmenden Gipfeln: Großglockner, Johannisberg, Hohe Riffl, Fuscherkarkopf – ein Bild wie gemalt. Im Frühsommer schmücken sich die Wiesen mit dem schönsten Blumenschmuck – nicht umsonst ist der Mohar auch als Blumenberg berühmt. Das Sadnighaus und das Gasthaus Glocknerblick sind hochgelegene Ausgangsorte, von denen leichte Wanderwege zum Gipfel führen, die sich zu einer schönen Runde verbinden lassen. Aber auch im Berg gibt es Geheimnisse zu entdecken: Vom Göritzer Törl können wir einen Abstecher zum Waschgang machen, einem Relikt aus der Zeit des Goldabbaus. Die Fahrt zum Sadnighaus führt uns durch das weltabgeschiedene Astental, vorbei an den höchstgelegenen Bergbauernhöfen Kärntens. Erst 1965 wurde die Straße erbaut, bis dahin war das Astental nur über Bergwege erreichbar und im Winter oft monatelang von der übrigen Welt abgeschnitten. Bis 1966 hatten die Kinder nur im Winter Schulunterricht, im Sommer wurde ihre Arbeitskraft auf den Höfen und den steilen Bergwiesen, die mit der Hand gemäht werden müssen, benötigt.

KURZINFO

Talort: Mörtschach, 934 m.
Ausgangspunkt: Sadnighaus, 1880 m, Zufahrt auf 10 km langer, geteerter Bergstraße, großer Parkplatz.

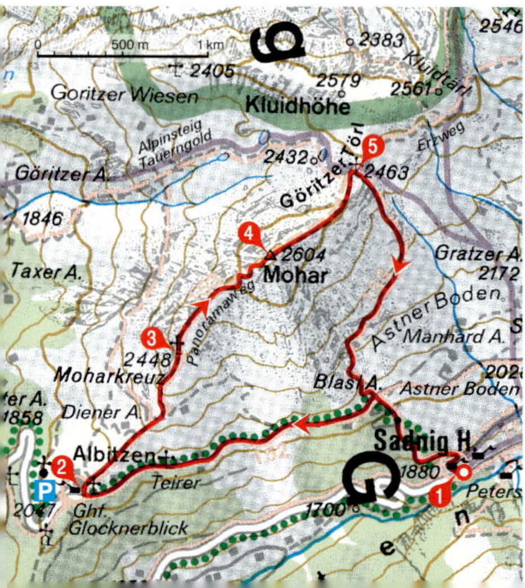

Gehzeit: 4.15 Std.
Höhenunterschied: 750 Hm.
Anforderungen: Steile, aber leichte Bergwege ohne nennenswerte Schwierigkeiten.
Einkehr: Sadnighaus, ÖAV, bew. Mitte Juni–Mitte September, Dienstag Ruhetag, Tel. +43 4825 20050, sadnighaus.at; Alpengasthof Glocknerblick, 2047 m, bew. Ende Mai–Mitte Oktober, Tel. +43 4825 340, Auffahrt von Sagritz aus mit dem PKW möglich.
Karten: F&B WK 225; AV-Karte Blatt 42.

Eine Almstraße führt vom **Sadnighaus (1)** in Kehren bis auf 2000 m Höhe und quert dann in der Südflanke des Sadnig zum **Gasthof Glocknerblick (2)**, 2047 m. Die Kehren können wir auf einem Wanderweg abkürzen, dann gehen wir mit kleinen Gegenabstiegen gemütlich auf der Straße an der **Jausenstation Almhüttl**, 2025 m, vorbei

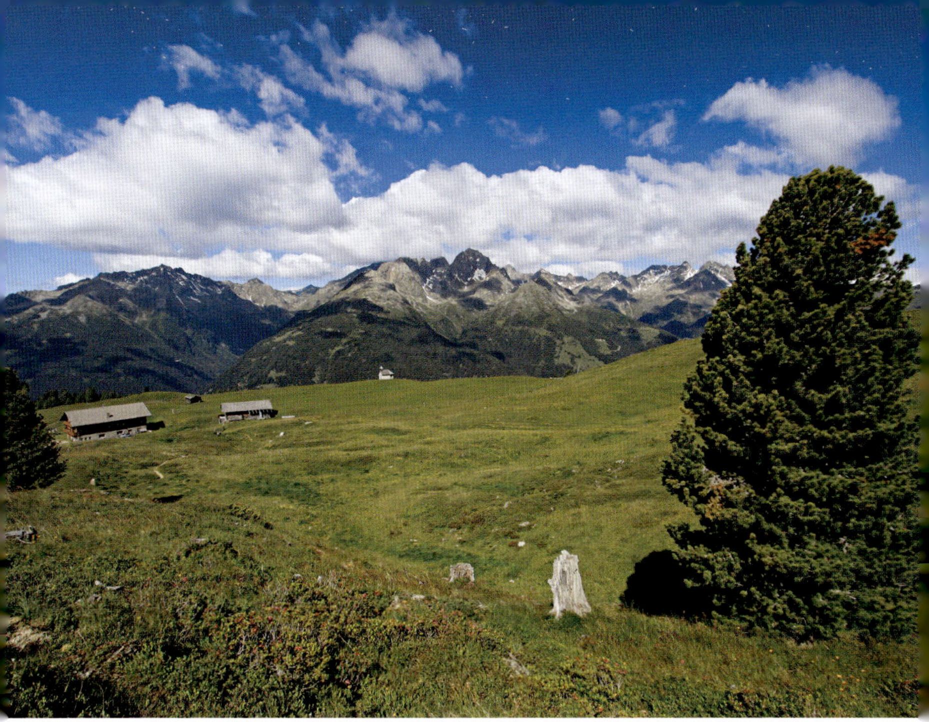

Gasthof Glocknerblick mit der Schobergruppe.

zum Gasthaus mit dem klingenden Namen. Ganz verschämt zeigt uns der Großglockner nur seine Spitze, viel interessanter ist hier die Aussicht in die Schobergruppe. Vom Glocknerblick folgt unser Aufstieg dem steilen Südwestgrat hinauf zum **Moharkreuz (3)**, 2448 m, einem herrlichen Rastplatz. Nun erwartet uns der schönste Teil des Weges: Am Grat entlang bummeln wir über bunte Blumenwiesen zum Gipfelaufbau des **Mohar**, ein letzter Aufschwung, und wir stehen am geräumigen Gipfelplateau **(4)**. Nach ausgiebiger Gipfelschau wandern wir weiter über die Hochfläche, dann senkt sich der Steig steil hinunter ins **Göritzer Törl (5)**, 2463 m. Über sanfte Almwiesen gelangen wir in altes Bergsturzgelände, Alpenrosen überwuchern die Felsen, und die ersten Zirben und Lärchen begleiten unseren Weg. Schließlich erreichen wir auf 2000 m Höhe wieder die **Almstraße** und kehren auf der Straße oder auf dem Wanderweg zurück zum **Sadnighaus (1)**.

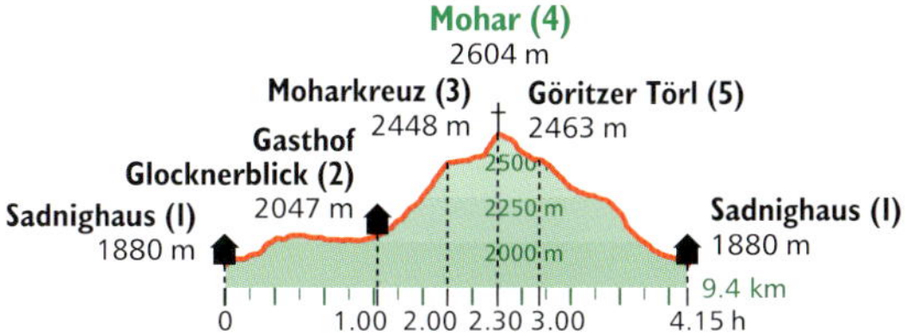

10 Sadnig-Höhenweg und Sadnig, 2745 m

Über das Fraganter Schutzhaus ★★

Große Panoramarunde auf stillen Pfaden

Ganz unterschiedliche Landschaften erschließt uns der Sadnig-Höhenweg: Von den Speicherseen der Kelag wandern wir durch das blumenreiche Naturschutzgebiet Kleinfragant, überschreiten den wilden Ochsentrieb und erholen uns auf den sanften Almwiesen am Schobertörl. Dort haben wir die Wahl, noch auf die Makernispitze zu klettern oder gleich den Verlockungen eines schnellen Abstiegs zum gemütlichen Fraganter Schutzhaus nachzugeben. Am nächsten Tag steigen wir dann dem Sadnig aufs Haupt, dem höchsten Gipfel der gleichnamigen Gruppe; mit Aufstieg über den Kleinen Sadnig, dem Gratübergang zum Sadnig und Abstieg über die Sadnigscharte erwartet uns eine schöne und aussichtsreiche Rundtour mit einer spannenden Klettereinlage.

KURZINFO

Talort: Außerfragant, 712 m.
Ausgangspunkt: Großer Parkplatz an der Talstation der Mölltaler Gletscherbahn, 1200 m, von dort mit der Stollenbahn zur Mittelstation, 2266 m.
Endpunkt: Innerfragant, 1074 m, Haltestelle des Körnten Bus.
Verkehrsmittel: Postbus von Spittal nach Flattach oder Außerfragant, von dort mit dem Kärnten Bus zur Talstation der Mölltaler Gletscherbahn. Busfahrplan unter kaernten-bus.at/fahrplaene. Seilbahn: Mölltaler Gletscherbahn, Betriebszeiten Ende Juni–Mitte Mai täglich 8.00–16.00 Uhr, moelltaler-gletscher.at.
Gehzeit: 12.45 Std., verteilt auf 2 Tage.
Höhenmeter: 1500 m bergauf, 2700 m bergab.
Anforderungen: Überwiegend leichte Bergwanderung auf guten Wegen, steiler und mühsamer Aufstieg zum Ochsentrieb. Im Grataufschwung zum Kleinen Sadnig Blockgratkletterei, bis Schwierigkeitsgrad I, Trittsicherheit und Schwindelfreiheit erforderlich.
Einkehr/Übernachtung: Restaurant an der Mittelstation der Gletscherbahn; Hotel Weißseehaus, 2381 m, privat; Jausenstation Eggerhütte, 1887 m; Fraganter Schutzhaus, 1817 m, ÖAV, im Sommer 2024 geschlossen, Tel. +43 4785 396, fraganterschutzhaus.at.
Karten: F&B WK 225; AV-Karte Blatt 42.
Varianten: 1. Makernispitze, 2644 m: Vom Schobertörl folgen wir dem deutlichen Steig in das nordseitige Kar der Makernispitze, queren auf die Ostseite und

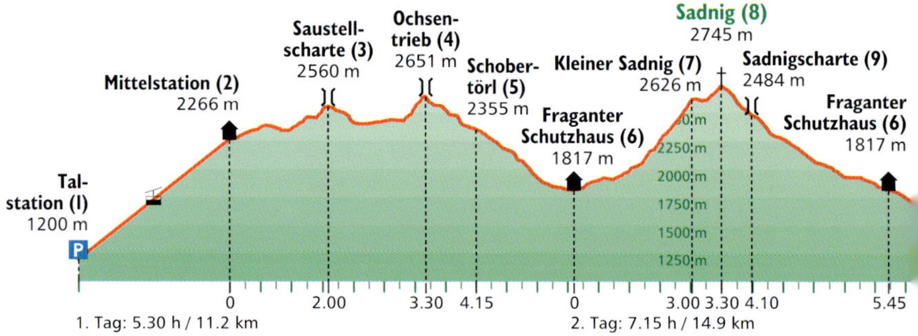

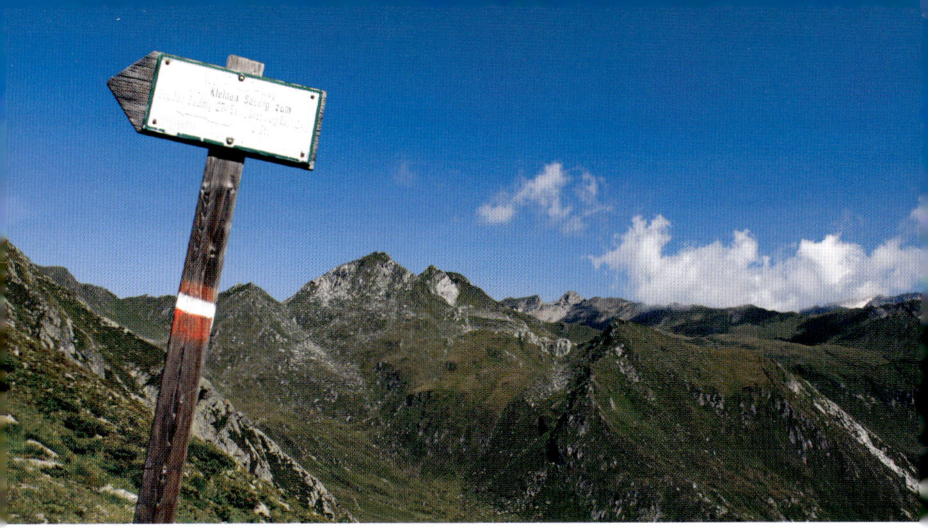

Im Aufstieg zum Kleinen Sadnig hat man die Makernispitze vor Augen.

steigen im felsdurchsetzten Rasenhang (kurze Drahtseilpassagen) steil hinauf zum kleinen Felsgipfel, 1 Std., Trittsicherheit und Schwindelfreiheit erforderlich, bei Nässe heikel. Abstieg durch die Ostflanke direkt hinunter zum Fraganter Schutzhaus. 2. Sadnighaus, 1880 m: Vom Schobertörl können wir auch zum Sadnighaus absteigen, dort übernachten und am nächsten Tag über den Sadnig zur Fraganter Hütte weitergehen; die Gipfel und Wege rund um das Sadnighaus und das Fraganter Schutzhaus lassen sich beliebig kombinieren.

1. Tag: Zunächst fahren wir von der **Talstation der Mölltaler Gletscherbahn (1)** hinauf zur **Mittelstation (2)**. Dort gehen wir auf der geteerten Straße bergauf zum **Weißsee**, kurz vor dem **Weißseehaus** zweigt der Sadnig-Höhenweg links ab. Wir folgen noch 10 Min. der leicht fallenden Werksstraße der Kelag, dann können wir die Straßen endgültig hinter uns lassen und rechts auf einen Wiesenpfad einbiegen. Nach kurzem Aufstieg erreichen wir eine Kuppe über dem **Schwarzsee**, steigen zu dem geheimnisvoll-dunklen See hinab und wandern an seinem Westufer entlang nach Süden. Über kupiertes Gelände gelangen wir zu einem weiteren, namenlosen See, von dem wir als Nächstes die **Saustellscharte** ansteuern. Über steilen Moränenschotter führt der geschickt angelegte Weg überraschend bequem hinauf in die **Scharte (3)**, 2560 m. Der Abstieg bringt uns hinunter auf die sanften Wiesenböden der **Kleinfragant**. Auf blumenreichem Höhenweg gehen wir ohne große Höhenunterschiede den weiten Bogen der Kleinfragant aus und nähern uns den schroff abweisenden **Melenwänden**, durch die kein Durchkommen zu sein scheint. Ein schwacher Steig verläuft durch ein Schotterfeld, anfangs in engen Kehren, dann ziemlich gerade bergauf zum Fuß der Felsen und quert dann nach links auf einen grandiosen Absatz unter einer Felsmauer. Von dort

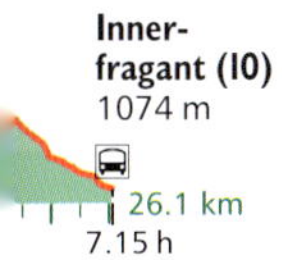

geht es ganz gemütlich die letzten Meter hinauf in die **»Ochsentrieb« (4)** genannte Scharte, 2651 m. Jenseits steigen wir auf einem weichen Sandsteig, gesäumt von vielen zarten und bunten Polsterpflanzen, bergab zu den Almwiesen »Am Schober« und am Zaun entlang zum **Schobertörl (5)**, 2355 m.

Wir steigen über den Zaun und wandern auf gutem Weg bergab, an der Koflerhütte vorbei zur **Eggerhütte**, und auf der Almstraße zum nahegelegenen **Fraganter Schutzhaus (6)**.

2. Tag: Zum Sadnig gehen wir vom Schutzhaus **(6)** auf dieser Almstraße wenige Meter zurück zur Straßengabelung und nehmen den linken Almweg. Wir wandern, an der **Dionishütte** vorbei in das Tal des Striedenbachs, verlassen die Almstraße nach links und überqueren den

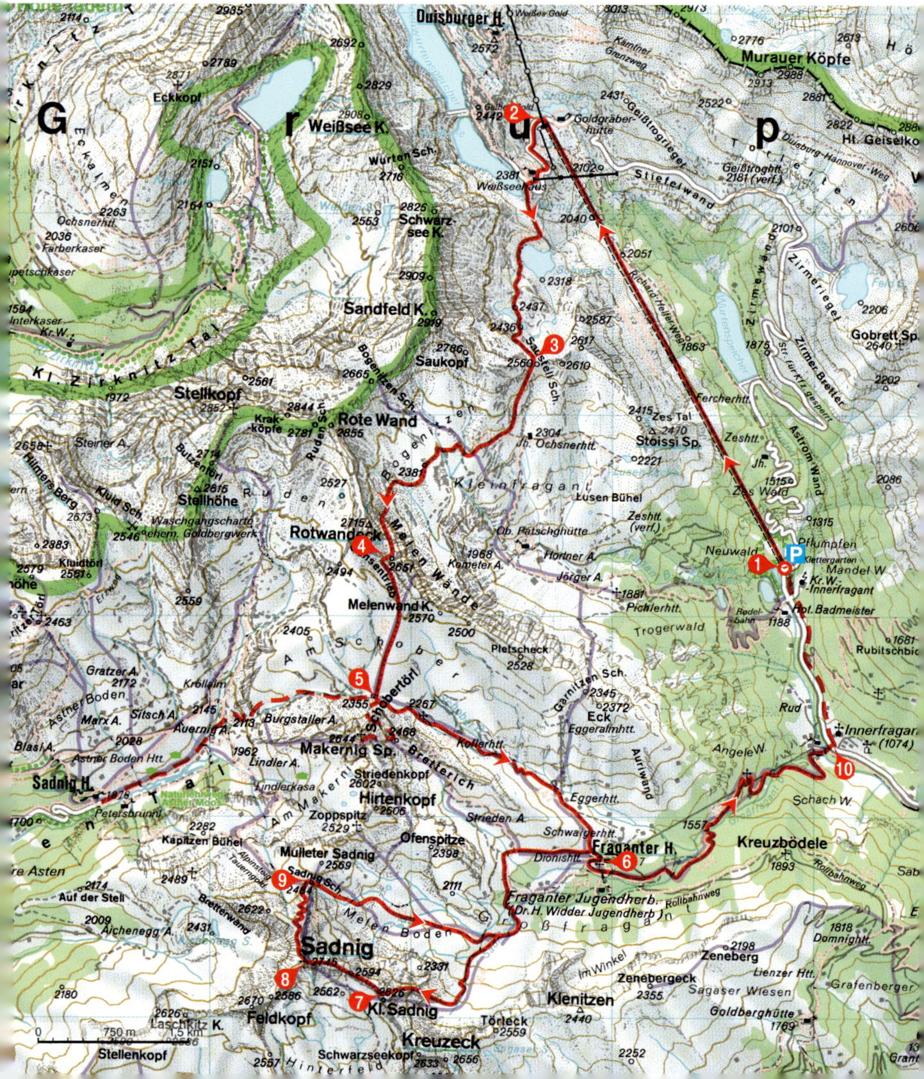

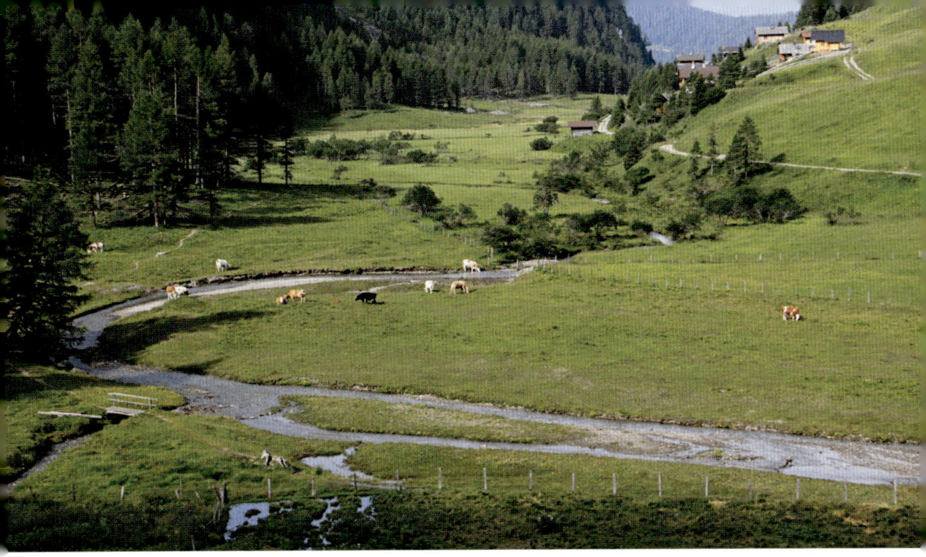

Das Astner Moos beim Sadnighaus (Variante 2).

Striedenbach. Nun folgt eine bezaubernde Höhenwanderung durch lichten Wald, vorbei an einem riesigen Felsblock und zuletzt auf gut abgesichertem Steg über den klammartig eingeschnittenen Sadnigbach. Kurz darauf gelangen wir auf die weitläufige Hochfläche der **Melenböden**, 2030 m. Hier teilen sich die Wege: Rechts geht der Weg zur Sadnigscharte, unser Abstiegsweg, links unser Aufstiegsweg zum Kleinen Sadnig. Über einen dicht mit Alpenrosen bewachsenen Hang steigen wir steile 250 Meter bergauf zu einer **Kuppe**, 2314 m, an der ein schwach ausgeprägter Rücken ansetzt, der sich in westlicher Richtung zum Kleinen Sadnig fortsetzt. In anregender Kletterei turnen wir über leichte Felsen (kurze Drahtseilpassagen) und grobe Blöcke zur Fortsetzung unseres Steiges, der steil zum **Kleinen Sadnig (7)**, 2626 m, hinaufführt. Wir halten uns rechts, bummeln gemütlich über den breiten Verbindungsrücken an den Gipfelaufbau und erreichen über einen letzten steilen Aufschwung den kreuzgeschmückten Gipfel des **Sadnig (8)**, 2745 m.

Im **Abstieg** erwartet uns zunächst eine kurze felsige Stufe, dann folgen wir dem Nordgrat hinunter in die **Sadnigscharte (9)**, 2484 m, über die der Verbindungsweg Sadnighaus – Fraganter Schutzhaus verläuft. Hier gehen wir rechts und wandern über die gestuften Melenböden bergab, bis wir wieder auf unseren Aufstiegsweg treffen; auf diesem zurück zum **Fraganter Schutzhaus (6)**.

Nach Innerfragant folgen wir zunächst der geschotterten Zufahrtsstraße bergab. Kurz nach der Abzweigung zum Rollbahnweg verlassen wir die Straße und steigen auf breitem Weg ab zum Wasserschloß der Kelag. Auf gutem Waldsteig wandern wir im Tal des Großfragantbaches hinunter nach **Innerfragant (10)**, 1074 m. Mit dem Bus oder zu Fuß entlang der Straße in 30 Min. zurück zum Ausgangspunkt an der **Talstation (1)**.

11 Schareck, 3122 m, Baumbachspitze, 3105 m

Von der Mölltaler Gletscherbahn ★★

»Gletschertour« für Bergwanderer

Dank der Mölltaler Gletscherbahn können auch Bergwanderer einen Ausflug ins vergletscherte Hochgebirge unternehmen. 1987 wurde das Wurtenkees, auch Mölltaler Gletscher genannt, auf der Südseite des Scharecks als Sommerskigebiet erschlossen. Stollenbahn, 6er-Gondelbahn und Sessellift führen bis kurz unter die Gipfel Schareck und Baumbachspitze. Viel spannender ist es jedoch, über den Gletscher aufzusteigen. Auch wenn das Wurtenkees zuletzt arg geschrumpft ist erlaubt derzeit noch eine planierte Trasse dem Wanderer eine Gletscherbegehung ganz ohne Seilausrüstung. An der Sessellift-Bergstation angekommen geht es nach rechts ohne nennenswerte Schwierigkeiten auf die Baumbachspitze, links über teils versicherte Felsen und einen beeindruckenden Grat, der absolute Schwindelfreiheit erfordert, zum Schareck. Beide Gipfel bieten eine prachtvolle Aussicht.

KURZINFO

Talort: Außerfragant, 712 m.
Ausgangspunkt: Großer Parkplatz an der Talstation der Mölltaler Gletscherbahn, 1222 m, von dort mit der Stollenbahn und der 6er-Gondelbahn zur Bergstation Eissee, 2795 m.
Verkehrsmittel: Postbus von Spittal nach Flattach oder Außerfragant, von dort mit dem Kärnten Bus zur Talstation der Mölltaler Gletscherbahn. Busfahrplan unter kaernten-bus.at/fahrplaene; Mölltaler Gletscherbahn, Betriebszeiten Ende Juni–Mitte Mai täglich 8.00–16.00 Uhr, moelltaler-gletscher.at.
Anforderungen: Steile Firntrasse am Wurtenkees, bei Vereisung Steigeisen erforderlich. Baumbachspitze seilversicherter Sand- und Felssteig, mittelschwer, »rot«; am Schareck leichte Kletterei an steilem Felsaufschwung (Drahtseile und Klammern). Der exponierte Gipfelgrat erfordert Trittsicherheit und Schwindelfreiheit.
Gehzeit: 4 Std.
Höhenmeter: 350 m bergauf, 900 m bergab.
Einkehr: Panoramarestaurant Eissee an der Bergstation der Gletscherbahn; Duisburger Hütte, 2572 m, DAV, bew. Anfang Juli–Ende September, Tel. +43 664 4453353, dav-duisburg.de/Hütten/Duisburger Hütte (Tauern).
Karte: F&B WK 225; AV-Karte Bl. 42.

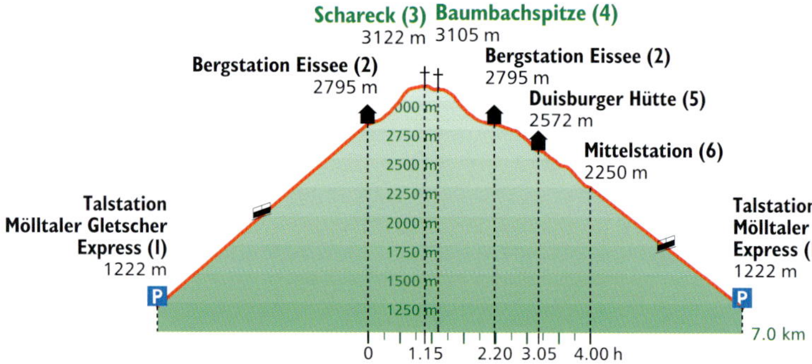

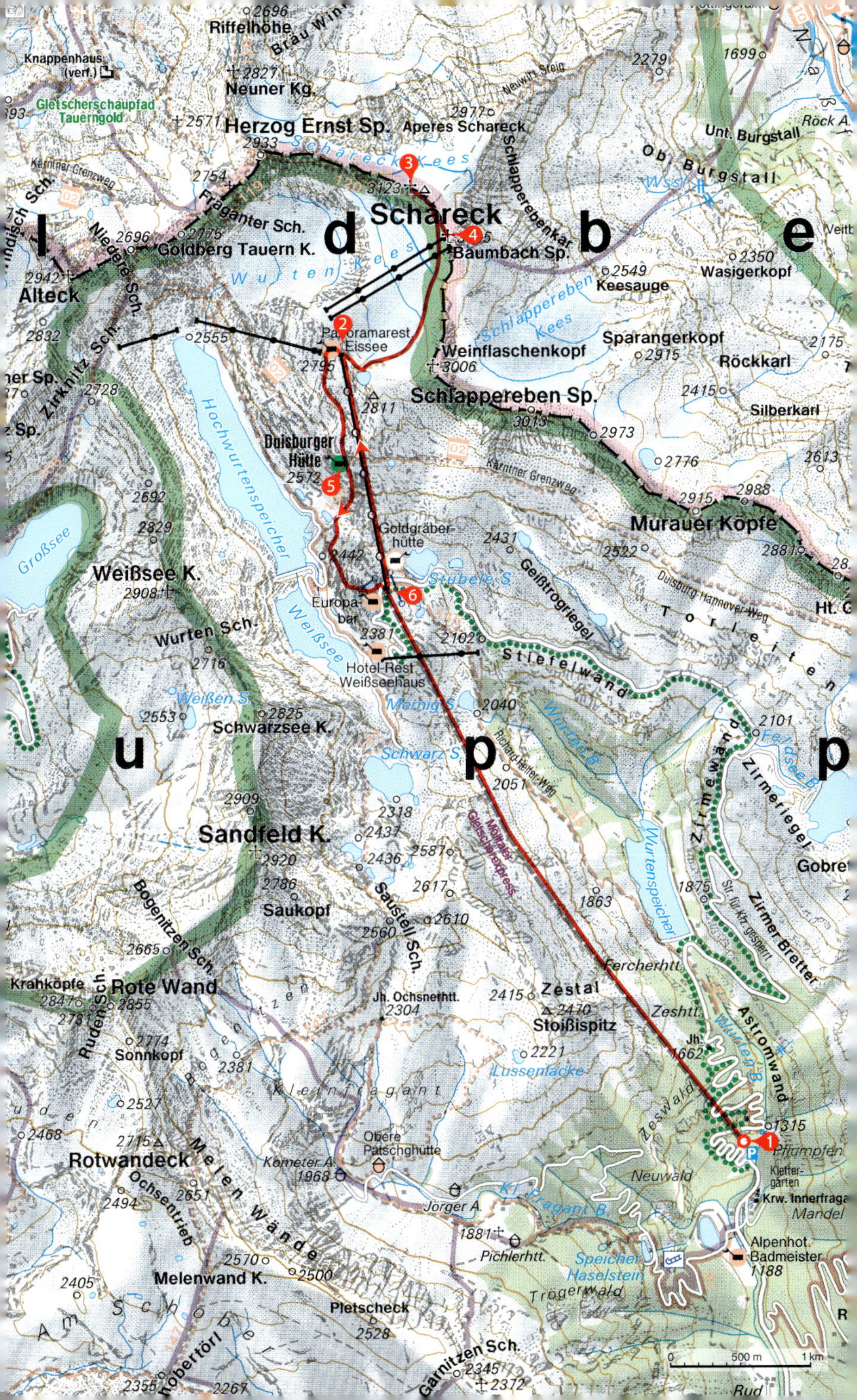

Riffelhöhe
Knappenhaus (verf.)
Neuner Kg.
Gletscherschaupfad Tauerngold
Herzog Ernst Sp.
Aperes Schareck
Schareck Kees
Schareck
Baumbach Sp.
Fraganter Sch.
Goldberg Tauern K.
Alteck
Niedere Sch.
Zirknitz Sch.
Wurten Kees
Panoramarest. Eissee
Weinflaschenkopf
Schlappereben Sp.
Schlappereben Kees
Keesauge
Wasigerkopf
Sparangerkopf
Röckkarl
Silberkarl
Ob. Burgstall
Unt. Burgstall
Hochwurtenspeicher
Duisburger Hütte
Goldgräberhütte
Europabar
Hotel-Rest. Weißseehaus
Weißsee
Großsee
Weißsee K.
Wurten Sch.
Schwarzsee K.
Stübele S.
Stiefelwand
Geißtrogriegel
Murauer Köpfe
Kärntner Grenzweg
Duisburg-Hannover-Weg
Torleiten
Methig S.
Schwarz S.
Richard-Heiter-Weg
Mölltaler Gletscherexpress
Wurtenspeicher
Zirmeriegel
Zirmerwand
Zirmer Bretter
Feldsee B.
Gobre
Sandfeld K.
Saukopf
Saustell Sch.
Bogenitzen Sch.
Krahköpfe
Rote Wand
Ruden Sch.
Sonnkopf
Jh. Ochsnerhtt.
Zestal
Stoißspitz
Fercherhtt.
Zeshtt.
Lussenlacke
Astromwand
Wurten B.
Zeswald
Kleinfragant
Rotwandeck
Melen Wände
Ochsentrieb
Obere Patschghütte
Kometer A.
Jörger A.
Kl. Fragant B.
Pichlerhtt.
Neuwald
Pfrumpfen
Klettergarten
Krw. Innerfragant
Mandel
Alpenhot. Badmeister
Speicher Haselstein
Trögerwald
Melenwand K.
Pletscheck
Garnitzen Sch.
Am Schober
Kobertörl
0 500 m 1 km

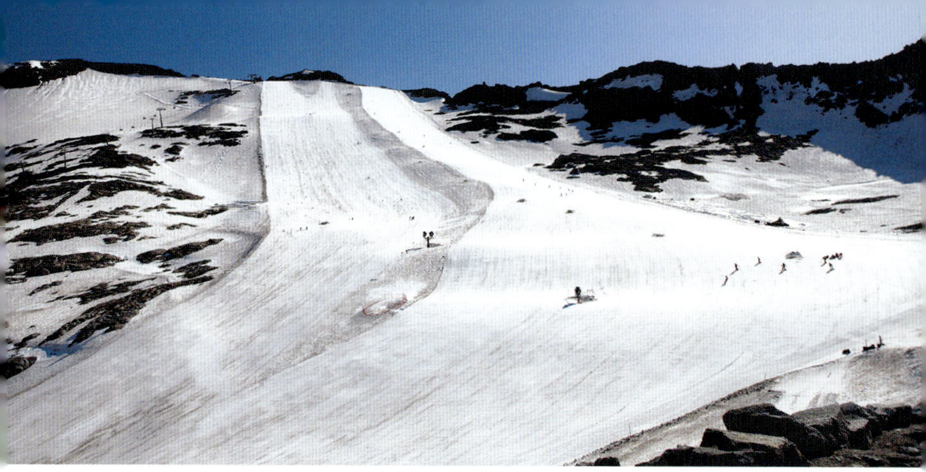

Oben: Blick auf das Wurtenkees; der Aufstieg verläuft rechts der Piste.
Rechts: Am schmalen Grat kurz vor dem Schareckgipfel.

Vom Parkplatz gehen wir hinauf zur **Talstation (1)** und fahren mit dem Mölltaler Gletscher Express und der Gondelbahn, vorbei an der Mittelstation, zur **Bergstation Eissee (2)**. Dort schauen wir zur Orientierung über das Wurtenkees hinauf zu unserem Berg: Rechts der Piste können wir die breite, von einer Pistenraupe planierte Spur erkennen, auf der unsere Aufstiegsroute verläuft. Wir gehen nach rechts zum Beschneiungssee, biegen am See nach Nordosten und erreichen über einen Sand- und Moränensteig den Beginn der Pistenraupenspur.

Nun geht es, rechts neben der Piste, ziemlich direkt und steil bergauf, zuletzt auf der Piste (Achtung auf Skifahrer!) nach links zur Bergstation des Sessellifts; von dort sind es nur noch wenige Höhenmeter hinauf in den breiten Sattel zwischen Baumbachspitze (rechts) und Schareck (links). Zuerst gehen wir links über einen Rücken, dann auf dessen Nordseite zu einem Felsaufschwung und klettern am Drahtseil und mithilfe von zwei Klammern hinauf zum Grat. Auf der schönen, schmalen Schneide geht es in wenigen Minuten nach Westen zu dem mit einem Kreuz geschmückten Gipfel des **Scharecks (3)**.

Auf demselben Weg kehren wir zurück in den Sattel, gehen geradeaus weiter und erreichen auf einem Sand- und Felssteig (Seilgeländer) den Gipfel der **Baumbachspitze (4)**. Auf unserer Aufstiegsroute steigen wir wieder ab zur **Bergstation Eissee (2)**, gehen am Restaurant vorbei und biegen in den Weg zur Duisburger Hütte ein, der gleich darauf südlich unterhalb des Panoramarestaurants verläuft. In fallender Querung führt der Steig über die Südwestflanke (Altschneefelder bis weit in den Sommer hinein) hinunter zur **Duisburger Hütte (5)**, 2572 m, die sich trotz ihrer Nähe zum Pistengebiet den Charme einer Alpenvereinshütte bewahrt hat.

Hier beginnt ein alter Saumweg, auf dem wir unseren Abstieg fortsetzen und zuletzt über einen steilen Hang des Pistengebiets die **Mittelstation (6)**, 2250 m, erreichen. Mit der Stollenbahn fahren wir wieder hinunter zur **Talstation (1)**.

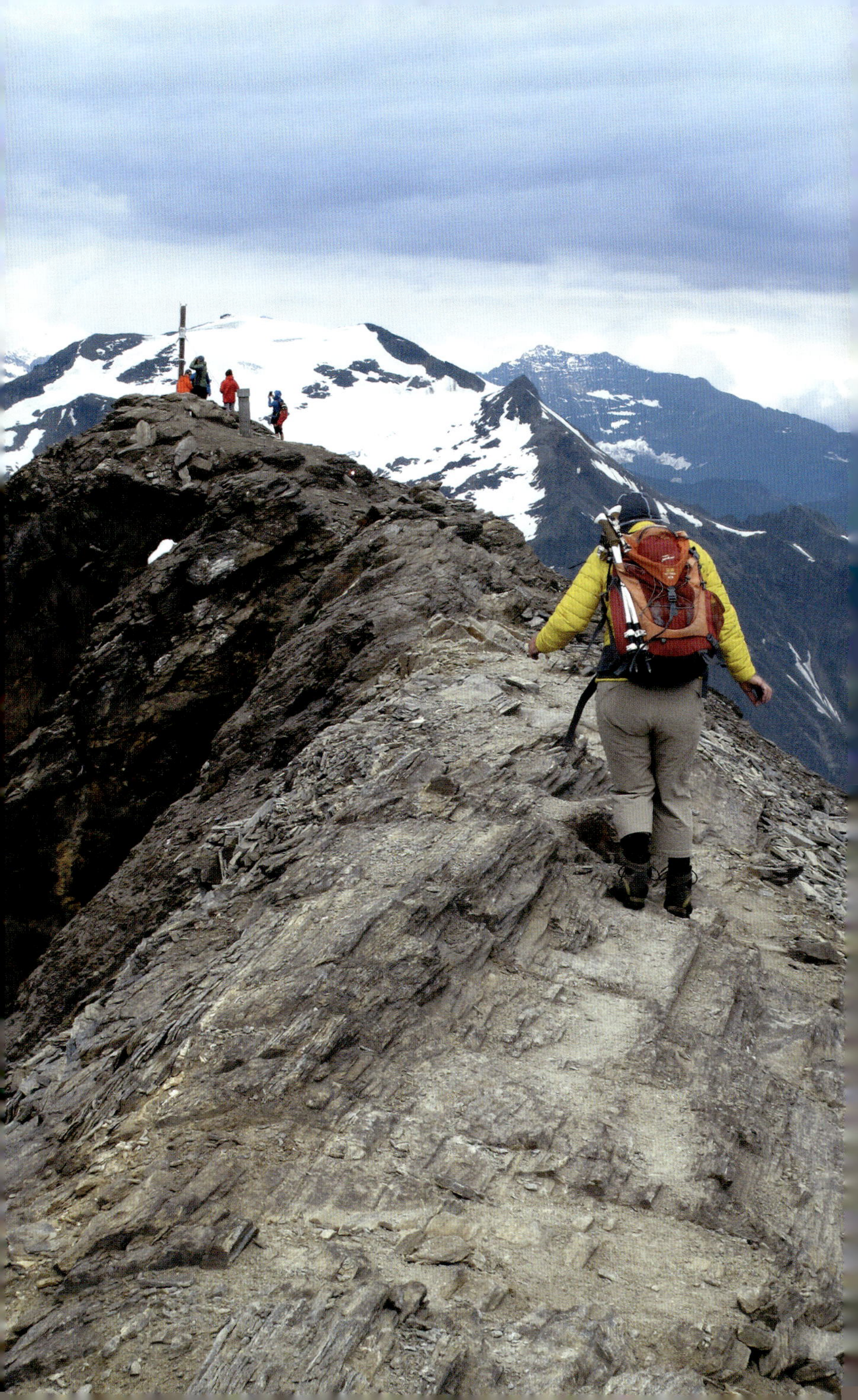

12 Kreuzeck, 2701 m

Vom Mölltal durch das Wöllatal ★★

Im Tal der rauschenden Wasser

Das Kreuzeck ist zwar nicht der höchste Gipfel der gleichnamigen Gruppe, diese Ehre steht dem Polinik zu, aber im Zentrum gelegen hat es der kleinen Gebirgsgruppe ihren Namen gegeben. Die Kreuzeckgruppe zeichnet sich durch Stille und Einsamkeit aus, auf den langen Verbindungswegen von Hütte zu Hütte sind die Individualisten unter den Bergsteigern unter sich. Nur in den Randgebieten, wo man mit dem Auto oder mit der Seilbahn hinauffahren kann, tummeln sich die Wanderer. So zählt auch das Kreuzeck zu den wenig besuchten Gipfeln, den meisten Besuch erhält es als Hüttenberg der Feldnerhütte. Dabei gibt es für ausdauernde Wanderer einen wunderschönen Anstieg durch das wasserreiche Wöllatal, am Wöllabach entlang, über den zauberhaften Almboden der Staller Wölla und den idyllischen Feldsee. Im Wöllatal sammelt die Kelag in einem Speichersee Wasser, das ins Mölltal abgeleitet wird. Wir können bis kurz unter den See fahren, was uns den Aufstieg um ca. 2 Stunden verkürzt; die Straße ist zwar nicht für den allgemeinen Verkehr freigegeben, die Befahrung auf eigene Gefahr wird jedoch geduldet.

KURZINFO

Talort: Flattach im Mölltal, 696 m.
Ausgangspunkt: Wöllatal, Auffahrt über zwei Gatter (bitte wieder schließen!) auf der 8 km langen, geteerten Kelag-Straße, begrenzte Parkmöglichkeit an der Straße vor einem versperrten Gatter, 1480 m.
Gehzeit: 6.45 Std.
Höhenmeter: 1230 Hm.
Anforderungen: Sehr lange, landschaftlich sehr schöne Tagestour, zuletzt ziemlich steil, am Gipfelgrat einige leichte Felspassagen, teilweise ausgesetzt,

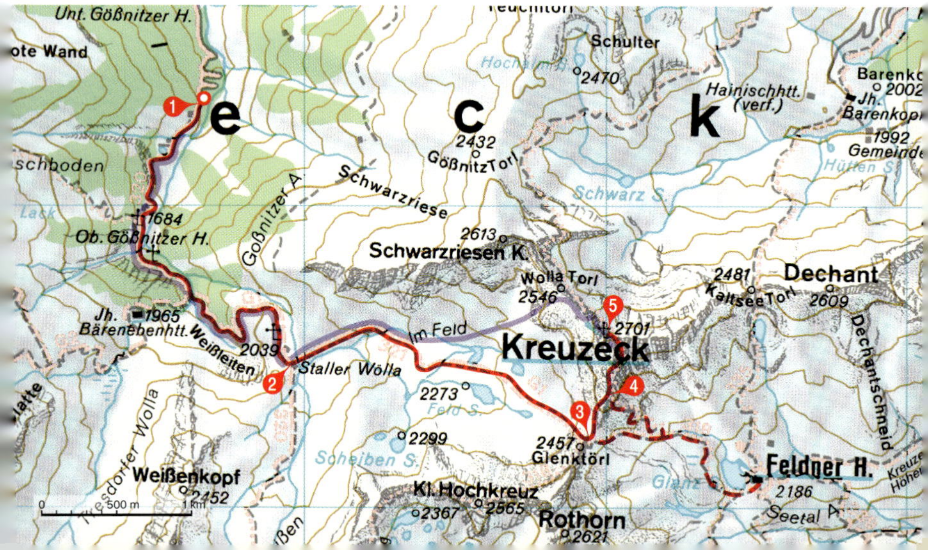

Trittsicherheit und Schwindelfreiheit erforderlich.
Einkehr: Unterwegs keine Möglichkeit.
Karte: F&B WK 225.
Variante: Vom Glenktörl Abstieg zur sehr schön am Glanzsee gelegenen Feldnerhütte möglich, von dort ist der Aufstieg zum Kreuzeck etwas leichter; mit Übernachtung auf der Hütte schöne Zweitagestour. Feldnerhütte, 2182 m, ÖAV, bew. Ende Juni–Mitte September, alpenverein.at/feldnerhuette.

Vom Ausgangspunkt im **Wöllatal (1)** am Gatter vorbei, auf der Straße in 5 Min. zum künstlichen See – am Talende sehen wir den Wöllabach als mächtigen Wasserfall herabrauschen – und links am See entlang zum Beginn des Wanderwegs. Anfangs durch ein Wäldchen, dann über Almwiesen gelangen wir zur **Oberen Gößnitzer Hütte**, 1684 m, wo der Weg zum Törlkopf abzweigt. Auf kleinem Steg überqueren wir einen Seitenbach und wandern auf einem alten, bequem angelegten Almweg durch lichten Lärchenwald, Farnsträucher leuchten sattgrün in der Sonne und Anfang Juli blühen die Alpenrosen. Es ist ein romantischer Weg, am murmelnden **Wöllabach** entlang, vorbei an einer weiteren Abzweigung zum Törlkopf, hinauf zu einer Hochfläche, wo in kleinen Mooren weiße Wollgrasbüschel stehen. In weitem Bogen führt uns der Weg an den Mooren vorbei zur **Staller Wölla**

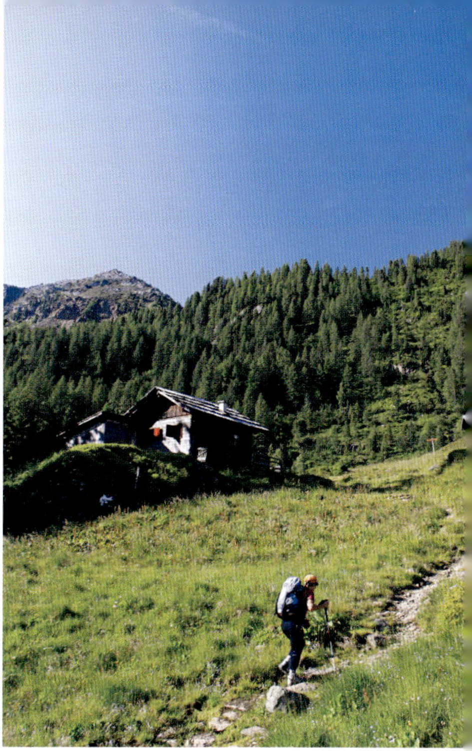

An der Oberen Gößnitzer Hütte.

(2), 2039 m, einer kleinen, im Sommer bewohnten Almsiedlung. An der südlichsten Hütte trennen wir uns vom Anstieg zum Hochkreuz, gehen links und steigen zum Bach ab. Auf stabilen Brücken überqueren wir zuerst den Wöllabach, dann einen Seitenbach, an dem entlang wir zum **Feldsee** weiterwandern. Über uns reckt das **Kreuzeck** sein Gipfelkreuz in den Himmel, rechts

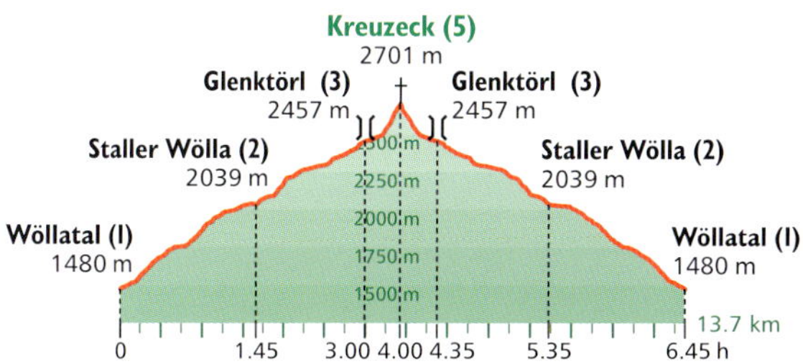

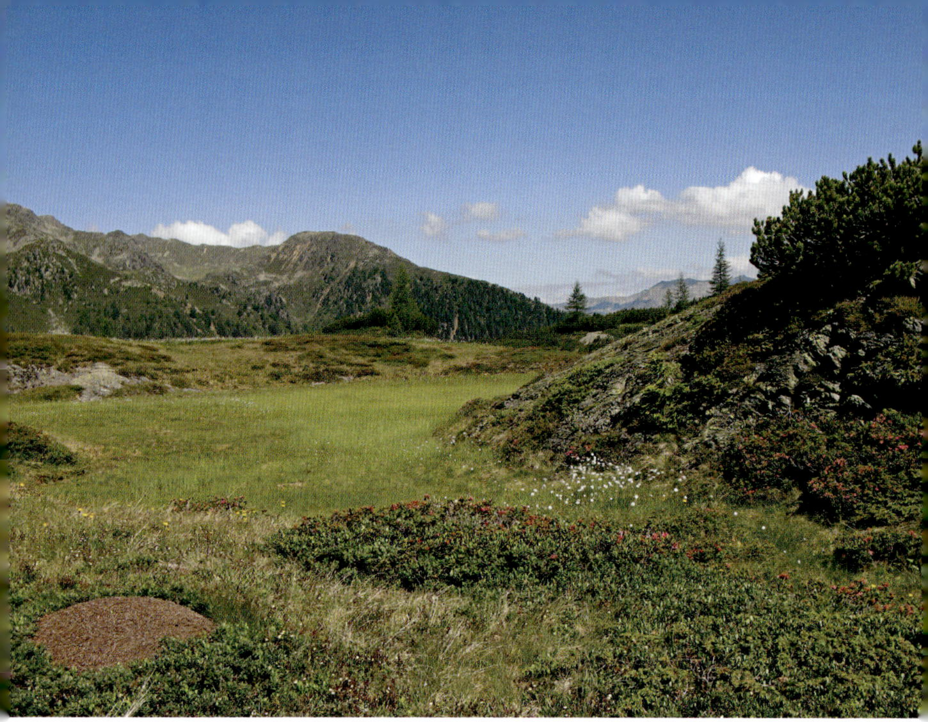

Moorlandschaft am Weg zur Staller Wölla.

Almkreuz auf der Staller Wölla.

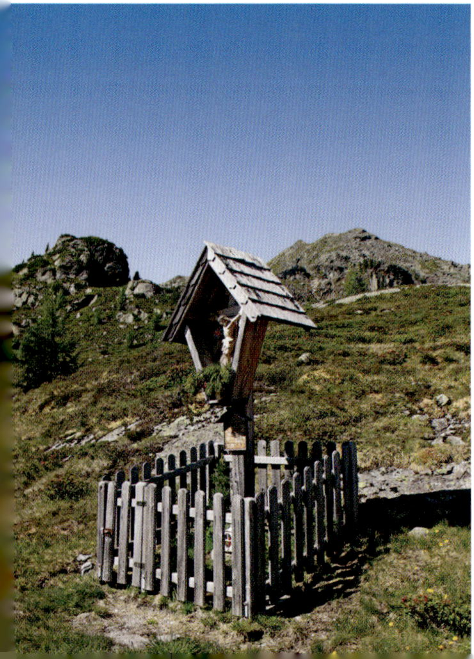

davon erkennen wir den Sattel des **Glenktörls (3)**, 2457 m, in steilen Serpentinen windet sich der Steig hinauf in die Scharte. Jenseits führt der Weg zur **Feldnerhütte** hinunter, wir folgen einem deutlichen, schwach markierten Pfad geradewegs über den Südgrat zum Gipfel. Zuerst verläuft der Weg links des Grates, erreicht über eine steile Rinne die Grathöhe, wechselt in die rechte Flanke, wobei er kurzzeitig recht ausgesetzt ist, und mündet dann in den von der Feldnerhütte heraufziehenden Weg **(4)**, 2500 m. Über leichte Felsen und grasdurchsetzten Schotter steigen wir steil hinauf zum aussichtsreichen Gipfel des **Kreuzecks (5)**. Der **Abstieg** erfolgt auf dem Aufstiegsweg mit herrlichen Tiefblicken auf den Feldsee und die Staller Wölla.

Polinik, 2784 m

Von Obervellach über die Polinikhütte ★★

Auf den höchsten Gipfel der Kreuzeckgruppe

Als niedrigste Gebirgsgruppe der Hohen Tauern, ohne einen einzigen Dreitausender, steht die Kreuzeckgruppe im Schatten der berühmten Tauerngipfel. So ist es in diesem faszinierenden Gebirgsstock einsam und ruhig geblieben. Die Wege sind weit, die Hütten rar und die Hüttenzustiege lang. Umso erfreulicher, dass ausgerechnet der höchste Berg in der Gruppe eine Ausnahme darstellt, denn die Polinikhütte teilt den Gipfelanstieg in zwei angenehme Abschnitte. In der gemütlichen Hütte, die für ihren schönen Blumenschmuck bereits ausgezeichnet wurde, lässt es sich gut nächtigen. Die Hütte steht auf einem besonders schönen Aussichtsbalkon, weit reicht der Blick über das Mölltal nach Westen und nach Süden und vis-à-vis im Norden grüßt die alles beherrschende Tauernkönigin, die Hochalmspitze, herüber. Noch umfassender ist dann, mit dem Großglockner im Zentrum, der Rundblick vom Polinik, der als ganz ausgezeichneter Aussichtsgipfel berühmt ist.

KURZINFO

Talort: Obervellach im Mölltal, 685 m.
Ausgangspunkt: Von Obervellach durch die Straßenunterführung und über die Möll, nach der Brücke rechts durch eine Ahornallee und an deren Ende links Richtung Polinikhütte. Am Gasthof Waldschenke vorbei auf guter Naturstraße bis zur Wegteilung Polinikhütte – Launsbergalm, ca. 870 m, sehr begrenzte Parkmöglichkeit (evtl. Weiterfahrt auf Forststraße bis zur Schranke möglich, Parkplatz, ca. 1400 m, zu Fuß auf der Forststraße, bis man auf den Weg zur Polinikhütte trifft; zur Hütte ca. 1.15 Std.).

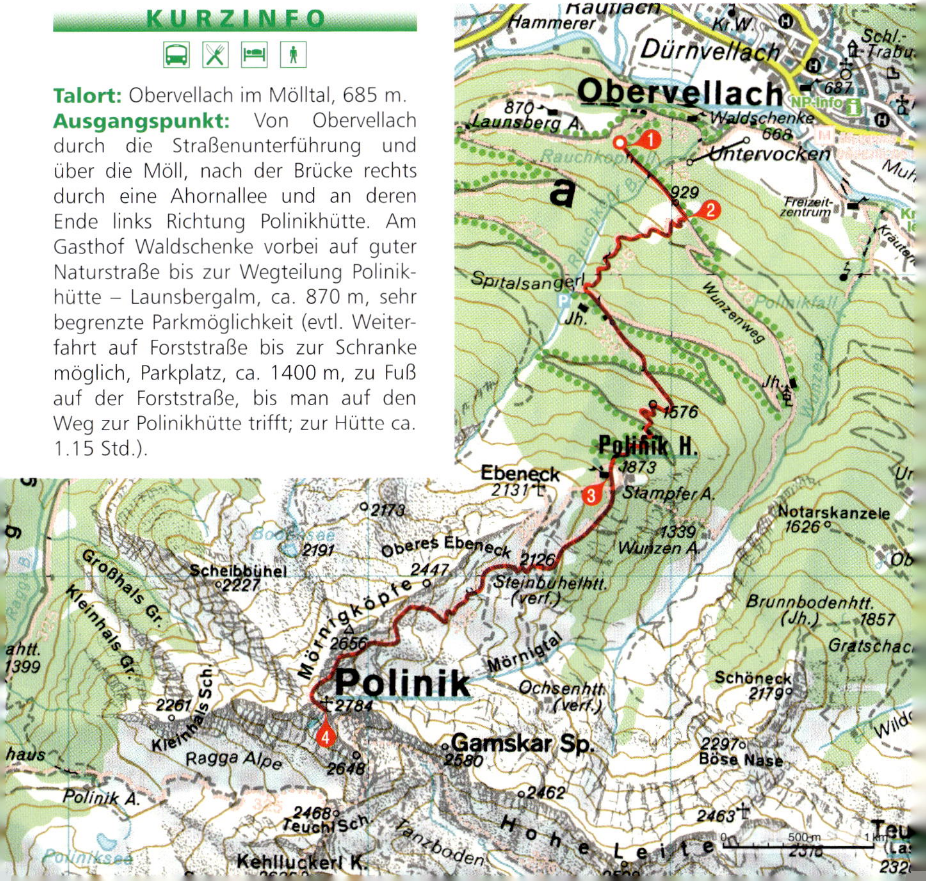

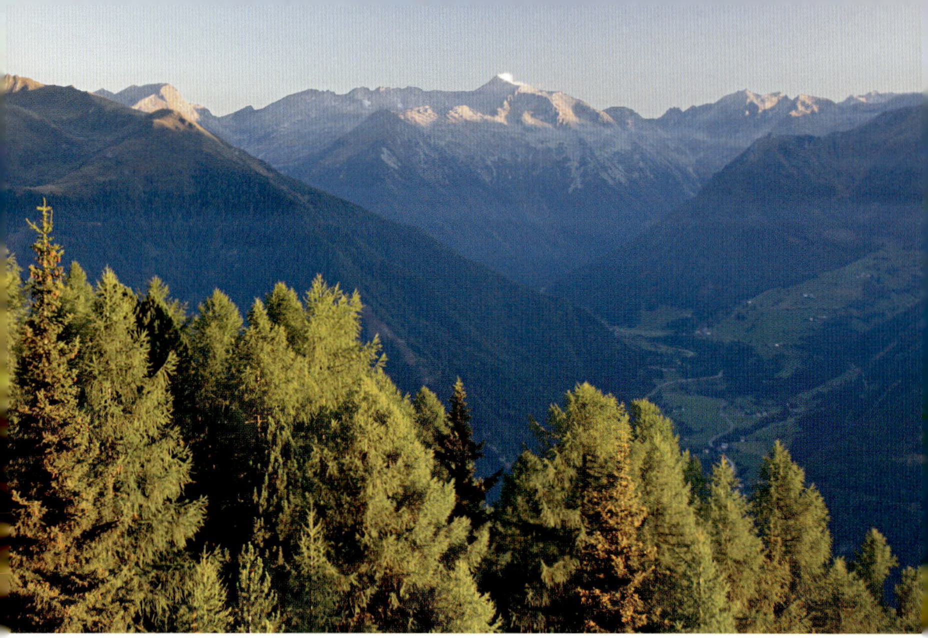

Morgenstimmung an der Polinikhütte, im Hintergrund die Ankogelgruppe.

Verkehrsmittel: Mit dem Bus von Spittal nach Obervellach und zu Fuß in ca. 0.45 Std. zum Ausgangspunkt.
Gehzeit: 9.30 Std., verteilt auf 2 Tage.
Höhenmeter: 1950 Hm.
Anforderungen: Bis zur Hütte einfacher Bergweg durch schattigen Wald. Gipfelanstieg zunächst leicht, am Gipfelaufbau Schotter und leichte Felsen, hier wurde der Weg teilweise neu trassiert; gut auf die Markierungen achten, um den leichtesten Durchschlupf zu finden. Im Frühsommer häufig Altschneefelder, im Herbst schattig und feucht, kann nach kalten Nächten eisig sein. Trittsicherheit und Schwindelfreiheit erforderlich.
Einkehr/Übernachtung: Polinikhütte, 1873 m, ÖAV, bew. Anfang Juni–Anfang Oktober, Tel. +43 664 2105612, alpenverein.at/polinikhuette.
Karte: F&B WK 225.

1. Tag: Zunächst gehen wir vom Parkplatz **(1)** noch etwa 20 Min. auf der **Forststraße** weiter, dann zweigt rechts der **Wanderweg zur Polinikhütte** ab **(2)**, 1025 m. Durch dichten, alten Fichtenwald mit flechtenbehangenen Bäumen und moosbewachsenen Felsen steigen wir in vielen Kehren angenehm schattig bis zur Hütte hinauf. Der Weg überquert vier Mal einen Forstweg und sechs Mal die Hüttenzufahrtsstraße, ist sehr gut markiert und nicht zu verfehlen. Erst kurz unter der Hütte lichtet sich der Wald und an der **Polinikhütte (3)**, 1873 m, genießen wir erstmals die freie Aussicht.

2. Tag: Von der **Hütte (3)** gehen wir am **Kreuz** vorbei und biegen kurz darauf von der Hüttenzufahrtsstraße rechts ab. Der schöne Weg führt anfangs durch ein lichtes Lärchenwäldchen, doch schon bald lassen wir die Baumgrenze hinter uns und wandern über freie Hänge, auf denen üppig die Alpenrosensträucher

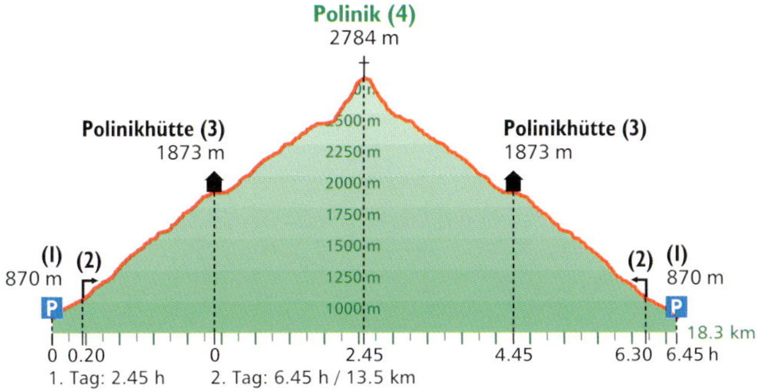

wachsen. In angenehmer Steigung wandern wir nach Südwesten, an der Abzweigung zum Ebeneck vorbei, und gelangen zu einer **Felsrippe**, ca. 2400 m. Wir überklettern die Felsen und steigen jenseits steil etwa 20 m bergab, dann queren wir allmählich in das weite **Polinikkar**. Im Übergangsbereich vom Geröll zum Gras führt der geschickt angelegte Weg bis an den Gipfelaufbau. Über steilen Schotter und leichte Felsen, teilweise mit Drahtseilen versichert, windet sich der neu markierte Steig durch das Steilgelände ohne größere Schwierigkeiten hinauf zur **Grathöhe**, die wir in einer schwach ausgeprägten Scharte erreichen. Wir wechseln auf die Südseite und wandern durch die Südflanke, zuletzt über einen schmalen Grat zu den Gipfelfelsen. Über den letzten steilen Aufschwung hilft uns ein Drahtseil, dann stehen wir am kreuzgeschmückten, kleinen **Polinikgipfel (4)** mit seiner großen Aussicht. Der **Abstieg** erfolgt auf dem Aufstiegsweg.

Klein und gemütlich: die Polinikhütte.

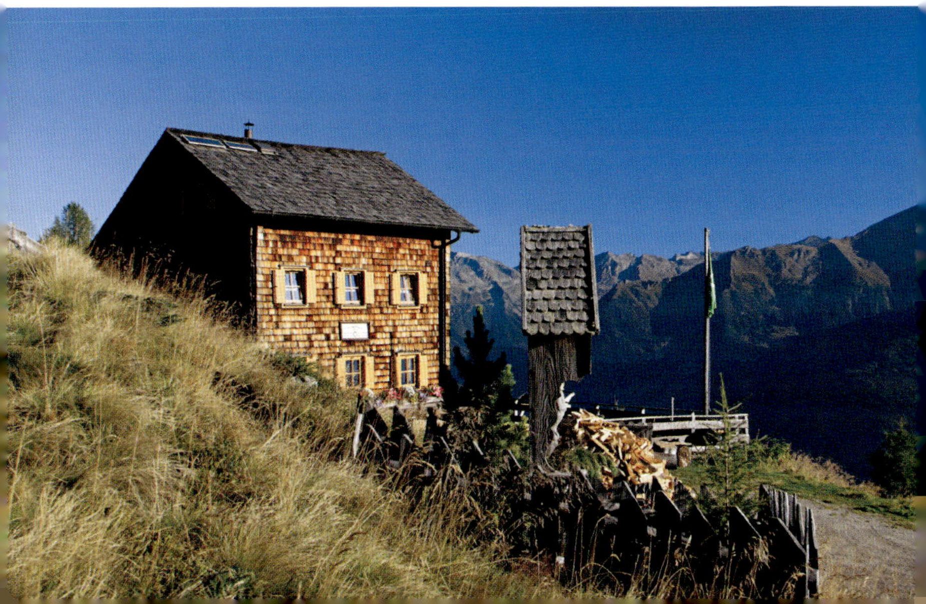

14 Obervellacher Schluchtenwanderungen

Raggaschlucht und Groppensteinschlucht ★★

Spektakuläre Steiganlagen am tosenden Wasser
Zwei Schluchten warten südlich und nördlich von Obervellach auf Besucher: Die wilde, dunkle Raggaschlucht und die romantische Groppensteinschlucht. Wir beginnen mit der Raggaschlucht, auf den steilen Treppen herrscht Einbahnregelung und die Schlucht darf nur aufwärts begangen werden. Der Abstieg führt über eine Forststraße rasch zurück zum Ausgangspunkt. Auch in der Groppensteinschlucht ist die Gehrichtung vorgegeben, denn die romantische Schlucht mit ihren Wasserfällen und einer spektakulären Steiganlage über eine endlose Reihe von Holzstegen lockt viele Besucher an.

KURZINFO

Talort: Obervellach im Mölltal, 685 m, und Flattach im Mölltal, Ortsteil Schmelzhütten, 696 m.

Der Groppensteinfall.

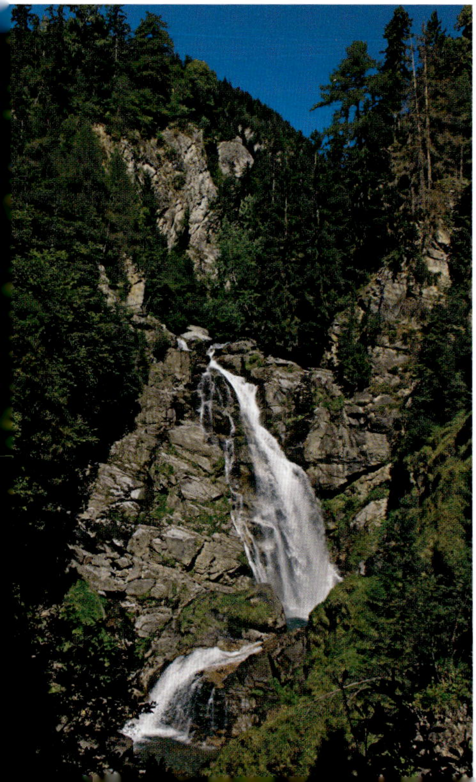

Ausgangspunkt: 1. Raggaschlucht: Von Obervellach ungefähr 2 km in Richtung Flattach, beim Wegweiser »Raggaschlucht« links abbiegen zum großen Parkplatz, 696 m.
2. Groppensteinschlucht: Von Obervellach Richtung Flattach bis zum Ortsteil Räuflach/Raufen, dort der Beschilderung »Groppensteinschlucht« nach rechts folgend zum großen Parkplatz, 692 m.
Verkehrsmittel: Busverbindung von Spittal durch das Mölltal nach Obervellach und Flattach; eigene Bushaltestelle Raggaschlucht. Mit dem Kärnten Bus vom Gasthof Zur Guten Quelle nach Obervellach, Busfahrplan unter kaerntenbus.at/fahrplaene.
Gehzeiten: Raggaschlucht 1.15 Std., Groppensteinschlucht 2.30 Std.
Höhenmeter: Raggaschlucht 250 Hm, Groppensteinschlucht 350 Hm.
Anforderungen: Einfache Wanderungen, in der Raggaschlucht sehr steile, feuchte Treppen.
Einkehr: Gasthof Zur Guten Quelle.
Karte: F&B WK 225.
Tipps: 1. Infos zur Raggaschlucht unter flattach.at; Infos zur Groppensteinschlucht unter groppensteinschlucht.at.
2. Rabischschlucht: Vor dem Bahnhof Mallnitz Richtung Dösener Tal fahren, nach etwa 1 km befindet sich rechts der Straße der Eingang in die Schlucht, begrenzte Parkmöglichkeit. Eine große Infotafel informiert über die Schluchtwanderung.

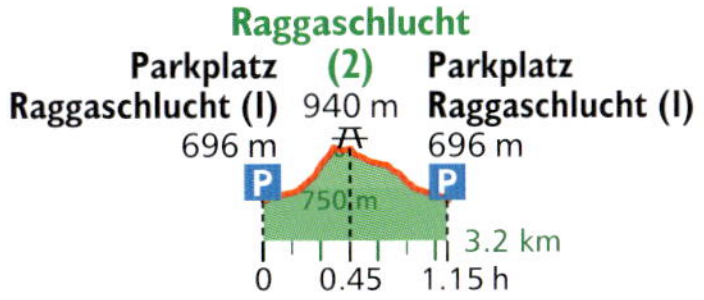

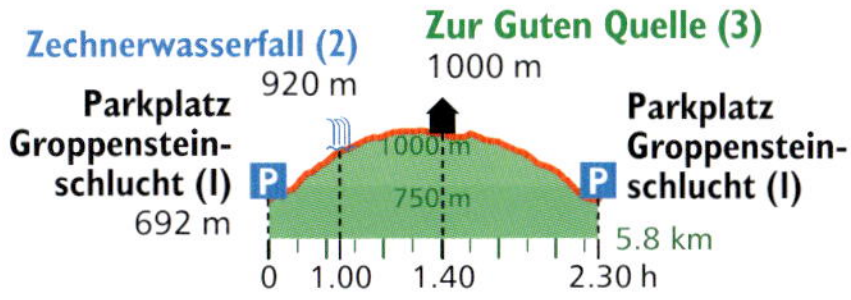

Raggaschlucht: Der Beschilderung folgend spazieren wir vom **Parkplatz (1)** zum Eingang der Raggaschlucht (Kasse). Durch senkrechte Felswände hat sich der Raggabach eine enge, dunkle Schlucht gegraben. Auf steilen Treppen steigen wir hoch über dem schäumenden Bach aufwärts, bis wir die Schlucht nach rechts **(2)**, 940 m, verlassen müssen. Der Weg führt weiter bergauf und mündet in eine Forststraße, auf der wir bequem zum Ausgangspunkt zurückkehren.

Groppensteinschlucht: Vom **Parkplatz (1)** gehen wir zum Turm (Kasse), dann am ehemaligen Gasthaus Groppensteinfall vorbei in die Schlucht. Wir wandern auf gut angelegtem Wanderweg am Mallnitzbach entlang bergauf, am Raufenfall und seinen Kolken vorbei zum **Groppensteinwasserfall**, in dessen Gischt die Sonne alle Regenbogenfarben zaubert. Nun geht es auf durchgehenden Holzstegen, die im senkrechten Fels angebracht sind, weiter bis zum hohen **Zechnerwasserfall (2)**, 920 m, der sich am besten von einer Aussichtsplattform bewundern lässt. Bald darauf erreichen wir das Schluchtende, wenig später die Raststelle Großer Stein. An der nächsten Wegteilung zweigt links der kürzeste Weg zurück zum Parkplatz ab (Wegweiser Schluchtrundweg), während wir uns rechts halten und über einen steilen Waldhang einem Steig bergauf folgen, der kurz darauf in einen breiten Weg mündet. Wir gehen wieder rechts und wandern durch Wald und über Almwiesen zum Gasthof **Zur guten Quelle (3)**, 1000 m, einem historischen Gebäudeensemble. Dort geht es geradeaus weiter und bergab bis zur Straße nach Mallnitz, die wir überqueren. Der Wegweiser »Gehweg Obervellach« zeigt uns die Richtung, anfangs auf einem Sträßchen, dann über Wiesen und durch Wald. So gelangen wir, immer der Beschilderung »Parkplatz Groppensteinschlucht« folgend, zurück zum **Parkplatz (1)**.

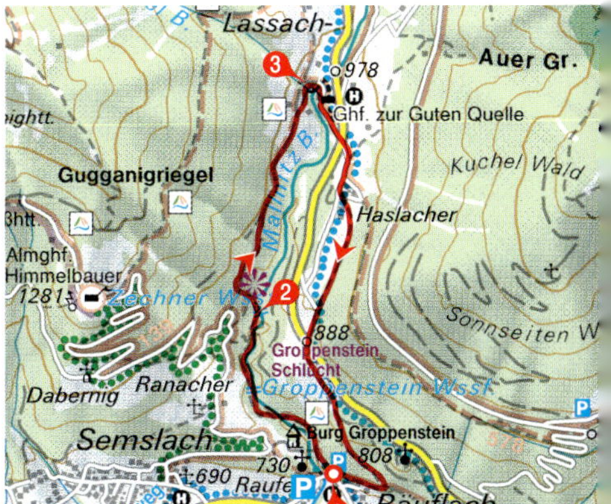

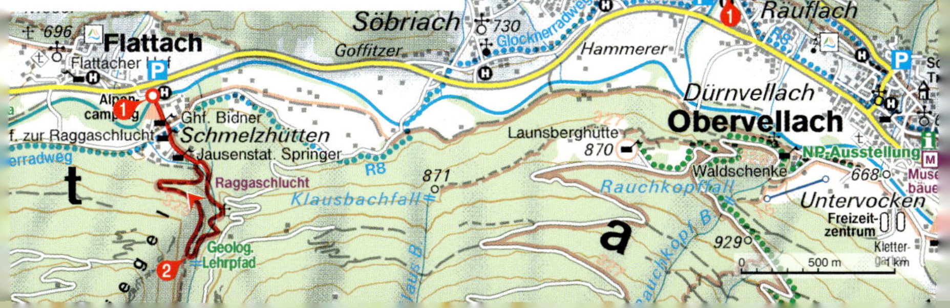

15 Mindener Hütte, 2431 m

Über den Göttinger Höhenweg ★★★

Panoramaroute zu einem grandiosen Logenplatz

Der Tauernhöhenweg in der Ankogel- und Goldberggruppe, von der Gmünder Hütte im Maltatal bis nach Kolm-Saigurn, weist mit dem Göttinger Höhenweg ein besonders schönes Teilstück auf: den Weg vom Hannoverhaus zur Mindener Hütte. Die Ankogelbahn macht's möglich, diese Etappe auch als Tagestour zu unternehmen, und so erfreut sich diese grandiose Panoramaroute zunehmender Beliebtheit. Ein paar Höhenweggeher reihen sich ebenfalls ein und so ist man an schönen Tagen nur selten allein unterwegs. Etwa auf der Hälfte der Strecke zweigt der Weg zum Korntauern ab, ein uralter Übergang zwischen dem Mölltal und dem Gasteiner Tal. Der Höhenweg endet an der unbewirtschafteten Mindener Hütte, die am Rande eines weiten Hochgebirgskessels liegt. Von der kleinen Hütte haben wir einen prachtvollen Blick auf Hochalmspitze und Ankogel, ein paar Bänke laden zur ausgiebigen Rast. Die Mindener wussten schon, warum sie gerade diesen Platz für ihre Hütte auswählten. 1924 wurde mit dem Bau begonnen, 1925 war feierliche Einweihung. Damals war sie 2x3 m groß und hatte 2 Schlafplätze! Heute verfügt der kleine Steinbau über 12 Schlafplätze sowie einen Aufenthaltsraum. Der Abstieg führt uns dann über den gut angelegten Mindener Jubiläumsweg, am Woisgenbach entlang durch den romantischen Woisgengraben, über zahlreiche Wasserläufe und kleinräumige Moorlandschaften, zuletzt durch lichtdurchfluteten, alten Fichtenwald hinunter in das Tauerntal.

Mindener Hütte und Gamskarlspitze.

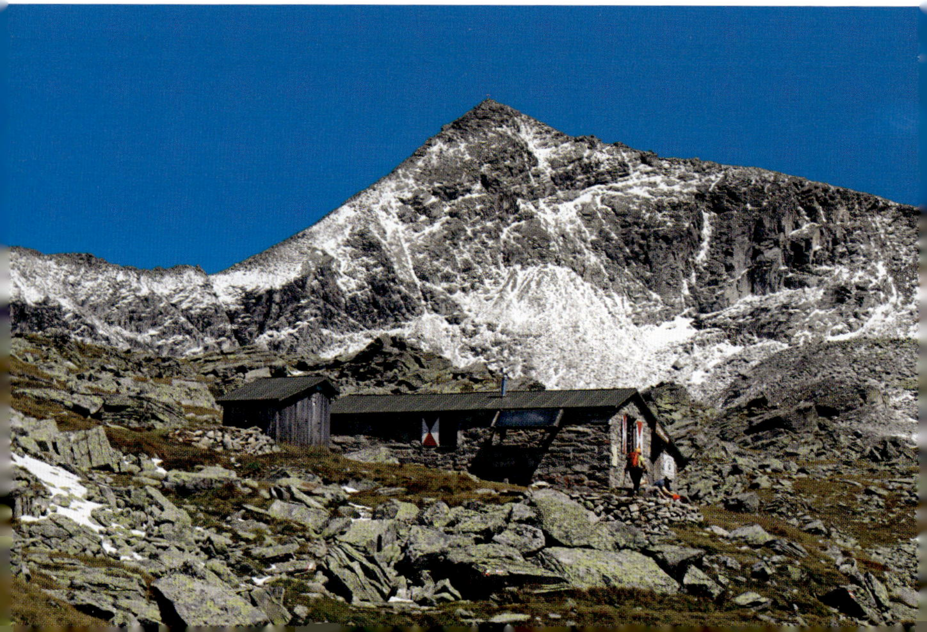

KURZINFO

Talort: Mallnitz, 1191 m, großer Parkplatz im Zentrum, etwa 200 Meter weiter Bushaltestelle vor einer Bäckerei.
Ausgangspunkt: Großer Parkplatz an der Talstation der Ankogelbahn, 1271 m, von dort mit der Seilbahn in zwei Sektionen zur Bergstation, 2626 m.
Endpunkt: Jausenstation Stockerhütte im Tauerntal, 1300 m, Haltestelle des kostenlosen Wanderbusses Jamnigalm–Mallnitz–Bahnhof Mallnitz-Obervellach (fährt nur Sa, So und Feiertag) und großer Parkplatz.
Verkehrsmittel: Mitte Juni–Anfang Oktober 3-Täler-Wanderbus (Sa, So und Feiertag) vom Bahnhof Mallnitz-Obervellach über Mallnitz zur Talstation der Ankogelbahn, Fahrplan unter mallnitz.at/wanderbus. Seilbahn: Ankogelbahn, Betriebszeiten Mitte Juni–Ende September 8.30–16.30 Uhr, bei Schlechtwetter kein Betrieb, ankogel-ski.at.
Tipp: Da die Busfahrpläne nicht aufeinander abgestimmt sind, empfiehlt es sich, das Auto in Mallnitz Zentrum zu parken, mit dem Bus morgens zur Ankogelbahn und abends von der Stockerhütte zurück nach Mallnitz zu fahren.
Gehzeit: 5.30 Std.
Höhenmeter: 300 m bergauf, 1600 m bergab.
Anforderungen: Überwiegend leichter, wenig anstrengender Höhenweg in hochalpinem Gelände mit einigen kurzen Felspassagen. Abstieg zur Stockerhütte meist leichte Bergwanderung auf guten Wegen, kurze Steilstufe im Woisgengraben.
Einkehr: Hannoverhaus, 2565 m, DAV, am Etschlsattel, bew. Mitte Juni–Mitte September, Tel. +43 4784 21345; Jausenstation Stockerhütte, 1300 m; Mindener Hütte, unbewirtschaftete Selbstversorgerhütte, geöffnet etwa Mitte Juni bis Anfang Oktober, dav-minden.de/mindener-huette.
Karten: F&B WK 225; AV-Karte Blatt 42+44.

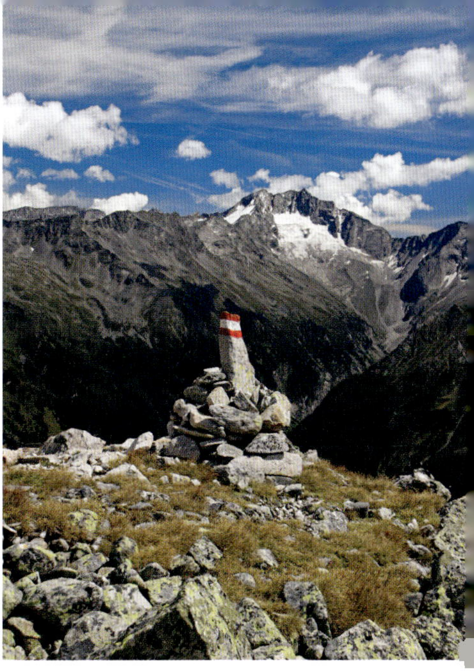

Die Hochalmspitze von der Mindener Hütte.

Von der **Talstation der Ankogelbahn (1)** geht es mit der Gondel hinauf zur **Bergstation (2)**. Dort steigen wir ab zum **Hannoverhaus** im Etschlsattel, wo der Göttinger Weg zur Mindener Hütte rechts abzweigt. Weiterhin leicht fallend wandern wir sehr aussichtsreich über Rasen und Felsplatten durch die **Hintere Lugge** unter den Liftanlagen der Seilbahn durch zur Felskante des Luggetörls, 2380 m, und weiter über Blockwerk und gelegte Platten Richtung Korntauern. Kurz vor dem **Kleinen Tauernsee** mündet von links der Weg von der Seilbahn-Mittelstation, wenig später erreichen wir eine grasige **Kuppe (3)**, 2313 m. Dieser schöne Rastplatz über dem dunkelgrün leuchtenden See liegt auf einem über 5000 Jahre alten Handelsweg! Im Weiterweg, kurz nachdem der Übergang zum **Korntauern** abgezweigt ist, biegt

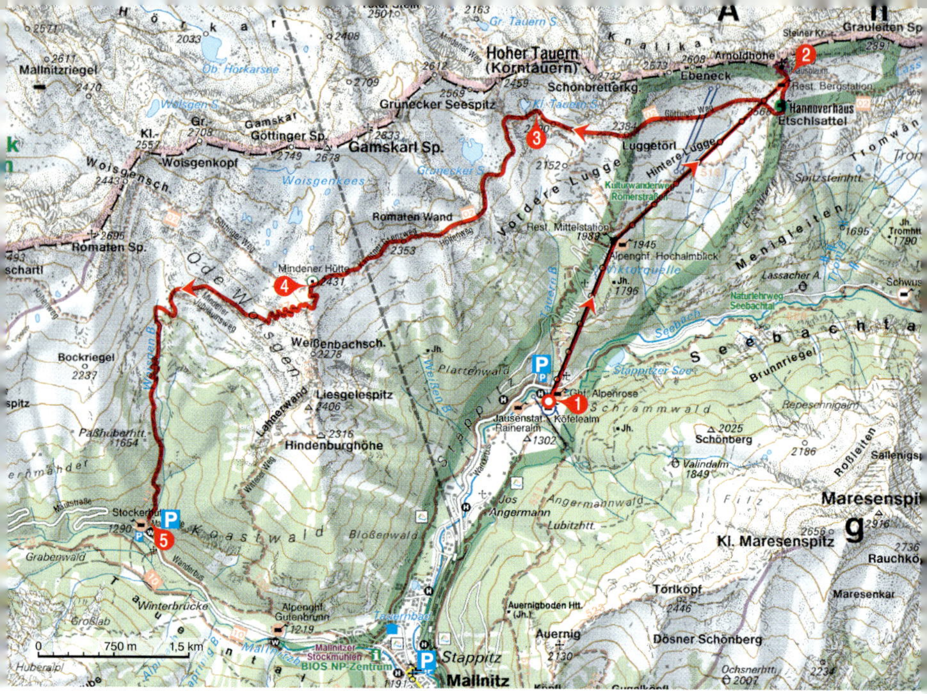

unser Weg nach Süden und der Blick wird frei zur Hochalmspitze. Durch Mulden und Kare, vorbei am Grüneckersee, der abseits und nicht sichtbar vom Weg liegt, gelangen wir zu einer drahtseilversicherten **Gratkante**, bevor unser Weg zuletzt ganz sanft an der herrlich gelegenen **Mindener Hütte (4)** ausläuft. Absteigend queren wir zunächst nach Westen, dann wandern wir auf kehrenreichem Steig über felsdurchsetzte Rasenhänge hinunter zu den Wiesen der Woisgenalm, wo wir den **Woisgenbach** überschreiten. Tief hat sich der Woisgenbach in die Felsen gegraben, am Rande der Schlucht führt der Weg steil bergab zu einer Almwiese. Mit einem Zaunüberstieg betreten wir den Wald, weich federt der Waldboden unter unserem Schritt und ein schmaler Steig windet sich im Schatten knorriger Fichten in vielen Serpentinen talwärts zur **Stockerhütte (5)**, 1320 m. Mit einer gemütlichen Rast vertreiben wir uns die Wartezeit auf den Bus, der uns zurück zu unserem Ausgangspunkt an der **Talstation** bringt.

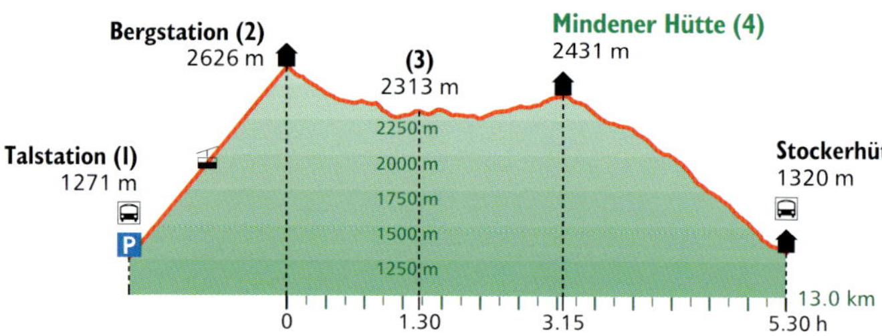

Ankogel, 3252 m

Von der Bergstation der Ankogelbahn ★★★

Ein schnell erreichbarer Dreitausender

Der Geschichte nach ist der Ankogel als einer der ersten unter den Hochgebirgsgipfeln der Alpen erstiegen worden. Bereits 1762 soll der Alte Paschg aus Böckstein von seiner Alm unter »großen Mühen und Gefahren« auf den Gipfel gestiegen sein, noch vor der Erstbesteigung des Mont Blanc (1786) und des Großglockners (1800). Damals war der Gipfel noch um 17 Meter höher und mit einem spitzen, überhängenden Felshorn ausgestattet, das 1932 einem mächtigen Bergsturz zum Opfer fiel. 1966 wurde die Ankogelbahn eröffnet, damit rückte der Ankogel auf in den Kreis der beliebtesten Dreitausender der Ostalpen und das Hannoverhaus auf der Arnoldhöhe zum beliebten Ausflugsziel. 2014 hatte das altehrwürdige Haus ausgedient. 150 Meter tiefer, am Etschlsattel, entstand ein Neubau, der zur Wintersaison 2014/2015 seinen Betrieb aufnahm. Die Arnoldhöhe ist benannt nach dem Gründer der Sektion Hannover und bedeutendem Erschließer der Ankogel-Hochalmspitzgruppe, Prof. Dr. Carl Arnold, der in dem rundgebauten Mausoleum neben der Hütte seine letzte Ruhestätte fand. Die Arnoldhöhe erreicht man von der Bergstation in etwa 20 Minuten auf dem ehemaligen, breit ausgetretenen Hüttenweg. Auch wenn der Ankogel als leicht ersteigbarer Dreitausender gilt, sollten Wanderer den Berg nicht unterschätzen: Die große Höhe, die schnelle Seilbahnauffahrt, das im Spätsommer ausgeaperte Lassacher Kees, grobes Blockwerk und eine steile, ausgesetzte Gipfelflanke mit einigen Kletterstellen machen die Tour auch bei besten Verhältnissen zum anspruchsvollen Unternehmen.

Glocknerblick an der Radeckscharte.

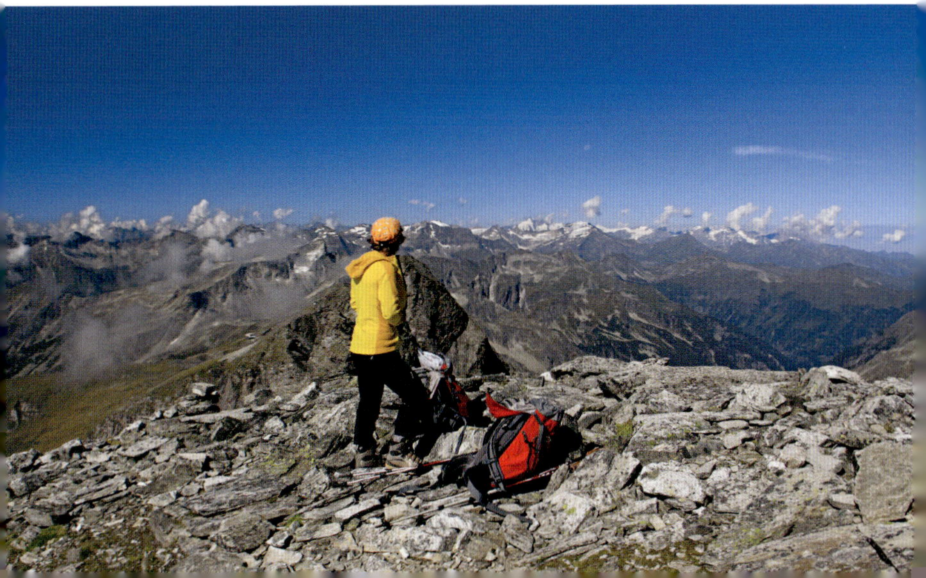

KURZINFO

Talort: Mallnitz, 1191 m.
Ausgangspunkt: Großer Parkplatz an der Talstation der Ankogelbahn, 1271 m, von dort mit der Seilbahn in zwei Sektionen zur Bergstation, 2626 m.

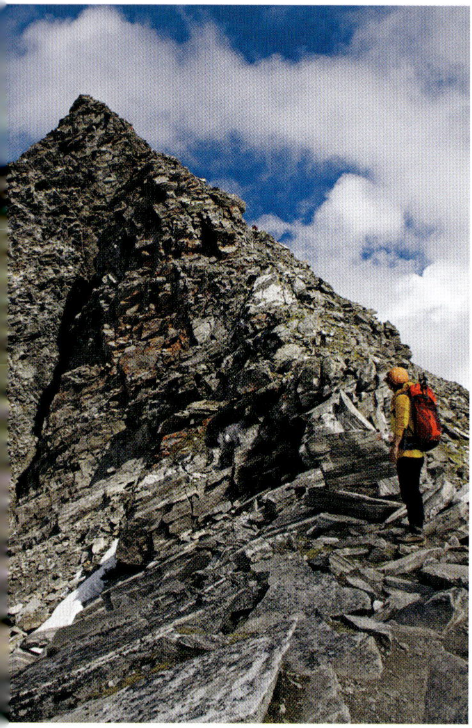

Ganz schön steil: der Grat zum Ankogel.

Verkehrsmittel: Mallnitz ist wichtiger Bahnhof an der Bahnstrecke Salzburg–Kärnten durch die Tauernschleuse. Der Bahnhof befindet sich ca. 1 km vor dem Ortszentrum, mit dem Bus oder zu Fuß in 15 Min. ins Stadtzentrum. Vom Bahnhof Mallnitz-Obervellach fährt der Kärnten Bus als Gratis-Wanderbus Ende Mai–Ende Oktober täglich zur Talstation der Ankogelbahn (Fahrplan: mallnitz.at/wanderbus-mallnitz-ort-berge). Seilbahn: Ankogelbahn, Betriebszeiten Mitte Juni–Ende September 8.30–16.30 Uhr, bei Schlechtwetter kein Betrieb, ankogel-ski.at.
Gehzeit: 5.15 Std.
Höhenmeter: 720 Hm.
Anforderungen: Hochalpine, anspruchsvolle Bergtour, teilweise weglos, aber gut markiert über Blockwerk und leichte Felsen, der Grat vom Kleinen Ankogel zum Ankogel ist steil, mühsam und ausgesetzt, Trittsicherheit und Schwindelfreiheit erforderlich. Bei Vereisung am Lassacher Kees (meist erst im Spätsommer) sind Grödeln oder Steigeisen hilfreich.
Einkehr: Restaurant an der Bergstation der Ankogelbahn; Hannoverhaus, 2565 m, DAV, etwa 10 Min. unterhalb der Bergstation gelegen, bew. Mitte Juni– Mitte September, Tel. +43 4784 21345.
Karten: F&B WK 225; AV-Karte Blatt 44.

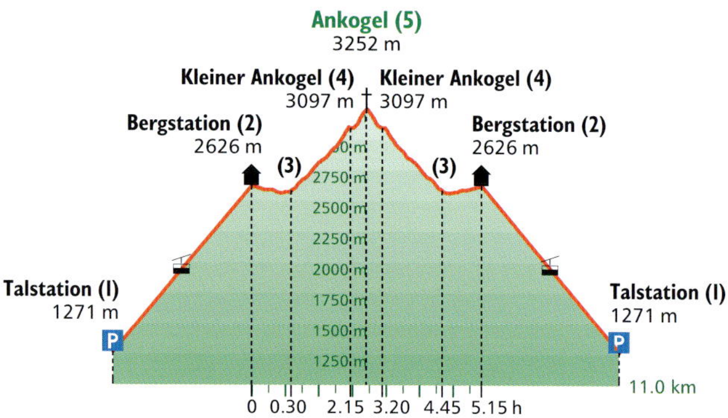

Von der **Talstation der Ankogelbahn (1)** geht es mit der Gondel hinauf zur **Bergstation (2)**. Von dort aus wandern wir auf gutem Weg in östlicher Richtung, unter der Grauleitenspitze entlang, bis zu einer **Wegteilung (3)**, 2585 m. Hier zweigt unser Anstieg zum Ankogel nach links ab, während der Höhenweg geradeaus weiter Richtung Großelendscharte führt. Zum Ankogel wandern wir nun über Moränenschotter und Blockhalden nicht allzu steil bergauf bis zu einem Firnfeld, einem Teil des spaltenfreien **Lassacher Keeses**, über das wir zur **Radeckscharte**, 2874 m, aufsteigen. Am breiten Westrücken geht es nun über grobe Blöcke und gelegte Platten hinauf zum **Kleinen Ankogel (4)**, 3097 m. Über den schmalen Verbindungsgrat klettern wir hinüber zum Gipfelaufbau des Ankogels und folgen den Steigspuren über

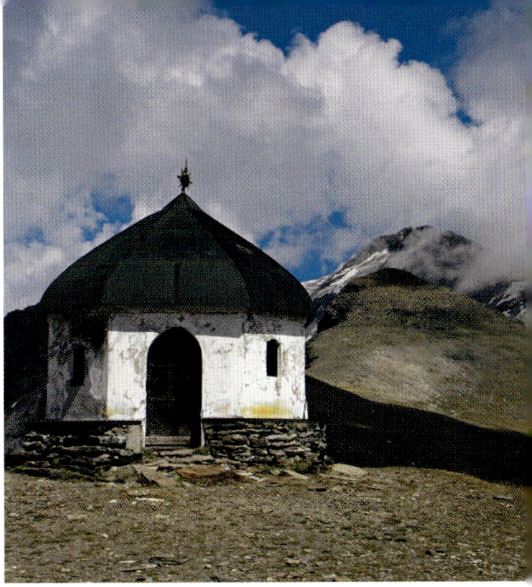

Das Mausoleum auf der Arnoldhöhe.

Sand, Schotter und leichte Felsen steil bergauf zum kreuzgeschmückten, aussichtsreichen **Gipfel (5)**. Der **Abstieg** erfolgt auf dem Aufstiegsweg.

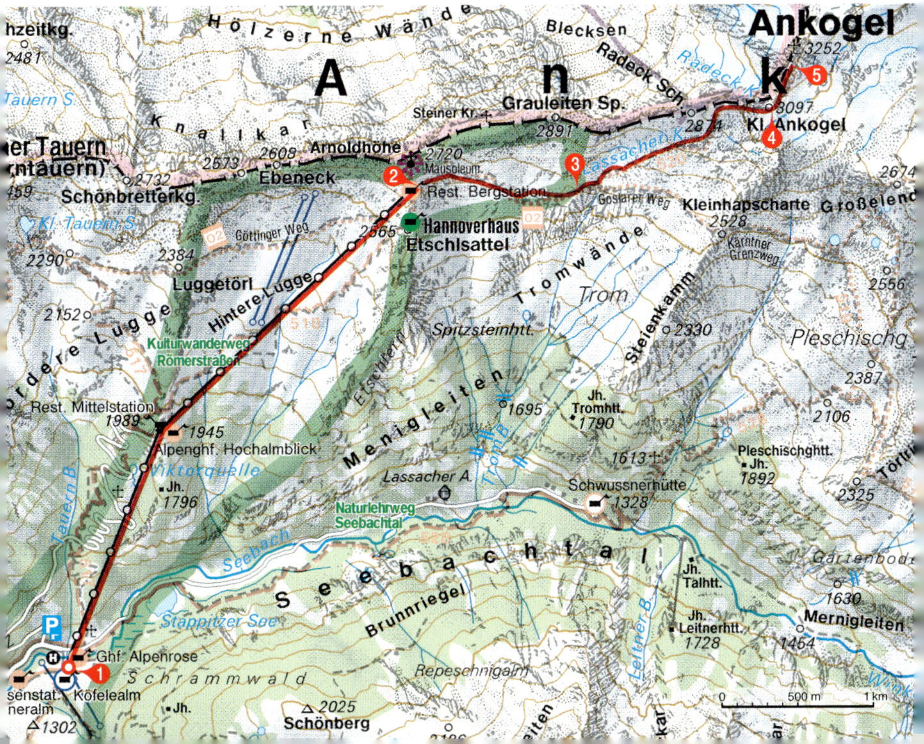

17 Säuleck, 3086 m

Aus dem Dösener Tal ★★

Beliebter Dreitausender mit malerischem See

Das Säuleck, berühmt für seine umfassende Aussicht, zählt zu den leicht erreichbaren Dreitausendern in den Hohen Tauern und erfreut sich dementsprechend großer Beliebtheit. Dazu trägt auch das gemütliche Arthur-v.-Schmid-Haus auf halbem Weg zum Gipfel bei, für die meisten Gipfelstürmer ein willkommenes Nachtquartier. Die Hütte hat einen grandiosen Standort am Ufer des Dösener Sees, dessen kristallklares Wasser trotz seiner Kälte so manchen Bergsteiger zum erfrischenden Bad verlockt – zumindest für den Großen Zeh. Am See fällt uns das Blockgewirr in den umliegenden Berghängen auf, ein Charakteristikum in der Hochalmgruppe, in der sich gleich mehrere Blockgletscher befinden; einer der größten breitet sich von der Mallnitzer Scharte bis zum Ostufer des Dösener Sees aus. Blockgletscher sind typische Permafrosterscheinungen. Wasser oder Schnee gefrieren an und unter Felsblöcken zu Eis, füllen die Lücken zwischen den Blöcken auf, drücken diese auseinander – die Blockhalde beginnt talwärts zu kriechen. Die untere Schicht besteht aus eisreichem Feinmaterial, die obere aus oft haushohen Blöcken. Die Bewegung des Gletschers und die riesigen Blöcke machen eine Weganlage im Zentrum des Gletschers unmöglich, für den Bergsteiger bedeutet dies einen spannenden, aber mühsamen Balanceakt über die Felsen.

KURZINFO

Talort: Mallnitz, 1191 m.
Ausgangspunkt: Unmittelbar vor (südlich) dem Bahnhof Mallnitz nach rechts (Osten) durch den Ortsteil Dösen, am Eingang zur Rabischschlucht vorbei und auf guter Bergstraße nach Osten, an der Spitzkehre etwa 200 m geradeaus weiter in das Dösener Tal zum großen Parkplatz, 1448 m.
Verkehrsmittel: 3-Täler-Wanderbus (Sa, So und Feiertag) von Mitte Juni bis Anfang Oktober vom Bahnhof Mallnitz-Obervellach über Mallnitz zum Parkplatz

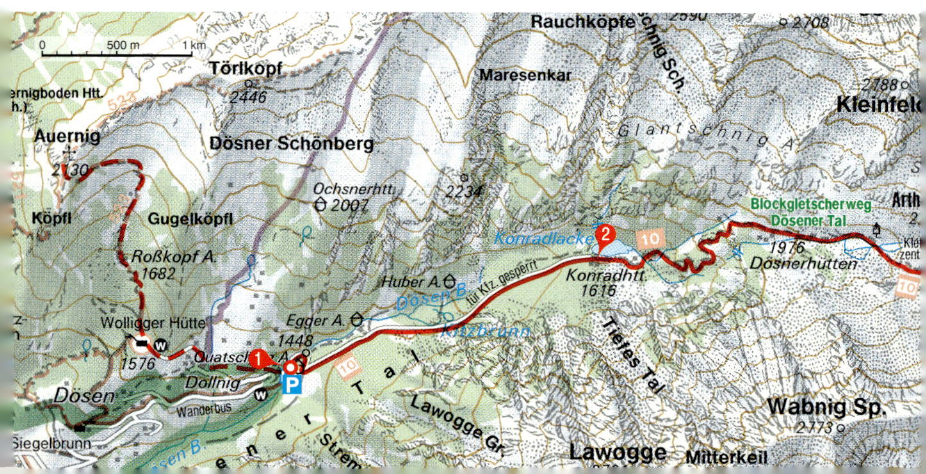

im Dösental, Fahrplan unter mallnitz.at/wanderbus.
Gehzeit: 10.30 Std., verteilt auf 2 Tage.
Höhenmeter: 1650 Hm.
Anforderungen: Teils sehr schöner, teils mühsamer Aufstieg zum Gipfel ohne größere Schwierigkeiten, mit Abstieg auf dem Aufstiegsweg ist die Tour als mittel, »rot«, zu bewerten. Der Abstieg über den Blockgletscher ist schwierig, »schwarz«, faszinierend und anstrengend, erhöhte Verletzungsgefahr beim Springen von Fels zu Fels. Bei Nässe sollte man ihn meiden, da die flechtenbewachsenen Felsen dann extrem rutschig sind.
Einkehr/Übernachtung: Arthur-v.-Schmid-Haus, 2281 m, ÖAV, bew. Ende Juni–Ende September, Tel. +43 4784 20071, arthurvonschmidhaus.at.
Karten: F&B WK 225; AV-Karte Blatt 44.
Tipp: Der naturkundliche Führer »Blockgletscherweg Dösener Tal« des Österreichischen Alpenvereins liefert interessante Detailinformationen über das Dösener Tal, Permafrost, Klimawandel und den Blockgletscher, zu beziehen über den ÖAV Innsbruck, alpenverein.at, in den Nationalparkinformationsstellen Mallnitz und Heiligenblut sowie am Glocknerhaus.
Variante: Auf den Auernig, 2130 m. Vom Eingang ins Dösener Tal auf schlechter Bergstraße besser zu Fuß zur Wolliggerhütte, 1576 m (sehr begrenzte Parkmöglichkeit). Über südseitige Hänge in 2 Std. zum kleinen, felsigen Aussichtsgipfel des Auernig. Im Frühsommer ist der Gipfelbereich ein einziges Blumenparadies. Leichte Tour, »blau«, auch für Kinder geeignet.

1. Tag: Vom **Parkplatz im Dösener Tal (1)** gehen wir auf der gesperrten Sandstraße am Dösenbach entlang taleinwärts, an der historischen **Venezianer-Säge** vorbei und über die **Konradhütte (2)**, 1616 m, zur Konradlacke. Hier geht die Straße in einen Wanderweg über, durch lichten Lärchenwald steigen wir am tosenden **Dösenbach** aufwärts zu einer Hangkante. Vor uns breitet sich eine idyllische Moorlandschaft mit den **Dösner Hütten**, 1976 m, aus. Wir wandern an ihrem Rand entlang, überqueren den Dösenbach und steigen über eine steile Stufe zum **Arthur-v.-Schmid-Haus (3)**, 2281 m, und zum See hinauf.

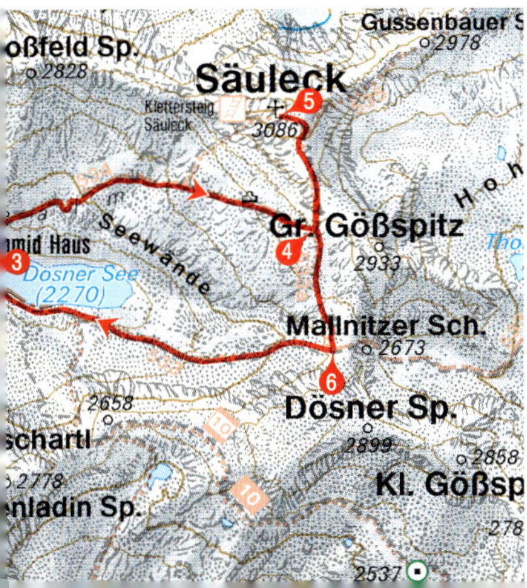

2. Tag: Zum Säuleck gehen wir von der Hütte nach Norden und über einen steilen Gras- und Geröllhang hinauf zur Hochfläche der **Seealm**, 2429 m. Hoch über dem tiefblauen See wandern wir über Gletscherschliffplatten, Geröll und grasige Hänge langsam steigend in nordöstlicher Richtung, klettern über eine mächtige Blockhalde und gelangen über einen zersplitterten Felsrücken zu einer **Scharte (4)**, 2762 m (Wegteilung zur Mallnitzer Scharte). Hier wendet sich der Weg wieder nach Norden, über ein Schutttälchen steigen wir zum Südgrat auf und klettern über grobe Blöcke zum **höchsten Punkt (5)**. Zunächst kehren wir auf unserem Aufstiegsweg zur **Scharte (4)** zurück und dort geradeaus weiter Richtung Mallnitzer Scharte. Rote Markierungen lotsen uns durch eine riesige Blockhalde, auf Steigspuren gelangen wir dann etwas bequemer hinunter zu den

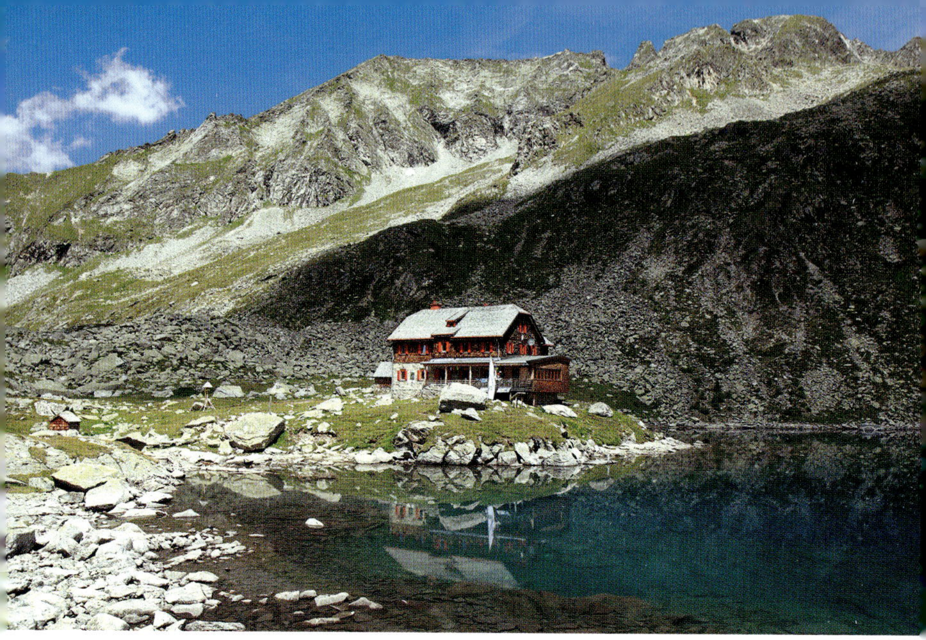

Das Arthur-v.-Schmid-Haus am Dösener See.

haushohen Felsen des **Blockgletschers**, hier enden die Markierungen. Wir klettern zu einem deutlich sichtbaren gelben Wegweiser hinauf **(6)**, 2605 m, der die Wegteilung Mallnitzer Scharte – Arthur-v.-Schmid-Haus markiert, und folgen der angegebenen Richtung gerade bergab über die mächtigen Felsblöcke. Zur Orientierung hilft uns eine Stange der Permafrostforschung an der Hangkante, links davon und etwas tiefer treffen wir wieder auf die ersten Markierungen. An den Markierungen entlang klettern und balancieren wir über den Blockgletscher bergab (bei Nässe sehr heikel!), erst auf Höhe des **Dösener Sees** haben wir wieder einen Steig, auf dem wir bequem zum **Arthur-v.-Schmid-Haus (3)** zurückkehren. Von dort auf unserem Aufstiegsweg zurück zum Ausgangspunkt am **Parkplatz (1)**.

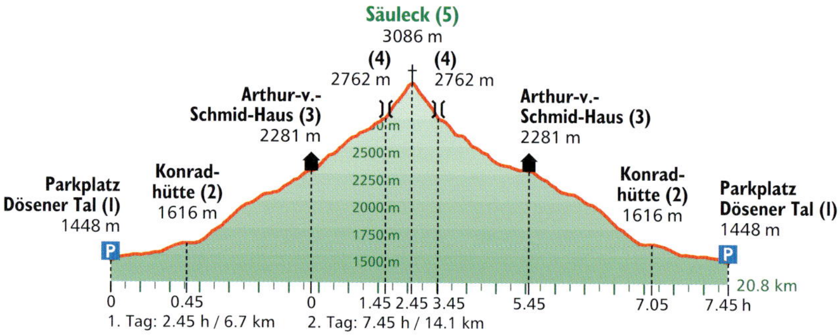

Hochtristen, 2536 m

Von der Emberger Alm über das Nassfeldtörl

★★★

Der Berg mit Einsee und Zweisee

Unzählige Seeaugen schmücken die Kreuzeckgruppe, wie kleine Juwelen liegen sie eingebettet in die karge Hochgebirgslandschaft und sorgen für liebliche Kontraste. In manchen Regionen nennen die Menschen ihre Gebirgsseen ehrfurchtsvoll auch »Augen Gottes« und drücken damit Bedeutung und magische Anziehungskraft des Wassers aus. Von der quirligen Emberger Alm, einem beliebten Touristenzentrum im Süden der Kreuzeckgruppe, führt ein schöner Weg hinauf zum romantischen Zweisee (in manchen Karten auch Zwei Seen genannt) und weiter zum dunklen Felsgipfel der Hochtristen. Ein weiterer, spannender Anstieg zur Hochtristen verläuft am Nassfeldriegel vorbei durch die steile Ostflanke, anspruchsvoll, aber nie wirklich schwierig, eine Genusstour für den geübten Bergsteiger, die sich mit dem Abstieg über den Zweisee zu einer traumhaften Runde verbinden lässt.

Der Reißkofel ist das Schaustück auf der Emberger Alm.

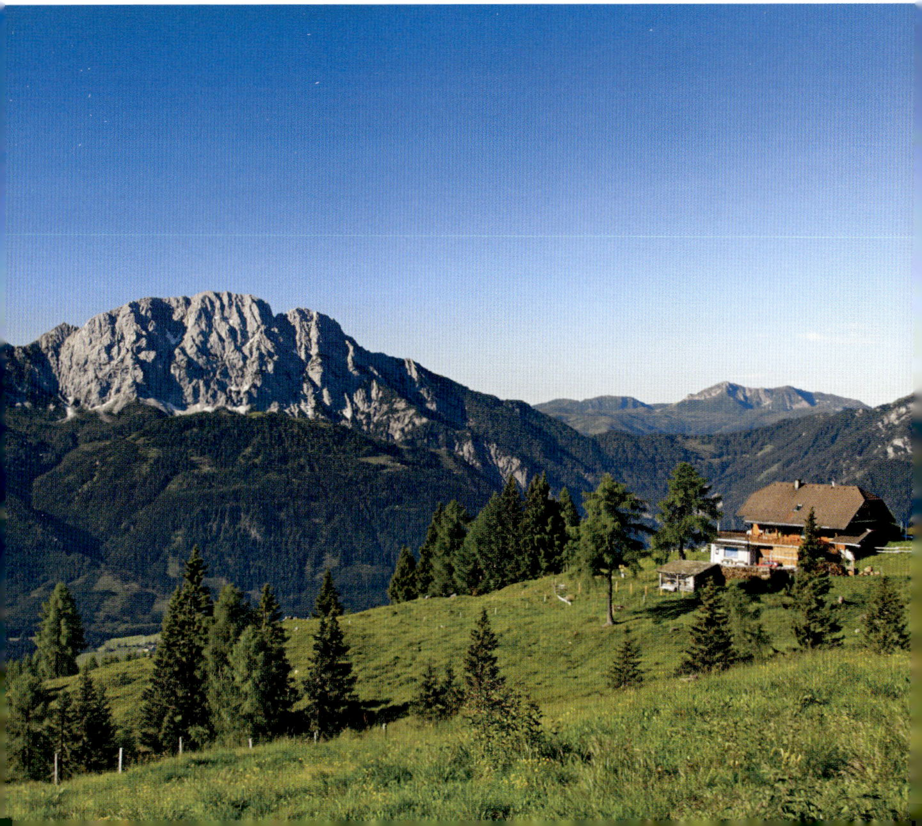

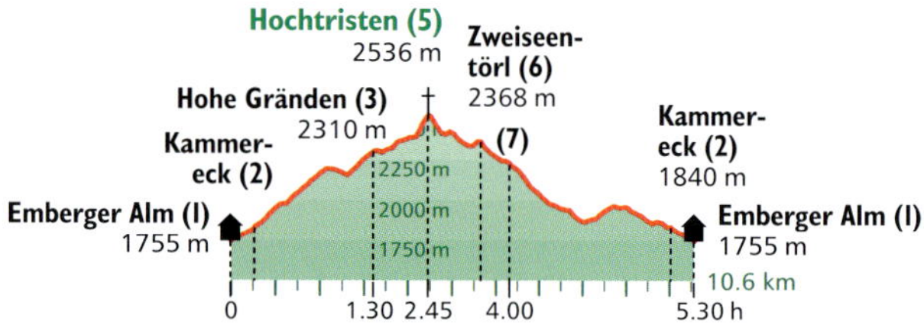

KURZINFO

Talort: Greifenburg im Drautal, 645 m.
Ausgangspunkt: Vom Ortszentrum über den Gnoppnitzbach, nach der Brücke rechts abbiegen und auf guter, asphaltierter Bergstraße ca. 11 km zur Emberger Alm, 1755 m, großer Parkplatz bei Sattleggers Alpenhof.
Gehzeit: 5.30 Std.
Höhenmeter: 1050 Hm.
Anforderungen: Sehr abwechslungsreiche Bergtour auf guten Wegen und Steigen. Vorsicht in der steilen und ausgesetzten, grasigen Ostflanke der Hochtristen, bei Nässe und Schnee gefährlich, Trittsicherheit und Schwindelfreiheit erforderlich; Steinschlaggefahr durch vorausgehende Bergsteiger. Gegenanstiege, überwiegend im Abstieg, ca. 250 Hm.
Einkehr: Sattleggers Alpenhof, 1755 m, Tel. +43 4712 796.
Karte: F&B WK 225.

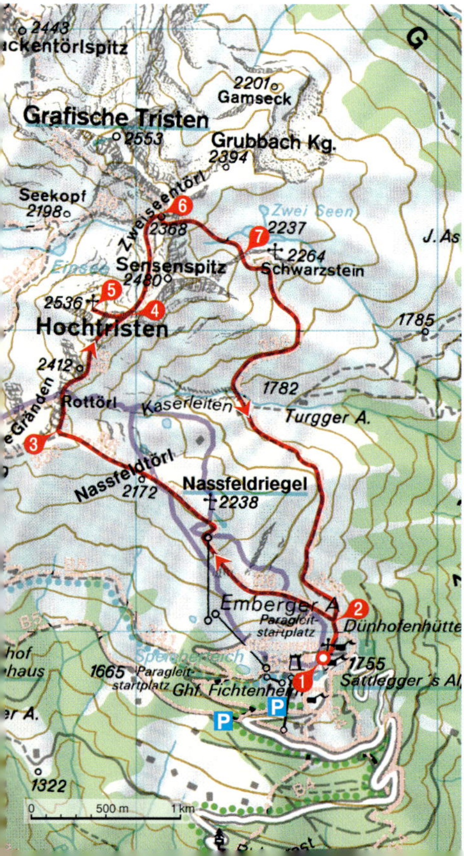

Am Parkplatz auf der **Emberger Alm (1)** erwartet uns gleich ein grandioser Ausblick zum Reißkofel, diesem prachtvollen Berg in den Gailtaler Alpen. Nachdem wir uns sattgesehen haben folgen wir, am Alpengasthof Sattlegger vorbei, dem Wegweiser zum **Wanderausgangspunkt Emberger Alm** (3 Min.) und nehmen dort den mit B6 beschilderten Weg Richtung Nassfeldriegel. Nach gut 15 Min. auf breitem Almweg biegen wir am **Kammereck (2)**, 1840 m, links ab. Ein schmaler Weg schlängelt sich zwischen Alpenrosensträuchern und sturmzerzausten Lärchen hinauf auf einen flachen Rücken, auf dem wir, parallel zu den Liftanlagen, sehr schön und aussichtsreich bis zum **Nassfeldriegel** aufsteigen; dabei queren wir einmal die Piste und die Schleppliftspur. Knapp unterhalb des höchsten Punktes führt der Weg durch die Südwestflanke nach links (Nordwesten) leicht absteigend ins **Nassfeldtörl**, 2172 m, wo wir einen guten Einblick in die Ostseite der

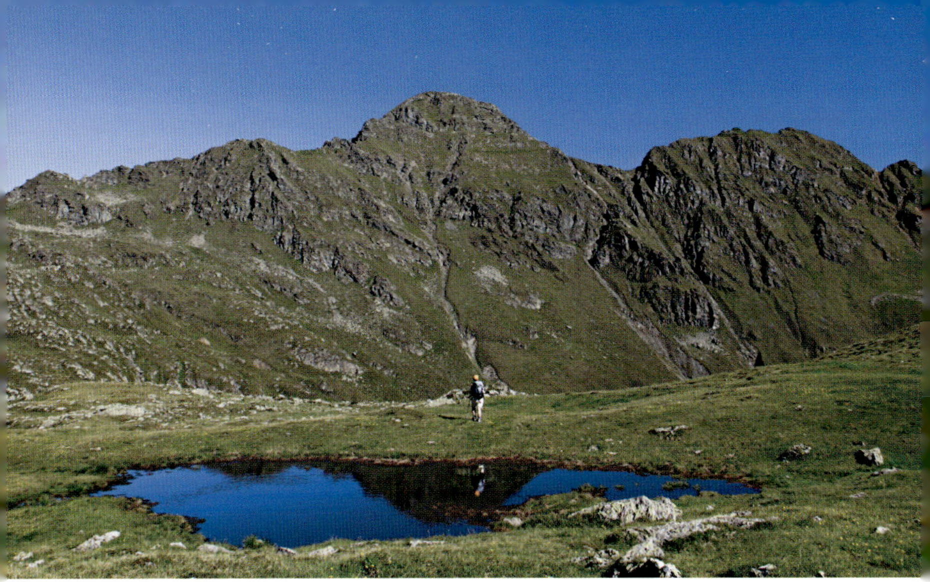

Im Seenauge am Nassfeldtörl spiegelt sich die Hochtristen.

Hochtristen und unseren weiteren Aufstiegsweg haben. Vom Nassfeldtörl steigen wir zur **Hohen Gränden (3)**, 2310 m, auf und über leichte Felsen hinunter ins **Rottörl**. Von dort verläuft ein schmaler Steig, nur wenig steigend und wunderschön, durch die steile Grasflanke bis unter den Gipfel der Hochtristen zu einer Wegteilung; dabei sorgen einige leichte Felspassagen für die alpine Würze. An der **Wegteilung (4)**, 2400 m, gehen wir links und steigen steil durch felsdurchsetztes, erdiges Gelände hinauf zum **Gipfel (5)**, der mit einem regelrechten Knalleffekt aufwartet: majestätisch steht die elegante Spitze des Großglockners vor uns!
Im Abstieg kehren wir zur Wegteilung **(4)** zurück, wo wir nach links (Norden) gehen, um in zunehmend leichterem Gelände hoch über dem Einsee die Westflanke der Sensenspitze zum **Zweiseentörl (6)**, 2368 m, zu queren; ein letzter Aufstieg an murmelndem Bach und wir stehen in der Scharte. Unter uns breitet sich die Hochfläche mit dem malerischen **Zweisee** aus, ein leichter Abstieg über die Almwiesen und wir haben unser zweites Ziel erreicht. Südseitig begrenzt die **Seenhochfläche (7)**, 2230 m, ein **Felsriegel**, über dessen unscheinbare Scharte unser weiterer Abstieg führt. Über felsdurchsetzte Grashänge mit vielen Alpenrosensträuchern steigen wir über die Kaserleiten ab zu einem Bach; dort beginnt ein breiter Almweg, auf dem wir leicht steigend zu einer Privathütte gelangen, die noch eine Überraschung für uns bereit hält: Im Brunnentrog lagern gekühlte Getränke zur Selbstbedienung, für das Geld steht eine kleine Kasse bereit. So lassen wir, gemütlich an der **Hütte** sitzend, diese herrliche Tour in aller Ruhe ausklingen. Noch wartet der Rückweg auf uns, der auf dem breiten Almweg kein Problem mehr darstellt. Sehr schön wandern wir durch lichten Lärchenwald über die Südostflanke des Nassfeldriegels zurück zur **Emberger Alm (1)**.

19 Rundweg Elendtäler, 2692 m

Über die Zwischenelendscharte ★★★

Großartige Hochgebirgslandschaft im Nationalpark Hohe Tauern
Bevor der Kölnbreinspeicher aufgestaut wurde und das Maltatal noch nicht durch eine Fahrstraße erschlossen war, war es ein unendlich weiter Weg zu den fruchtbaren Almen im Kleinelend und Großelend, ein elendiglich weiter Weg – wie man den Namensursprung vermutet. Heute verkürzt uns die Malta Hochalpenstraße die Rundtour über beide Täler zu einer Tagestour. Es ist eine wilde Hochgebirgsszenerie, durch die uns der Weg führt, über sanfte, blumenreiche Almwiesen und eine verblockte Moränenlandschaft hautnah zu den Gletschern, zu den malerischen Schwarzhornseen und dem tosenden Fallbachfall, rund um die drei Schwarzhörner herum. Erst an der gemütlichen Osnabrücker Hütte kommt die Seele wieder zur Ruhe, um die Vielfalt der gesammelten Eindrücke zu verarbeiten. Rund um die Hütte nistet ein ganz besonderer Vogel: Das Rotsternige Blaukehlchen, ursprünglich in Skandinavien beheimatet, hat hier einen vergleichbaren Lebensraum gefunden. Der »Vogel der 1000 Zungen« wie er auch genannt wird, ist nicht nur ein guter Sänger, er ahmt auch andere Tierstimmen nach bis zum Quaken der Frösche.

Die Osnabrücker Hütte.

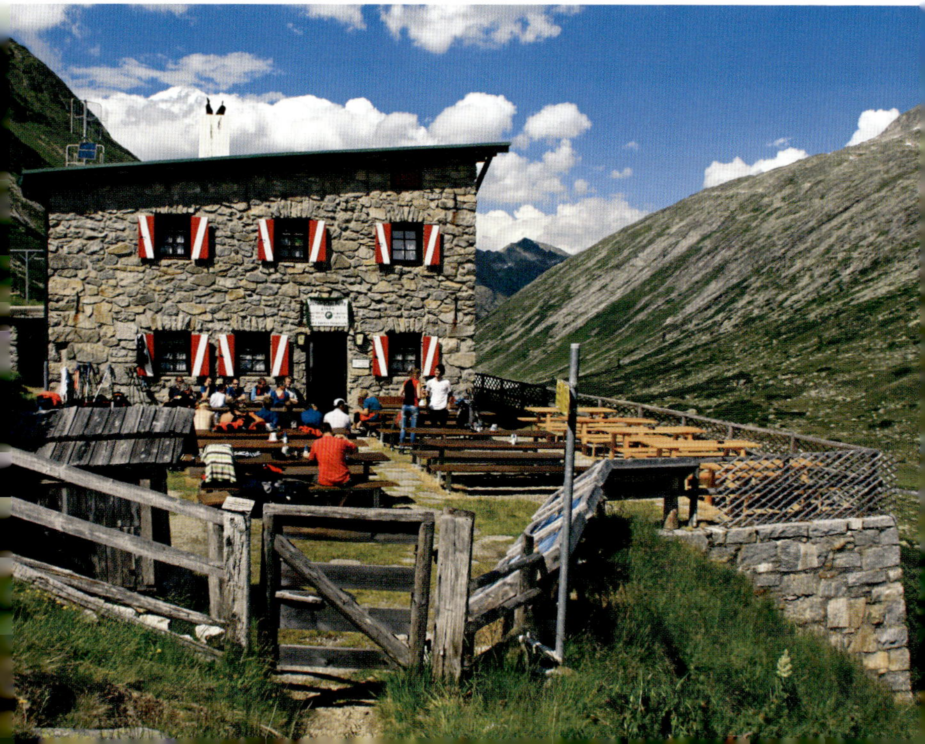

KURZINFO

Talort: Gmünd am Eingang ins Maltatal, 741 m; Malta, 797 m.
Ausgangspunkt: Auf der Malta Hochalpenstraße (mautpflichtig) bis zu ihrem Ende beim Berghotel Malta, 1931 m, auf der nicht geteerten Werksstraße etwa 1 km eben am Kölnbreinspeicher entlang zum großen Parkplatz am Kölnbreinstüberl, 1920 m.
Verkehrsmittel: Busverbindung von Gmünd über Malta, Gemeindeamt, bis Koschach, Pflüglhof (Sa, So und Feiertag nur bis Malta). Durch das Maltatal bis zum Kölnbreinspeicher kann man mit einem Rufbus fahren (Vorbestellung erforderlich), Tel. 43 4732 37175, bacher-reisen.at, kaernten-bus.at/fahrplaene.
Gehzeit: 8.00 Std.
Höhenmeter: 1000 Hm.
Anforderungen: Anspruchsvolle Hochgebirgswanderung, die bei Schnee bzw. Nässe heikel und bei Vereisung, vor allem in der Felsstufe am Fallbachfall, gefährlich sein kann, Trittsicherheit erforderlich. Im Bereich der Zwischenelendscharte und im Abstieg zum Oberen Schwarzhornsee bis weit in den Sommer Altschneefelder möglich.
Einkehr: Kölnbreinstüberl, 1920 m, Öffnungszeiten wie die Malta Hochalpenstraße, Tel. +43 4783 2111; Osnabrücker Hütte, 2022 m, DAV, bew. Mitte Juni–Mitte Oktober, Tel. +43 650 4461202, osnabrueckerhuette.at.
Karten: F&B WK 191; AV-Karte Blatt 44.

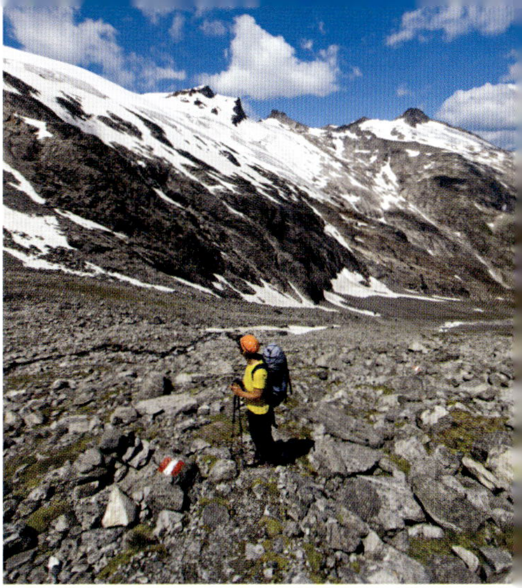

Kleinelendkees und Grubenkarkopf über dem Gurrnboden.

Vom **Parkplatz (1)** gehen wir auf der Werksstraße am Kölnbreinstüberl vorbei und am Stausee entlang zum **Kleinelendbach (2)**, 1917 m; vor der Brücke biegen wir rechts in das **Kleinelendtal** ein. Zunächst wandern wir auf breitem, nur wenig ansteigendem Almweg zur **Kleinelendhütte**, 1998 m (Abzweigung zur Kleinelendscharte) und über beweidete Almböden weiter am Kleinelendbach entlang. Der breite Weg geht in einen Steig über und wir gelangen zum ebenen **Mitterboden**, 2142 m, einem verlandeten See, der von mäandrierenden Wasserläufen durchzogen ist, in denen sich weiße Wollgrasbüschel spiegeln. Eine Brücke, 2084 m, überspannt den Kleinelendbach und bringt uns auf die andere Bachseite, wo unser Weg am Rande des Steinkars langsam zu steigen beginnt. Gegenüber begleiten uns Tischlerkarkopf und Tischlerspitze mit ihren abschmelzenden Gletschern. Am **Gurrnboden** haben wir eine Hangkante erreicht, der Blick öffnet sich zum Grubenkarkopf und zum imposanten Kleinelendkees mit dem Ankogel darüber. Es ist eine urweltliche, einsame Moränenlandschaft, unser Weg durchzieht Schotterhalden und Blockpassagen und steigt kräftig an. Wir erreichen eine **verblockte Hochfläche**, 2600 m, so nah am Gletscher, dass wir den eisigen Gletscherwind spüren. Nur wenig weiter leiten uns die Markierungen in die **Zwischenelendscharte (3)**, 2692 m, vis-á-vis

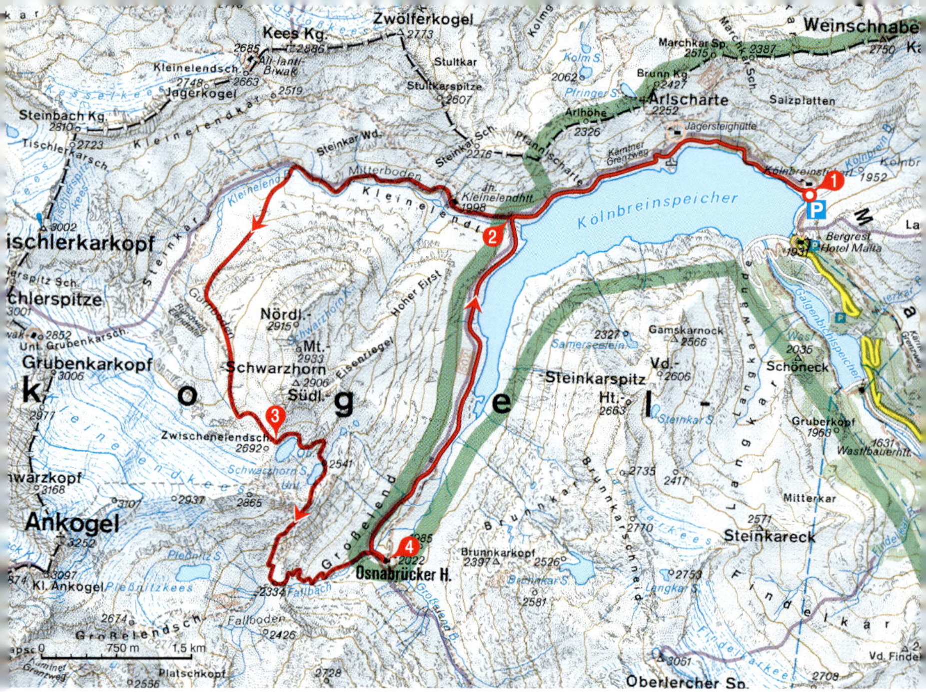

faszinert das Massiv der Hochalmspitze mit dem Großelendkopf. Aber das Schönste kommt erst: Nach kurzem Abstieg stehen wir am Ufer des **Oberen Schwarzhornsees**, 2642 m, in dem sich das Massiv der Tauernkönigin spiegelt – ein unvergessliches Bild (s. S. 13)! Wir wandern am Seeufer entlang und steigen ab zum **Unteren Schwarzhornsee**, 2541 m, der in einer Mulde liegt. Ein kurzer Gegenanstieg, dann senkt sich der Weg steil hinunter in den idyllischen **Fallboden**, 2334 m. Im Abstieg zur Osnabrücker Hütte erwartet uns nun die schwierigste Wegpassage: Neben dem Fallbachfall gilt es eine steile, grasbewachsene Felsstufe zu überwinden, Stahlketten helfen uns in dem meist feuchten und schmierigen Gelände und schon bald haben wir diese heikle Stelle gemeistert. Gemütlich bummeln wir über Almwiesen zur bereits sichtbaren **Osnabrücker Hütte (4)**, 2022 m. Mit schönem Blick Richtung Großelendkopf und dem Großelendkees lässt es sich hier gut rasten oder sogar übernachten, denn zwei Stunden trennen uns noch von unserem Ausgangspunkt, die wir auf schmaler Fahrstraße, am Ufer des **Kölnbreinspeichers** entlang, zurücklegen.

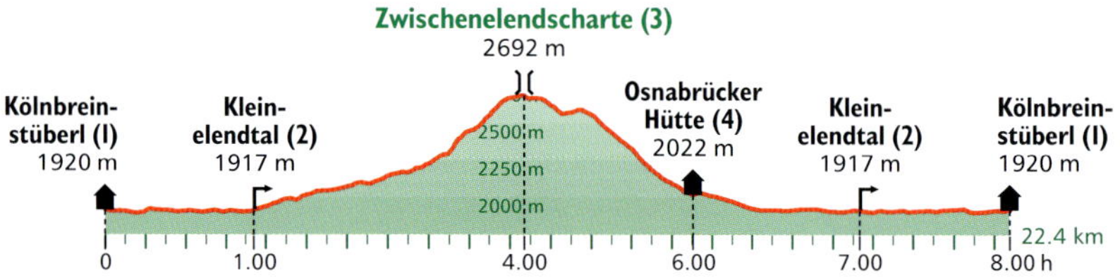

Arlhöhe, 2326 m

Vom Kölnbreinspeicher über die Arlscharte ★★

Spritztour mit eindrucksvollem Panorama
Das Maltatal wird aufgrund seines Wasserreichtums und seiner vielen Wasserfälle »Tal der stürzenden Wasser« genannt. In den siebziger Jahren wurde über der Sameralm die höchste Talsperre Österreichs errichtet, und ein riesiger Stausee mit einer Länge von bis zu 4,3 km entstand, in den die »stürzenden Wasser« abgeleitet werden. Eine enge und kehrenreiche Bergstraße führt hinauf zur Staumauer und ermöglicht Wanderern und Bergsteigern, die ehemals langen Bergtouren als Tagesunternehmung zu gehen. Überaus beliebt ist die Wanderung zur Arlscharte, dem Übergang vom Maltatal ins Großarltal, und weiter auf die sanfte Graskuppe der Arlhöhe, von der wir einen ausgezeichneten Überblick über die Berge rund um den Kölnbreinspeicher haben. Geübte Bergsteiger, auf der Suche nach einer tagesfüllenden Tour, wenden sich dagegen lieber dem nicht minder aussichtsreichen Weinschnabel zu.

An der Arlscharte, im Hintergrund der Hafner.

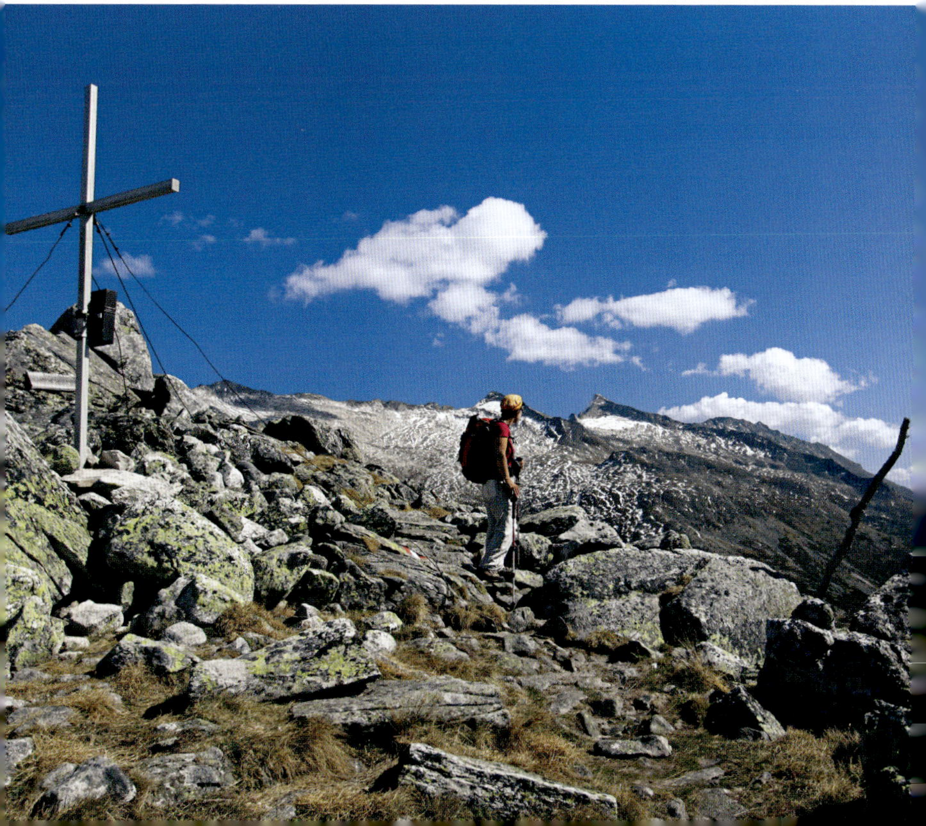

KURZINFO

Talort: Gmünd am Eingang ins Maltatal, 741 m; Malta, 797 m.
Ausgangspunkt: Auf der Malta Hochalpenstraße (mautpflichtig) bis zu ihrem Ende beim Berghotel Malta, 1931 m, auf der nicht geteerten Werksstraße etwa 1 km eben am Kölnbreinspeicher entlang zum großen Parkplatz am Kölnbreinstüberl, 1920 m.
Verkehrsmittel: Busverbindung von Gmünd über Malta, Gemeindeamt, bis Koschach, Pflüglhof (Sa, So und Feiertag nur bis Malta). Durch das Maltatal bis zum Kölnbreinspeicher kann man mit einem Rufbus fahren (Vorbestellung erforderlich), Tel. 43 4732 37175, bacher-reisen.at, kaernten-bus.at/fahrplaene.
Gehzeit: 3.15 Std.
Höhenmeter: 500 Hm.
Anforderungen: Sehr steiler, aber unschwieriger Aufstieg in die Arlscharte, sonst leichte und wenig anstrengende Tour.
Einkehr: Kölnbreinstüberl, 1920 m, Öffnungszeiten wie die Malta Hochalpenstraße, Tel. +43 4783 2111; Jägersteighütte, 1981 m, einfach bewirtschaftet.
Karten: F&B WK 191; AV-Karte Blatt 44.
Variante: Zum Weinschnabel quert der schmale Pfad zunächst die steilen Grashänge, dann auf gutem Plattenweg eine Blockhalde zur Marchkarscharte, 2387 m. Auf breiter Hangterrasse geht es in ansteigender Querung über Gletscherschliffe und leichte Felsen zum Gipfel, 2750 m, Aufstieg 3.15 Std., Abstieg 2.15 Std., bei Nebel schwierige Orientierung.

Morgenstimmung am Kölnbreinspeicher.

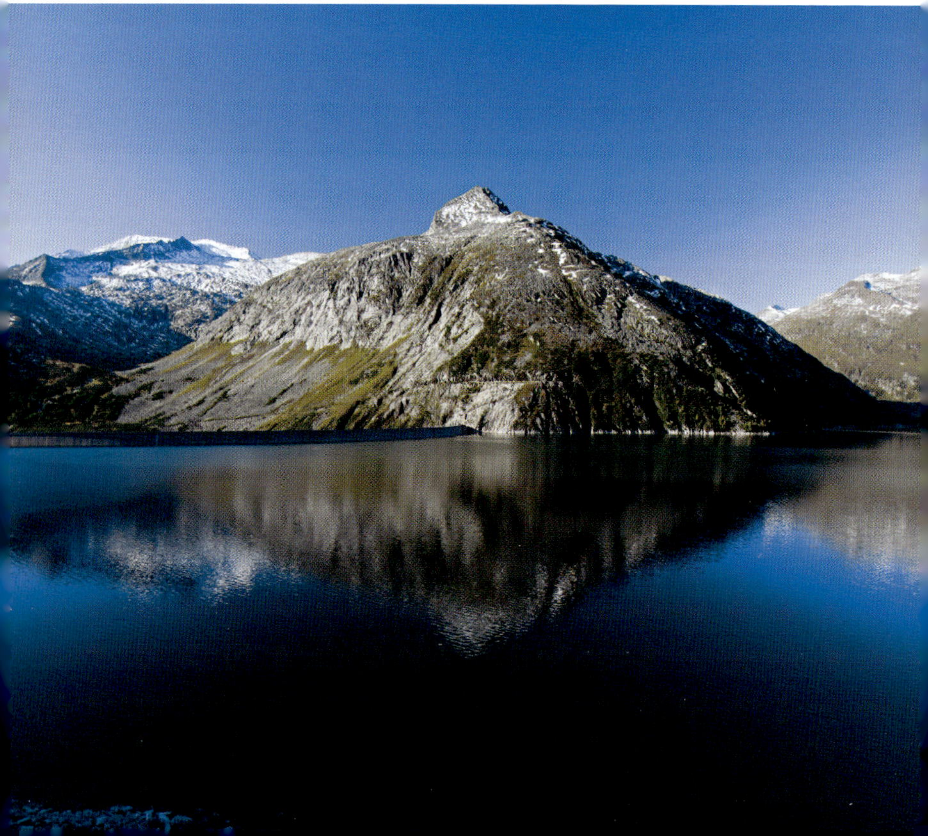

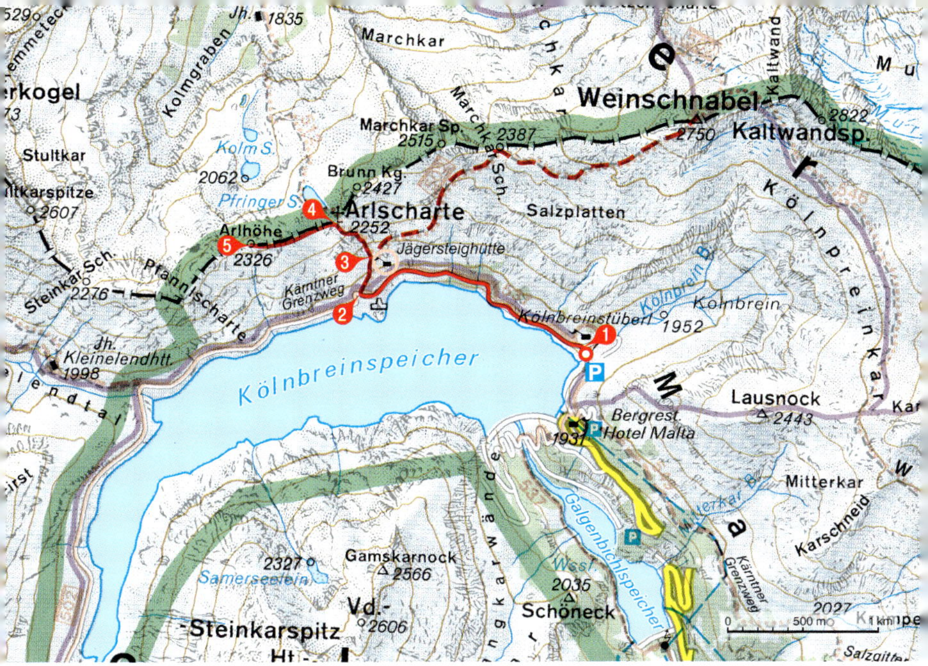

Vom **Parkplatz** gehen wir auf der Werksstraße am **Kölnbreinstüberl (1)** vorbei und am Stausee entlang zum **Arlboden (2)**, 1917 m. Linker Hand befindet sich ein interessanter Steinbau, eine **Gedenkkapelle** für die beim Bau des Kölnbreinspeichers verunglückten Arbeiter. Am Arlboden verlassen wir die Straße Richtung **Jägersteighütte**, zweigen jedoch schon nach wenigen Minuten von dem gut markierten Hüttenweg links ab und wandern auf einem grasüberwucherten und weniger deutlich ausgeprägten Pfad über den Hang aufwärts zu einem schon lange sichtbaren **Wegweiser (3)**, 2020 m; hier zweigt der Weg zum Weinschnabel ab. Wir steigen geradeaus über den zunehmend steileren Hang in vielen Kehren hinauf zur kreuzgeschmückten **Arlscharte (4)**, 2252 m, bewundern jenseits den malerischen Pfringersee und wenden uns dem breiten Kamm zu, der nach Südwesten verläuft. Über gelegte Felsplatten und Rasenhänge steigen wir zur Kammhöhe auf und bummeln über den breit und behäbig vor uns liegenden Grasrücken bis zur **Arlhöhe (5)**. Hier hilft uns eine Panoramatafel bei der Bestimmung der umliegenden Gipfel. Anschließend machen wir uns an den **Abstieg**, der der Aufstiegsroute folgt.

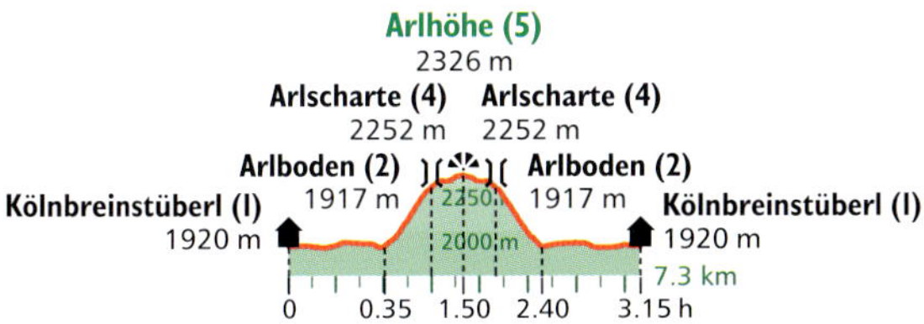

21 Hafner, 3076 m

Über die Kattowitzer Hütte ★★★

Auf den Spuren einer seltenen Pflanze

Das erste Mal waren wir am Hafner bei wolkenlosem Himmel und fantastischer Aussicht, nur der Fotoapparat streikte. Das zweite Mal sah uns der Berg mit funktionierendem Fotoapparat, bei gutem Wetterbericht und schlechtem Wetter. Dafür erwartete uns eine ungeahnte Überraschung, die uns für den wolkenverhangenen Gipfel und die entgangene Aussicht voll entschädigte: kleine, intensiv blaue Blüten leuchteten zwischen den Felsen hervor – der Himmelsherold, ein Verwandter des Vergissmeinnicht. Diese streng geschützte und sehr seltene Polsterpflanze, die nur in Höhen zwischen 2500 m und 3900 m wächst, dieses himmelblaue Wunder der Natur hat in der Hafnergruppe einen seiner wenigen gesicherten Standorte in den Ostalpen. Der Hafner wird häufig als östlichster Dreitausender bezeichnet, was nicht ganz korrekt ist (diese Ehre gebührt dem Mittleren Malteiner Sonnblick). Allerdings ist er der östlichste Dreitausender mit Steiganlage und für den im Fels erfahrenen Bergsteiger relativ einfach zu besteigen. Auch wenn konditionsstarke Geher den Hafner als Tagestour schaffen können, empfiehlt es sich, in der altehrwürdigen Kattowitzer Hütte zu nächtigen – die gemütliche Hütte mit ihrer holzgetäfelten Stube erfüllt Hüttensehnsüchte stressgeplagter Stadtmenschen. Vom Kölnbreinspeicher führt der landschaftlich sehr reizvolle Salzgittersteig anfangs durch Quell- und Moorgebiete, dann über Felsblöcke und gelegte Platten ziemlich anstrengend zur Hütte (nach starken Regenfällen sehr nass und rutschig), ein abwechslungsreicher Hüttenzustieg für alle, die den Hafner als Zweitagestour gehen wollen.

Himmelsherold.

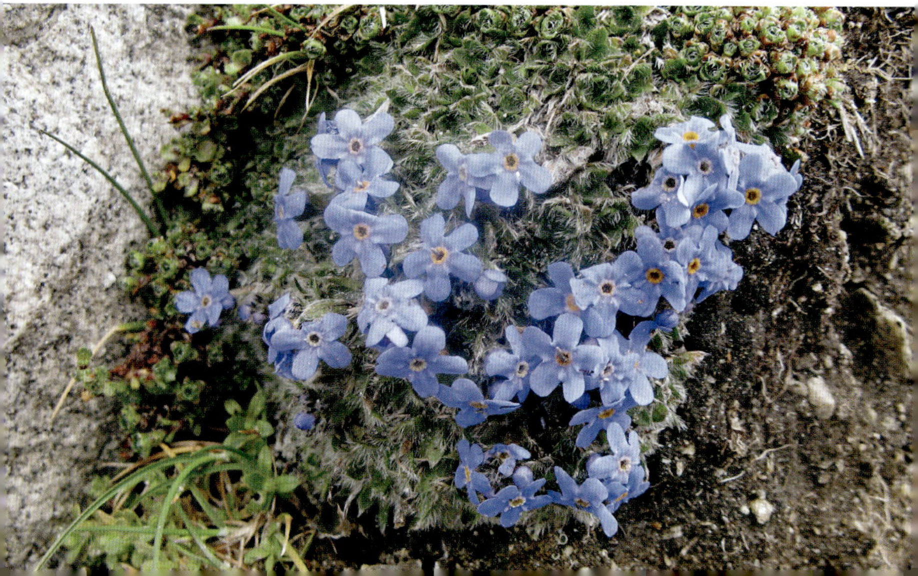

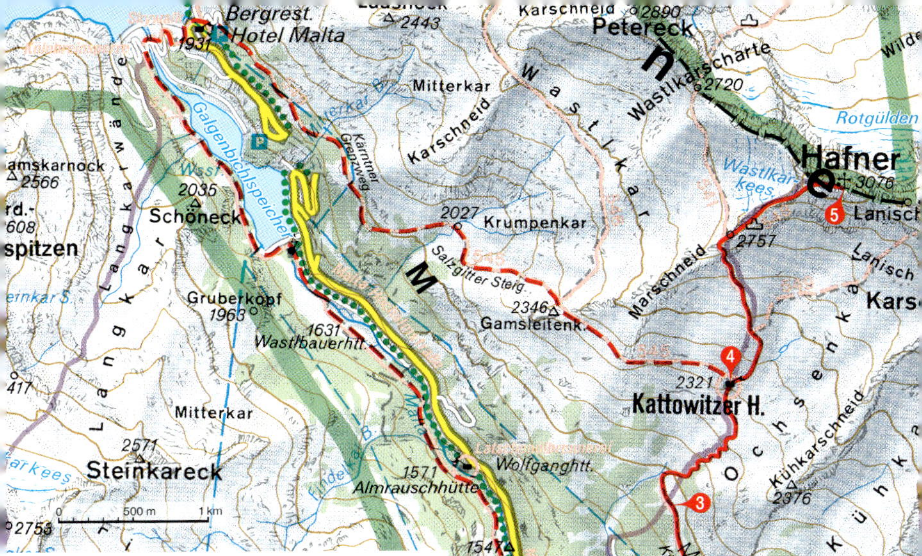

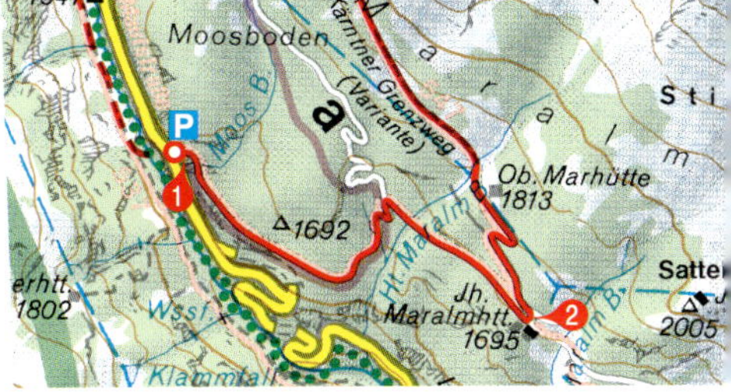

KURZINFO

Talort: Gmünd am Eingang ins Maltatal, 741 m; Malta, 797 m.
Ausgangspunkt: Parkplatz Kattowitzer Hütte, 1512 m, an der Malta Hochalpenstraße (mautpflichtig).
Verkehrsmittel: Busverbindung von Gmünd über Malta, Gemeindeamt, bis Koschach, Pflüglhof (Sa, So und Feiertag nur bis Malta). Durch das Maltatal bis zum Kölnbreinspeicher kann man mit einem Rufbus fahren (Vorbestellung erforderlich), Tel. 43 4732 37175, bacher-reisen.at, kaernten-bus.at/fahrplaene.
Gehzeit: 8.30 Std.
Höhenmeter: 1570 Hm.
Anforderungen: Bis zur Hütte leichte Bergwanderung, dann anspruchsvolle Bergtour in hochalpinem Gelände, im Gipfelbereich leichte Blockgratkletterei mit kurzen, seilversicherten Passagen, Trittsicherheit und Schwindelfreiheit erforderlich.
Einkehr: Kattowitzer Hütte, 2321 m, DAV, bew. Ende Juni–Ende September, Tel. +43 664 9148021.
Karten: F&B WK 221; AV-Karte Blatt 44.
Variante: Über den Salzgittersteig: vom Parkplatz beim Hotel Malta, etwas oberhalb des Kölnbreinspeichers, der Beschilderung Kattowitzer Hütte folgend, auf einer Schotterstraße in Kehren bergauf bis zu ihrem Ende an einer Wasserfassung (5 Min.). In ständigem Auf und Ab über die mit üppig grünem Strauchwerk (häufig feucht) bewachsenen Berghänge ins Krumpenkar und durch den weiten Almboden zu einem Rücken, über den der Weg bergauf zu einer Blockhalde führt. Nach deren Überschreitung durch eine steile Rinne hinauf in eine Scharte am Gamsleitenkopf. Jenseits in leicht fallender Querung über Blöcke und Felsplatten zur Kattowitzer Hütte (3.15 Std.). Statt den Salzgittersteig zurückzugehen, kann man zum Parkplatz an der Maltatalstraße absteigen. Entweder mit dem Wanderbus (letzte Bergfahrt mittags!) zurückfahren oder zur Malta absteigen. Entweder mit dem vorbestellten Rufbus zurückfahren oder zur Malta absteigen, über die Brücke auf die andere Seite wechseln und entlang der Malta zum Kölnbreinspeicher zurückkehren.

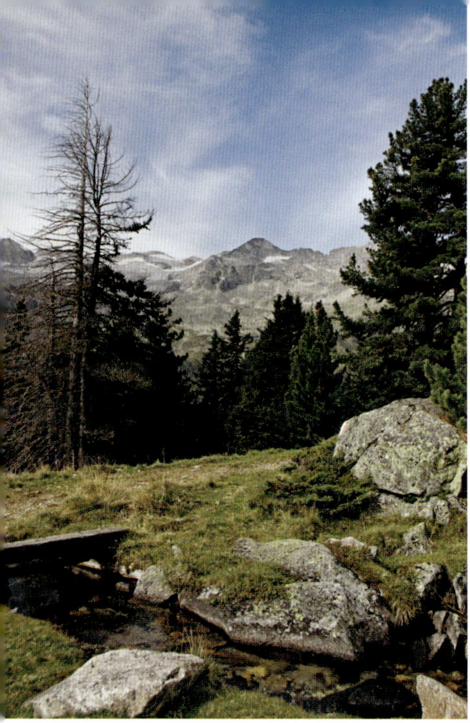

Im Aufstieg zur Kattowitzer Hütte.

Vom **Parkplatz Kattowitzer Hütte (1)** auf einer Schotterstraße nach Südosten, an einer Gabelung (Wegweiser) rechts und weiter bis zu einer **Kehre**, in der von rechts der Weg von der Gmünder Hütte mündet **(2)**, 1690 m. Von der Kehre folgen wir der Almstraße weiter in nordwestlicher Richtung zur **Oberen Marhütte**, 1813 m, wo die Straße in einen Almweg übergeht und sich durch schönen Zirbenwald noch bis zum Karboden fortsetzt und am **Holzlagerplatz** der Kattowitzer Hütte endet **(3)**, 1955 m. Auf einem breit ausgetretenen Steig wandern wir in vielen Kehren hinauf zur bereits lange sichtbaren **Kattowitzer Hütte (4)**, 2321 m. Von der Hütte wenden wir uns nach Norden und steigen anfangs über mäßig geneigte Almwiesen, dann über zunehmend steileres Schrofengelände zur **Marschneid** auf, die wir bei einem schönen Rastplatz erreichen, 2769 m. Nur wenige Meter weiter mündet von links der Weg von der Rotgüldenseehütte. Über steiles Blockgelände und leichte Felsen – die schwierigsten Passagen sind versichert – klettern wir an der schmalen Gratschneide höher, bis sich der Grat zurücklegt. Bequem schlängelt sich der Steig nun über eine breite **Schotterterrasse** zwischen unzähligen Steinmännchen hindurch zum Gipfelaufbau des **Hafners**, eine kurze Blockkletterei und wir stehen am Gipfelkreuz **(5)**. An klaren Tagen reicht die Aussicht vom Dachstein in den Nördlichen Kalkalpen bis zum Triglav im Süden, der absolute Blickfang ist jedoch die formschöne Pyramide der Hochalmspitze vis-à-vis. Der **Abstieg** erfolgt auf dem Aufstiegsweg.

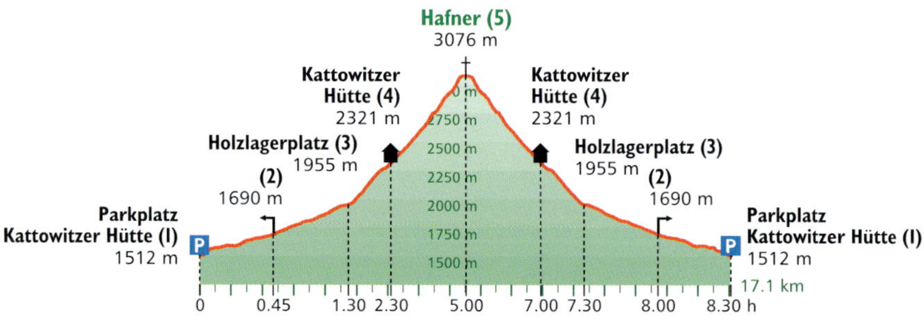

Zu den Lanischseen, 2226 m

Durch das romantische Pöllatal ★

Mit der E-Tschu-Tschu-Bahn zu den Wasserspielen der Lieser

Vom Katschbergtunnel bis Spittal verläuft die Tauernautobahn durch das wilde, tief eingeschnittene Liesertal, in Spittal mündet die Lieser in die Drau. Ihren Ursprung hat die Lieser im Naturschutzgebiet Pöllatal, einem sehr ursprünglichen Gebirgstal. Sie beginnt ihren Lauf gleich mit einem fulminanten Auftakt: In mehreren Wasserfällen stürzt sie sich ins Tal hinab, wo sie dann, zur Ruhe gekommen, als ruhig strömender Fluss das Pöllatal durchfließt. Vom Parkplatz 1 bis kurz unter die Kochlöffelhütte begleitet die Lieser seit geraumer Zeit der Bacherlebnisweg, ein bequemer, familienfreundlicher, »tragetuch- und kraxentauglicher« Wanderweg von etwa anderthalb Stunden Dauer mit Infotafeln und Rastplätzen. Zurück kann man dann mit der E-Tschu-Tschu-Bahn fahren, einem Kindertraum auf Rädern und die volle Motivation für eine Wanderung! Aber auch große Kinder fahren gerne mit der gemütlichen Bahn und sparen sich für den Weg zum Lieserursprung 1 Stunde Gehzeit.

KURZINFO

Talort: Rennweg am Katschberg, 1153 m.

Ausgangspunkt: Über St. Peter und Gries ins Pöllatal bis zum Grillplatz/Parkplatz 1, 1299 m. Die Straße durch das Pöllatal ist tagsüber, wenn die E-Tschu-Tschu-Bahn fährt, für den allgemeinen Verkehr gesperrt. Mit der Bahn erreicht man den Startpunkt der Wanderung an der Kochlöffelhütte.

Verkehrsmittel: Kärnten Bus vom Bahnhof Spittal-Millstätter See nach Rennweg. Zu Fuß in 1 Std. zum Grillplatz/Parkplatz 1. Mit der E-Tschu-Tschu-Bahn vom Grillplatz/Parkplatz 1 bis zur Kochlöffelhütte/Hinteres Pöllatal. Infos und Fahrplan unter katschberg.at/de/e-tschu-tschu-bahn.html.

Gehzeit: 6.30 Std.

Höhenmeter: 930 m bergauf, 1030 m bergab.

Anforderungen: Einfache Bergwanderung durch eine bezaubernde Landschaft, die Almstraße zur Ochsenhütte dürfte für die meisten Kinder recht langweilig sein, auch wenn der Untere Lanischsee ideal für Kinder ist.

Einkehr: Schoberblickhütte, 1309 m; Kochlöffelhütte, 1400 m, kochloeffelhuette.at; Lanisch-Ochsenhütte, einfache Jausenstation während der Almzeit.

Karte: F&B WK 221.

Variante: Eine schöne, kurze Wanderung ist der Aufstieg über den Bacherlebnisweg, 1.30 Std. bis zur Kochlöffelhütte. Zurück zum Parkplatz auf der Pöllatalstraße, 0.45 Std., oder mit der E-Tschu-Tschu-Bahn.

Am Unteren Lanischsee.

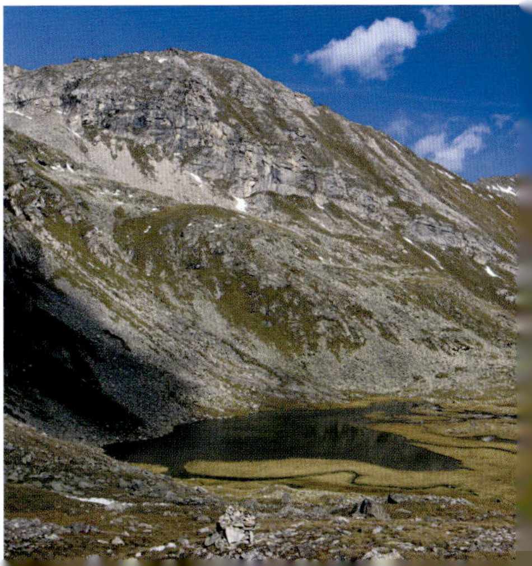

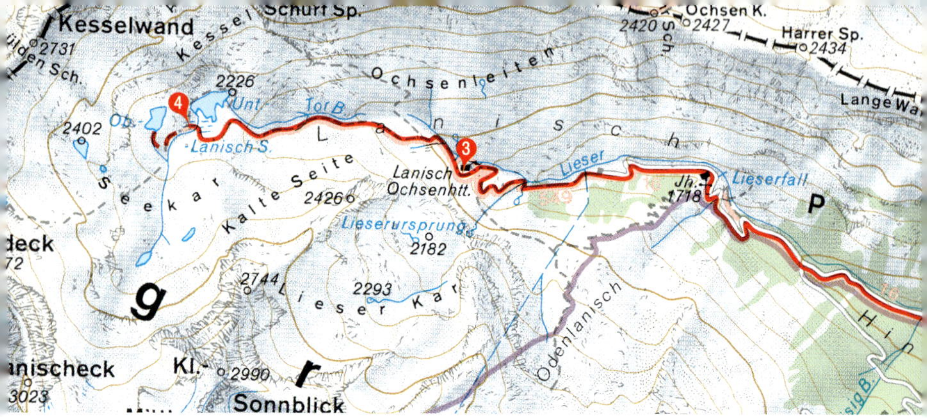

Allein die Fahrt durch die schönen, alten Dörfer Rennweg, St. Peter und Gries, ausgezeichnet wegen ihres opulenten Blumenschmucks, ist ein Erlebnis. Am **Grillplatz/Parkplatz 1 (1)** steigen wir um in die **E-Tschu-Tschu-Bahn** und lassen uns bis zur **Kochlöffelhütte/Hinteres Pöllatal (2)**, 1400 m, hochkutschieren; vom Spielplatz aus gehen wir auf gut markiertem Steig in wenigen Minuten hinunter zur Pöllatalstraße. Die schmale, geschotterte, auch für Radfahrer gesperrte Straße führt in angenehmer Steigung an der rauschenden Lieser entlang bis zur **Lanisch-Ochsenhütte (3)**, 1900 m; dort bewundern wir den tosenden Lieserfall, in dessen Gischt die Sonne einen Regenbogen zaubert. Unser weiterer Aufstieg folgt einem Wanderweg über felsdurchsetzte, blumenreiche Rasenhänge entlang der **Lieser**, die ihre Wasservorhänge über mehrere Felsstufen ausbreitet, bis zu ihrer **Quelle**, wenige Meter abseits des Weges.

Zu den Seen gilt es noch eine kurze Stufe zu überwinden, durch schönes Moorgelände (Vorsicht auf Löcher im Weg, der durch unterirdisch fließendes Wasser unterhöhlt ist!) erreichen wir den malerischen **Unteren Lanischsee (4)**, 2226 m. Am Seeufer lässt es sich herrlich rasten und einen ganzen Sommertag verträumen.

Die Lanisch-Ochsenhütte mit dem Lieserfall.

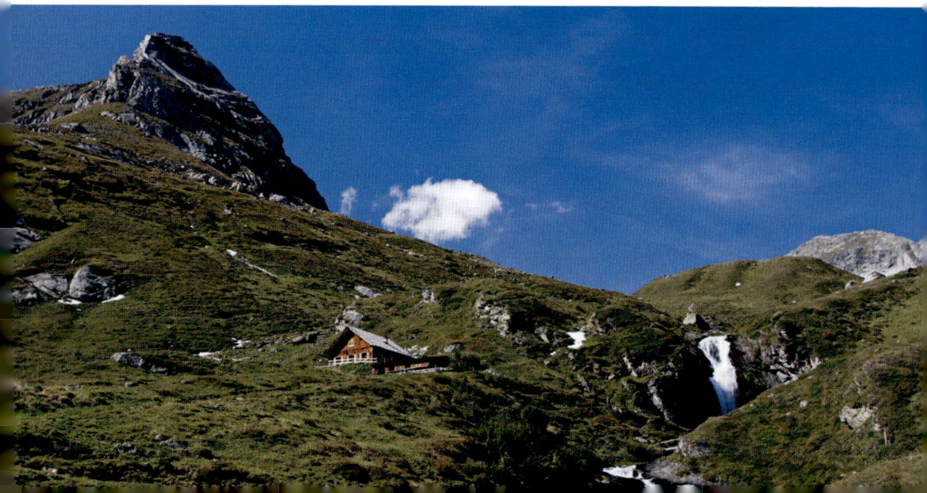

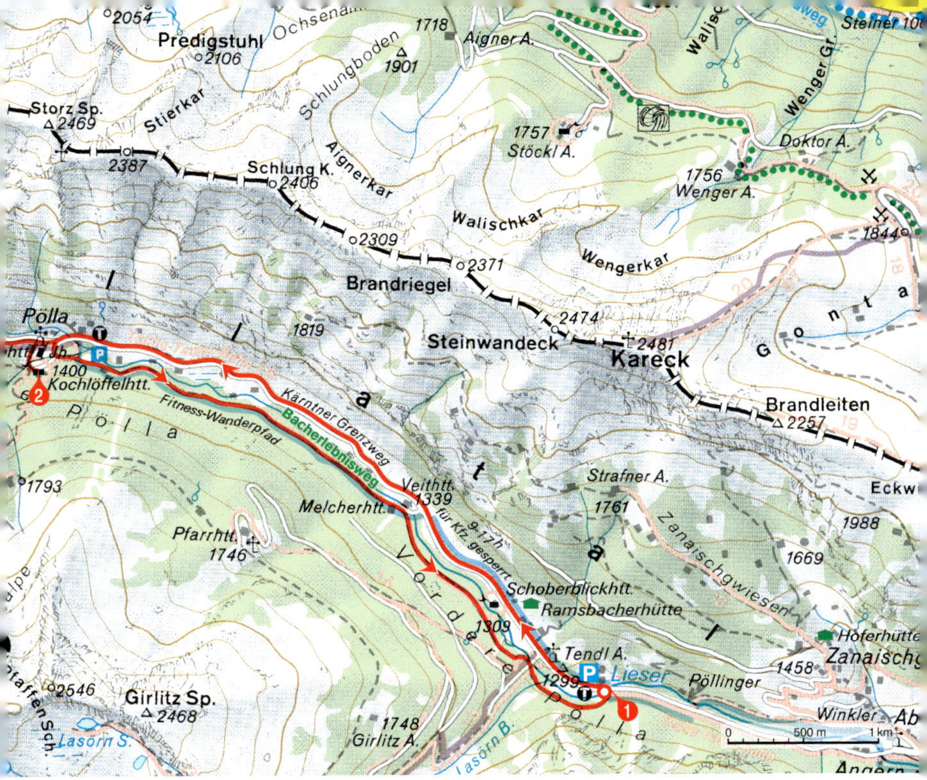

Zum nur 10 Min. höher gelegenen **Oberen Lanischsee** können wir am linken Seeufer entlanggehen, rechts eines Bachs aufwärts zu einer Hangterrasse steigen und dem Wegweiser Kattowitzer Hütte nach rechts bis zum dunklen, in eine Blockhalde eingebetteten See folgen. Im **Abstieg** kehren wir bis zur **Abzweigung Kochlöffelhütte** auf unserem Aufstiegsweg zurück, bleiben dann aber auf der Pöllatalstraße bis zur Straßenteilung und gehen dort rechts, auf der Fahrstrecke der E-Tschu-Tschu-Bahn, bis zur nächsten Weggabelung, wo der **Bacherlebnisweg** links abzweigt. Auf dem romantischen Weg wandern wir an der Lieser entlang flussabwärts. Unterwegs besteht die Möglichkeit, auf die andere Bachseite zur Straße zu wechseln, um in der **Schoberblickhütte** einzukehren oder in die E-Tschu-Tschu-Bahn zu steigen. Auf dem Bacherlebnisweg erreichen wir wieder den **Grillplatz/Parkplatz 1 (1)**.

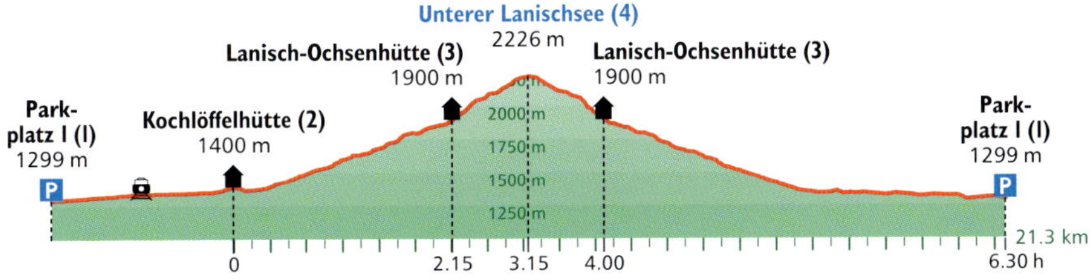

23 Stubeck, 2370 m

Von Gmünd über die Frido-Kordon-Hütte ★

Genusswandern zwischen Malta und Lieser

Eine einfache, aussichtsreiche Rundtour für Jung und Alt finden wir am südöstlichen Rand der Hohen Tauern, auf dem Hausberg von Gmünd. Dieses hübsche, mittelalterliche Städtchen am Zusammenfluss von Lieser und Malta, mit Burg, Stadtmauer, schönen alten Häusern und einem schmucken Hauptplatz, lädt zur Besichtigung ein – nach dieser kurzen Wanderung ein lohnender Abschluss. Vom Stubeck haben wir einen besonders schönen Blick zur Hochalmspitze und in die Reißeckgruppe, aber auch in die Niederen Tauern im Norden, nach Osten in die Nockberge und weit nach Süden bis in die Julischen Alpen. Unser Ausgangspunkt ist die Frido-Kordon-Hütte, benannt nach einem Apotheker aus Gmünd, der sich sehr um die Erschließung der Hochalmgruppe verdient gemacht hat. Seiner Initiative haben wir die Hütten im Maltatal zu verdanken, deren herrliche Standplätze er gefunden hat: Osnabrücker, Kattowitzer, Gießener und Gmünder Hütte.

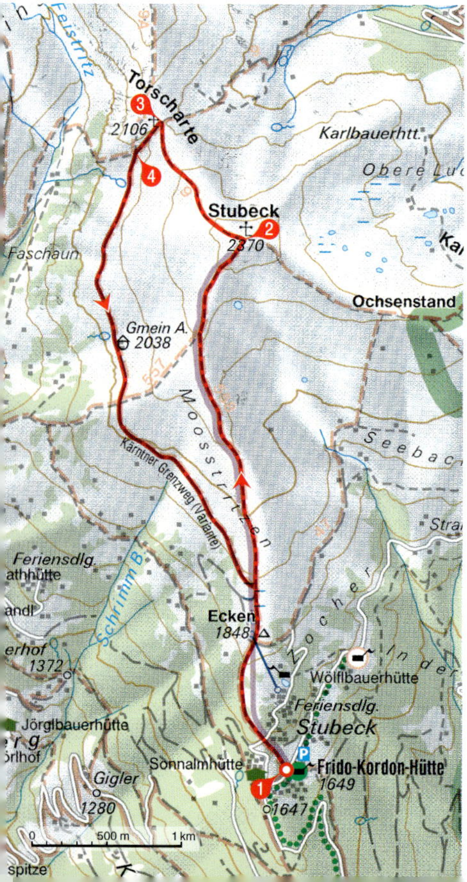

KURZINFO

Talort: Gmünd, 741 m.
Ausgangspunkt: Parkplatz an der Frido-Kordon-Hütte, 1649 m, auf der Sonnalm. Vom nördlichen Stadttor von Gmünd (Wegweiser Frido-Kordon-Hütte) über Kreuschlach zur Hütte (4 km Asphalt, 7 km gute Naturstraße).
Verkehrsmittel: Kärnten Bus von Spittal/Drau nach Gmünd, mit dem Hüttentaxi zur Frido-Kordon-Hütte, Infos unter sonnalm-gmuend.at.
Gehzeit: 4.00 Std.
Höhenmeter: 730 Hm.
Anforderungen: Einfache Bergwanderung über Wiesenhänge und auf Almwegen, der Abstieg vom Gipfel zur Torscharte ist etwas steil und steinig.
Einkehr: Frido-Kordon-Hütte, ÖAV, bew. Anfang Mai–Ende Oktober, Tel. +43 4733 528 oder +43 664 1567706, sonnalm-gmuend.at.
Karte: F&B WK 221.

Wir wenden uns am Parkplatz an der **Frido-Kordon-Hütte (1)** nach Norden, gehen durch ein Gatter, überqueren eine Sandstraße und

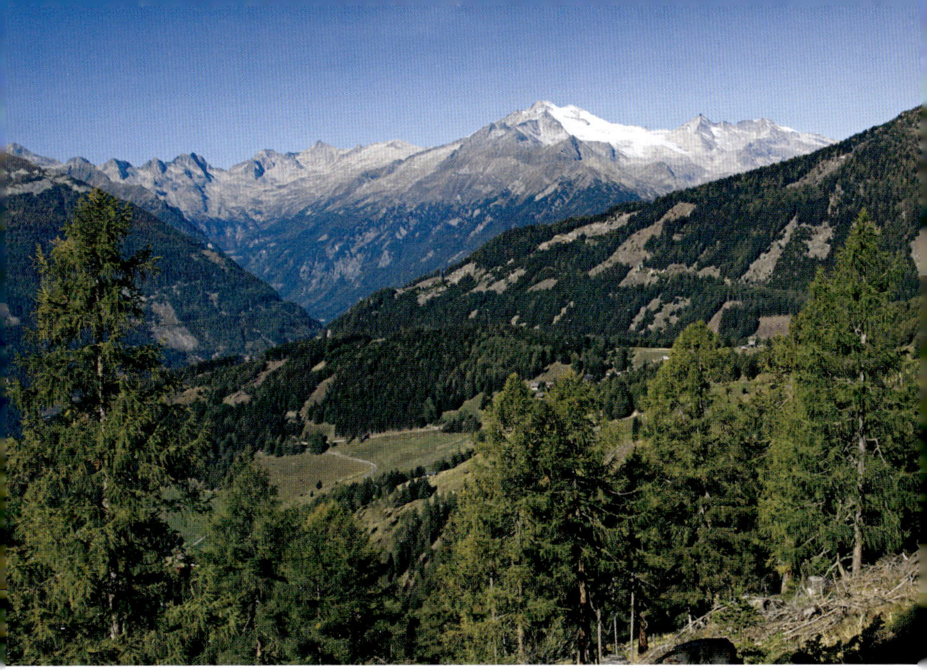

Die Hochalmspitze vom Stubeckanstieg.

wandern durch ein lichtes Lärchenwäldchen. Dieser romantische Wegabschnitt leitet über in die freie Almregion. Mit grandiosem Blick auf die Hochalmspitze steigen wir entlang eines Weidezaunes über den sanft geneigten Rücken hinauf zum kreuzgeschmückten Gipfel des **Stubecks (2)**.

Unser **Abstieg** in die **Torscharte** verläuft in nordwestlicher Richtung ebenfalls entlang eines Weidezauns und führt anfangs weglos über einen Grashang, dann steil auf geröligem Weg hinunter in die **Scharte (3)**, 2106 m; Abstiegsmöglichkeit nach Rennweg, Hier gehen wir links und gelangen nach knapp 10 Min. zu einer **dreifachen Wegteilung (4)**, 2060 m: Rechts geht es weiter zum Reitereck, geradeaus zum Maltaberg und zur Kramerhütte. Wir halten uns links und wandern nahezu eben auf einem breitem Weg durch die Westflanke des Stubecks zur **Gmeinalm**, 2038 m. Auf einer Almstraße wandern wir nun gemütlich hinunter zur Waldgrenze, wo wir bald darauf auf unseren Aufstiegsweg treffen. Auf diesem geht es zurück zur **Frido-Kordon-Hütte (1)**.

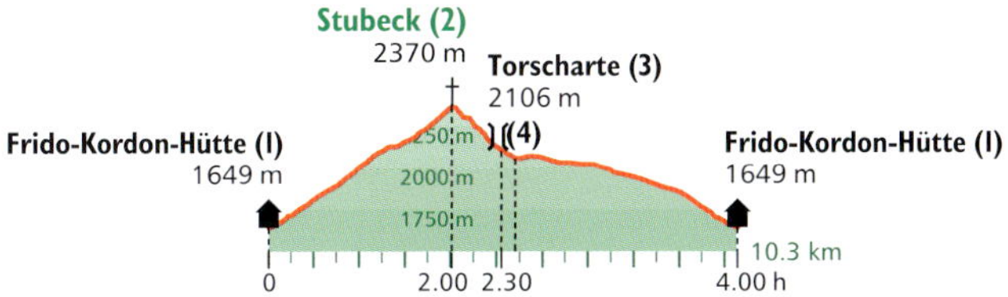

24 Millstätter Alpe, 2091 m

Von der Lammersdorfer Hütte übers Stana Mandl ★★

Auf den Granatenberg und zum Granattor

Hoch über dem Nordufer des Millstätter Sees erstreckt sich ein sanfter Gebirgsrücken: die Millstätter Alpe mit ihren Gipfeln. Im Osten senkt sie sich nach Radenthein hinab und dort, in der Schlucht des Kaningbaches, befindet sich Europas größtes Granatvorkommen. Seit Jahrtausenden fasziniert der dunkelrote Edelstein die Menschen, als »Karfunkel« und »Blutstropfen Christi« fand er Eingang in die Märchen- und Sagenwelt des Mittelalters. Auch als Talisman und Schmuckstein war der Granat seit alters her beliebt, denn man glaubte, er wehre Unheil ab. Der in Radenthein abgebaute Granat wurde in Böhmen geschliffen und kam als »Böhmischer Schmuckgranat« in den Handel. Auf der Millstätter Alpe, rund um den Lammersdorfer Berg, finden wir zahlreiche Granatsplitter am Weg liegen, und auf der Wanderung zum Kamplnock kommen wir am Granattor vorbei. Inspiriert von der kubischen Ausrichtung alter griechischer und römischer Bauwerke, gefüllt mit Tonnen von Granaten, ist es als Huldigung an den edlen Stein gedacht. Wir wählen als Ausgangspunkt unserer Wanderung die Lammersdorfer Hütte, von dort ist der Weg zu den Granaten am kürzesten. Auf unserer Wanderung über den aussichtsreichen Höhenrücken genießen wir einen fantastischen Tiefblick auf den Millstätter See.

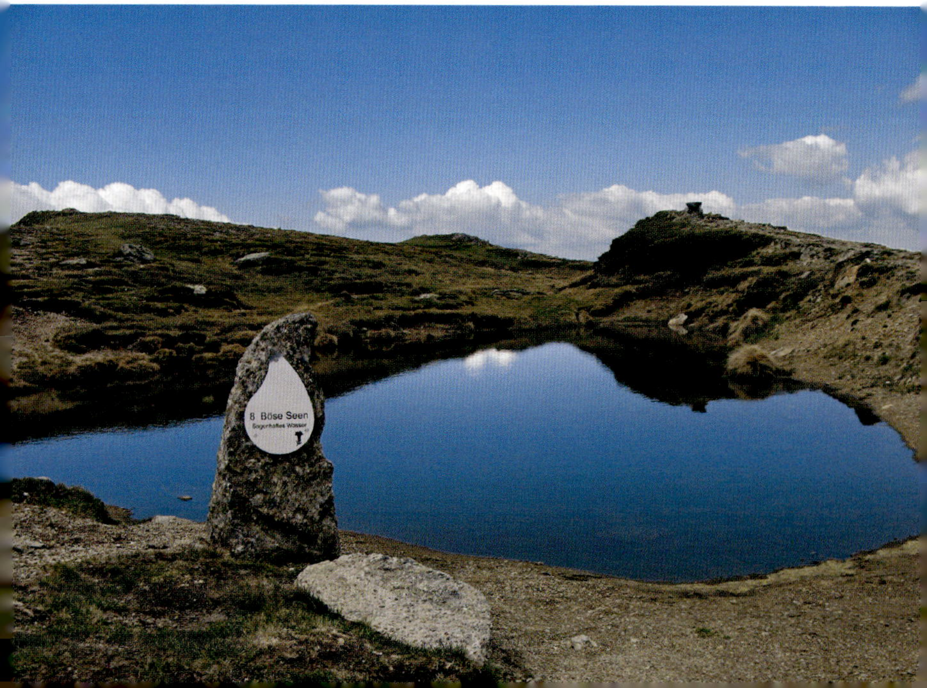

Der »Böse See« beim Stana Mandl.

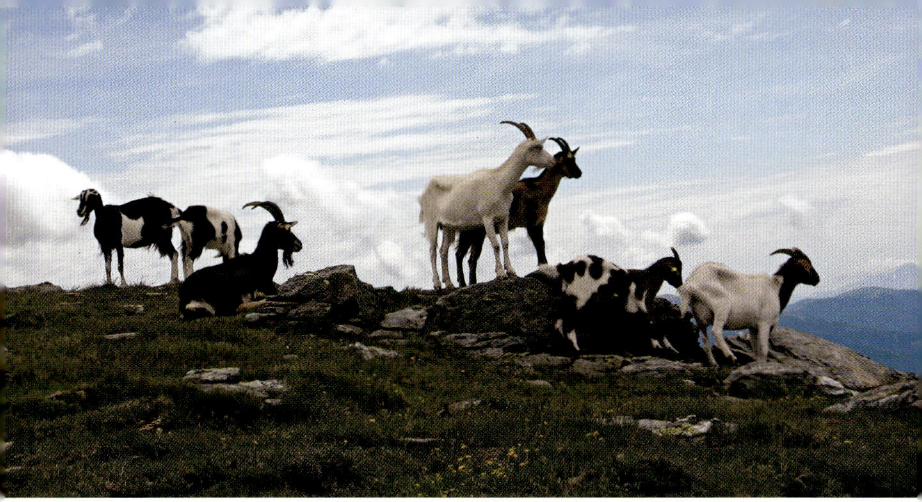

Ziegenherde am Tschierweger Nock (Variante).

KURZINFO

Talort: Dellach am Millstätter See, 600 m.
Ausgangspunkt: Von Dellach auf guter Bergstraße (mautpflichtig) zur Lammersdorfer Hütte, 1644 m, großer Parkplatz.
Verkehrsmittel: Postbus vom Bahnhof Spittal-Millstätter See über Millstatt nach Dellach, dann mit dem Nockmobil zur Hütte, Infos unter nockmobil.at.
Gehzeit: 5.15 Std.
Höhenmeter: 770 Hm.
Anforderungen: Einfache, gemütliche Bergwanderung mit großartigen Aus- und Tiefblicken.
Einkehr: Lammersdorfer Hütte (Sennerei mit Käseverkauf), Tel. +43 664 1608123, lammersdorferhuette.at; Millstätter Hütte, 1876 m, ÖAV, bew. Anfang Mai–Anfang November, Tel. +43 664 73633439, millstaetterhuette.at.
Karte: F&B WK 221.
Variante: Vom Millstätter Törl folgen wir dem kurzzeitig steilen Kamm hinauf zum Hochpalfennock, 2099 m, und wandern am Höhenrücken entlang zum Tschiernock, 2088 m (1 Std.). Im Rückweg umgehen wir den Hochpalfennock südseitig und gelangen so direkt zum Tschierweger Nock, 2010 m. Mit herrlichem Blick auf den Millstätter See steigen wir zur bewirtschafteten Sennerei Alexanderhütte, 1786 m, ab und wandern auf bequemer Almstraße über die Millstätter Hütte zum Millstätter Törl (gesamt 3 Std.).

Von der **Lammersdorfer Hütte (1)** wandern wir auf breitem Almweg bergauf, bis uns die Markierungen auf den alten Wanderweg weisen. Sehr schön steigen wir zwischen Alpenrosenfeldern, an einzelnen windzerzausten Lärchen und Zirben vorbei, hinauf zu einem **Alm-**

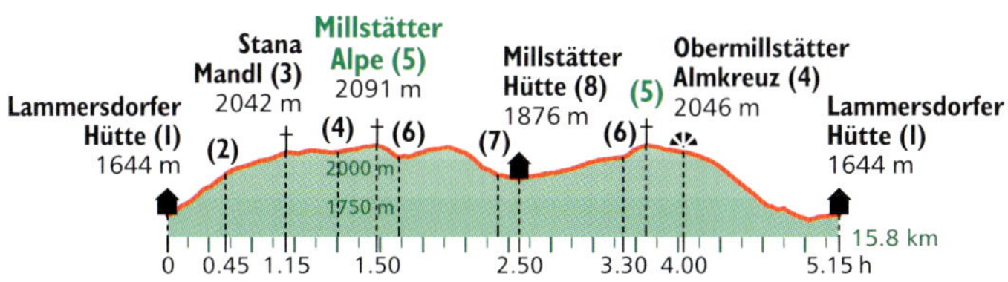

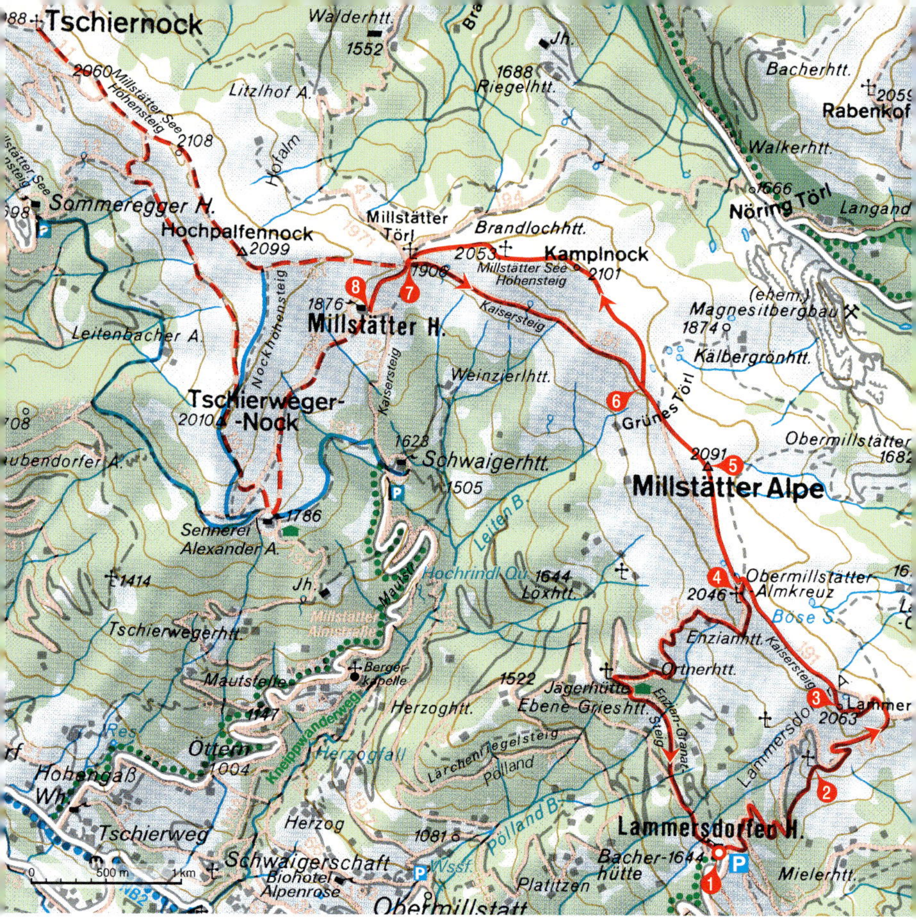

kreuz (2), 1905 m, wo wir einen der schönsten Tiefblicke zum Millstätter See haben. Kurz darauf mündet unser Steig wieder in den Almweg, auf dem wir bequem hinauf zum **Stana Mandl (3)**, 2063 m, einem riesigen Steinmann am Lammersdorfer Berg, gelangen. Vorbei am »Bösen See« wandern wir zum nahen **Granattor** und weiter zum **Obermillstätter Almkreuz (4)**, 2046 m, einem schönen Rastplatz mit bestem Seeblick. Über die sanfte Gipfelkuppe der **Millstätter Alpe (5)** wandern wir weiter ins **Grüne Törl (6)**, 2015 m. Von dort führt der breite Kaisersteig (unser Abstiegsweg) direkt zum Millstätter Törl, wir folgen jedoch den Steigspuren auf den felsigen **Kamplnock**, 2101 m, und steigen von dort auf ruppigem Weg ab ins **Millstätter Törl (7)**, 1900 m; von dort können wir unsere Kammwanderung weiterführen bis zum Tschiernock (s. Variante). Nun geht es hinunter zur Einkehr in der bereits sichtbaren **Millstätter Hütte (8)**, 1876 m. Auf dem Kaisersteig kehren wir über das **Millstätter Törl (7)** und das **Grüne Törl (6)** zurück zum **Obermillstätter Almkreuz (4)**; von dort führt uns der gut beschilderte Enzian-Granat-Steig zurück zur **Lammersdorfer Hütte (1)**.

Mirnock, 2110 m

Von den Mirnockbauern über die Südwestseite ★

Auf den Kraftberg Kärntens

Zwei geomantische Linien verlaufen durch Kärnten und kreuzen sich am Gipfel des Mirnocks: Die sogenannte Klosterlinie zwischen Großglockner und Hochobir und die sogenannte Kultlinie zwischen Monte Santo di Lussari (Friaul) und Schloss Rosenau (Zwettl). Schon die Kelten sollen um die Kräfte des Berges gewusst haben und man vermutet am Mirnock eine keltische Kultstätte. Die bäuerliche Besiedelung des Mirnocks datiert um 1600. Die Bauern waren Selbstversorger, viele hatten ihre eigene Mühle, manche sogar ein eigenes Sägewerk, auch heute noch haben die Mirnockbauern eigene Brennrechte. Keine Dörfer, vielmehr einzelne, schöne Bauernhöfe verteilen sich über die Südwestflanke des Mirnocks, seit 1999 haben sich die Betriebe zu den »Mirnockbauern« zusammengeschlossen, einem gemeinsamen Tourismuskonzept. Auf rund 1050 m liegt der ehemalige Gasthof Klammer, die Heimat eines der erfolgreichsten Skifahrers Österreichs. Ob wohl Franz Klammer seine Siegesserie auch den besonderen Energien des Mirnocks zu verdanken hat?

Über Almwiesen zum Mirnockgipfel.

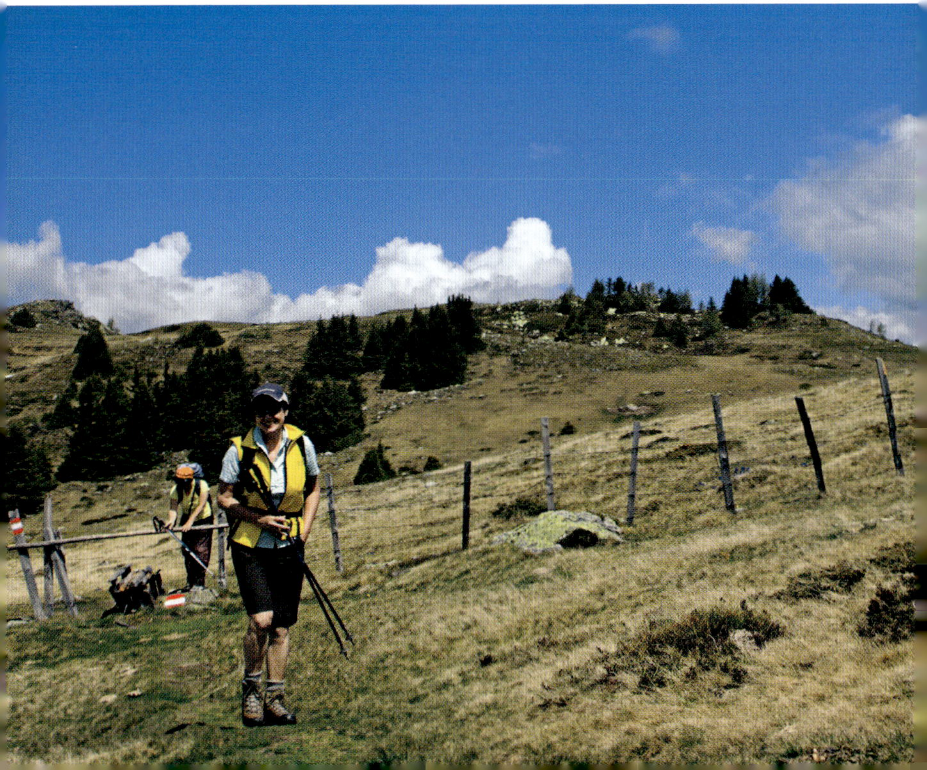

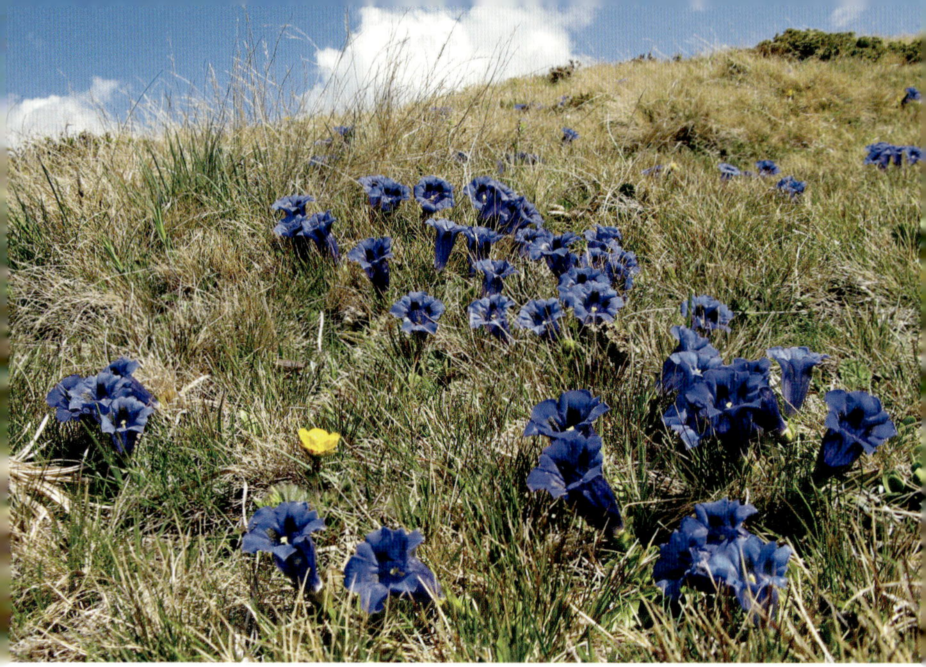

Enzianblüte am Mirnock.

KURZINFO

Talort: Fresach, 714 m.
Ausgangspunkt: Von Fresach auf geteerter Bergstraße am Spieler vorbei zu Renates Einkehr, Parkplatz, 1222 m.
Anforderungen: Leichte Bergwanderung mit fantastischer Aussicht, im Abstieg vom Gipfel zur Neugartenhütte nur dürftig markiert mit alten, verwaschenen Markierungen.
Gehzeit: 4.30 Std.
Höhenmeter: 900 Hm.
Einkehr: Keine Einkehrmöglichkeit.
Karte: F&B WK 221.
Hinweis: Infos zu den Mirnockbauern auf mirnockbauern.at.

Am Parkplatz bei **Renates Einkehr (1)** fesselt uns zunächst die grandiose Aussicht über den Millstätter See bis zum Großglockner, bevor wir zu unserem Wanderweg gehen, der hinter dem Gebäude rechts abzweigt. Über eine Wiese steigen wir zum Waldrand hoch und auf steilem Waldsteig, mehrmals eine Forststraße kreuzend, bergauf, bis wir nach

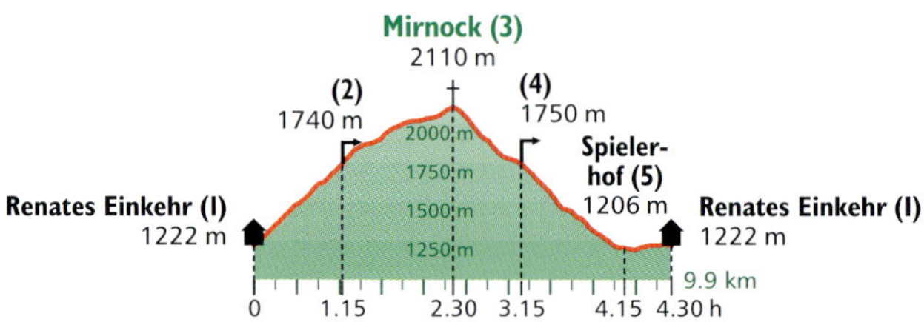

etwa 1 Std. einen freien Rücken erreichen. Nun können wir wieder den herrlichen Tiefblick zum See genießen! Im Weiterweg mündet von links der **Weg vom Gh. Bergfried (2)**, 1740 m. Über freie Wiesenhänge, auf denen vor Beginn der Almsaison Tausende Enzianblüten ihre blauen Kelche öffnen, wandern wir bis unter das Bodeneck und entlang des breiten, bequemen Westrückens sehr aussichtsreich zum Gipfel des **Mirnocks (3)**.

Im **Abstieg** zweigen wir wenige Meter unterhalb des Gipfels von unserem Aufstiegsweg links ab und folgen Steigspuren und einzelnen Markierungen durch ein schwach ausgeprägtes Tälchen in südwestlicher Richtung bergab. Die Almwiesen gehen in ein Lärchenwäldchen über, unser Weg wendet sich nun links (auf Markierungen achten!) und mündet schließlich in eine Forststraße, die wir jedoch schon bald Richtung **Spieler** verlassen können **(4)**, 1750 m. Wir erreichen die malerisch gelegene **Neugartenhütte**, 1627 m, von dort folgen wir

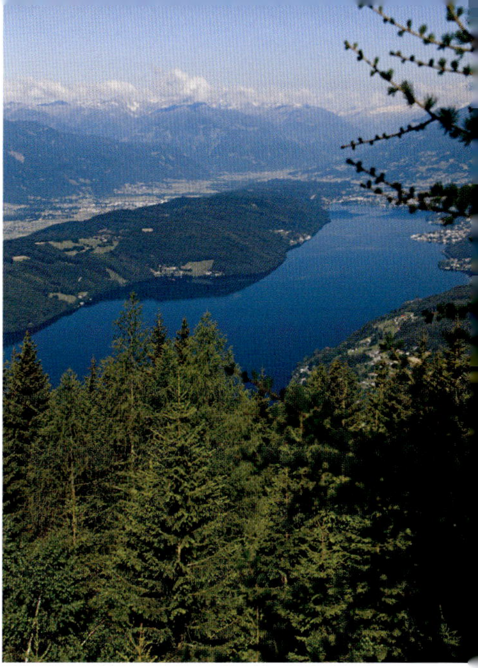

Tiefblick zum Millstätter See.

der Almstraße – einzelne Kehren abkürzend – bergab zum **Spieler (5)**, 1206 m, wo wir auf die Straße treffen. Auf ihr in 15 Min. zurück zu **Renates Einkehr (1)**.

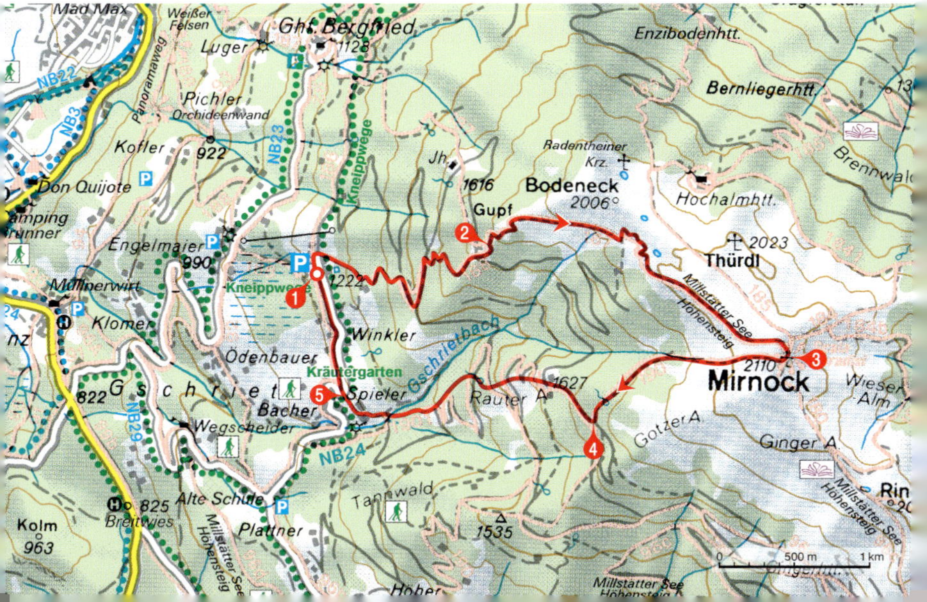

26 Arriacher Hofwanderweg, 1370 m

Rundweg durch die Gemeinde Arriach ★★

Alte Bauernhöfe und der Mittelpunkt Kärntens

Arriach liegt wunderschön auf einer südseitigen Hangterrasse am Wöllaner Nock und in der Mitte Kärntens. Die kleine Gemeinde besteht aus dem Dorfzentrum, das sich um die Kirche gruppiert, und einer Vielzahl großer, alter Bauernhöfe, die sich über das gesamte Gemeindegebiet verteilen. Den Besucher erwartet eine intakte und historisch gewachsene bäuerliche Kulturlandschaft, wie man sie in dieser Harmonie nur mehr selten findet, denn Baustil und Hofanlagen der Arriacher Höfe blieben weitgehend erhalten. Ein gut ausgeschilderter, bequemer Rundwanderweg mit liebevoll gestalteten Rastplätzen, vielen Informationstafeln und weiten Ausblicken in die Julischen Alpen führt uns von Hof zu Hof. Gegen Ende des Weges erwartet uns eine gemütliche Jausenstation, die mit ihrer prachtvollen Aussicht unserer Wanderung das Sahnehäubchen aufsetzt.

KURZINFO

Talort: Villach, 501 m.
Ausgangspunkt: Von Villach Richtung Radenthein bis in die Klamm nach der Inneren Einöde; hier rechts nach Arriach abzweigen. Großer Parkplatz am Ortseingang, 875 m.
Verkehrsmittel: Werktags Postbus von Villach Hauptbahnhof nach Arriach.
Gehzeit: 4.45 Std.
Höhenmeter: 700 Hm.
Anforderungen: Einfache, wenig anstrengende Wanderung auf guten Wegen.
Einkehr: Pension & Jausenstation Lanerhof, 1140 m, Übernachtungsmöglichkeit, Tel. +43 4247 8551, pensionreiner-lanerhof.at.
Karte: F&B WK 221.
Variante: Von der Jausenstation Lanerhof kann man nach Wöllan weiterwandern (Beschilderung Hofwanderweg), der Weg mündet kurz vor dem Gallerhof wieder in die Hauptroute.

Weg zum Mittelpunkt Kärntens.

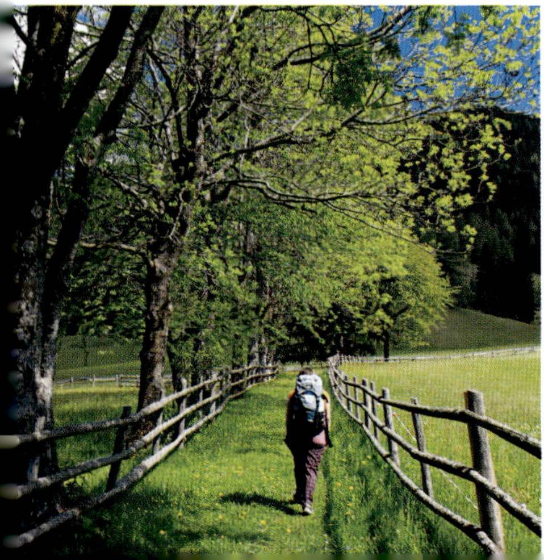

Vom Parkplatz in **Arriach (1)** gehen wir zur Kirche und auf der geteerten Straße weiter in nördlicher Richtung, bis wir links in einen Wanderweg einbiegen können. Der Beschilderung »Hofwanderweg« folgend gelangen wir durch Wald und über Wiesen zum Ortnerhof mit schönem Blick in die Julischen Alpen und wandern weiter von Hof zu Hof, bis rechts ein Wiesenweg zum Mittelpunkt Kärntens abzweigt **(2)**, 1115 m. Wir folgen ihm bergauf zu einem herrlich gelegenen **Rastplatz**. Auf unserem Weiterweg gehen wir an einem Holzschuppen vorbei und

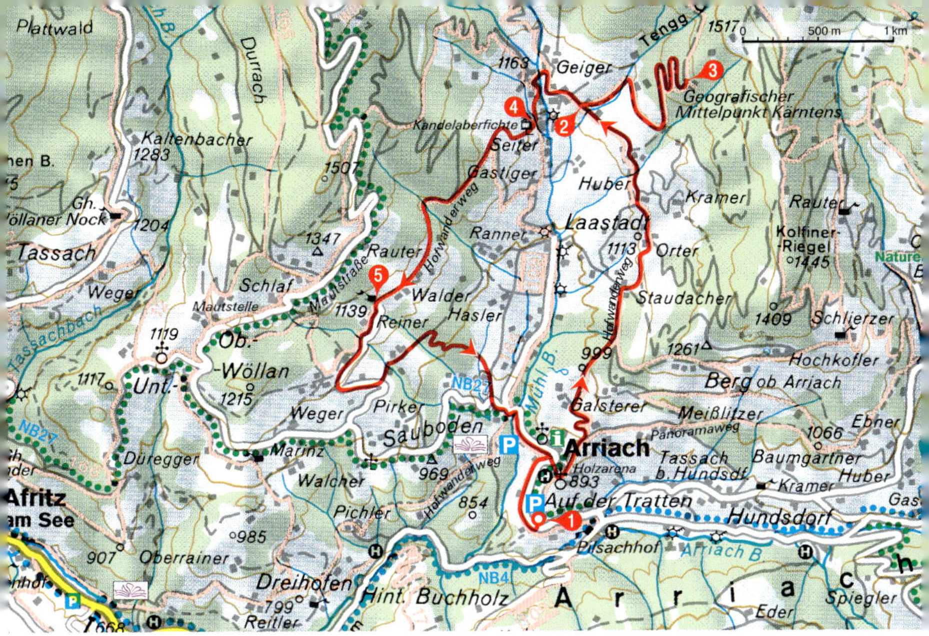

durch den Wald bis zu einer Forststraße, auf der wir zum **Mittelpunkt Kärntens (3)**, 1335 m, aufsteigen. Auf demselben Weg kehren wir zurück zum Hofwanderweg und gehen rechts zum **Tengghof**. Nach einer Schleife über den Geiger- und den Seiterhof wendet sich der Weg nach Süden und wir kommen zur mächtigen, knorrigen **Kandelaberfichte (4)**, 1085 m: Statt nach unten wachsen einige Zweige nach oben und bilden eigene Wipfel, wie bei einem alten Kerzenleuchter. Der uralte Baum hat einen Stammumfang von 8 m und eine Höhe von 30 m. Im Schatten dieses beeindruckenden Naturdenkmals lässt es sich herrlich rasten und eine kleine Kneippanlage erfrischt müde Füße. Von der Fichte gehen wir bergauf zum **Moserhof**, wo sich ein kleines Bauernmuseum mit vielen alten Gerätschaften befindet (Besichtigung auf Anfrage, Tel. +43 4247 8707). Dann wandern wir durch schattigen Wald zur **Jausenstation Lanerhof (5)**, 1140 m, wo es zur Jaus'n aus hofeigenen Produkten einen herrlichen Blick in die Karawanken gibt.

Der **Abstieg** nach Arriach führt uns kurz darauf am Lacknerstadl vorbei, der Teil einer ehemaligen Ringhofanlage war. Kurz nach dem **Gallerhof** führt der Weg über einen relativ steilen Waldweg wieder hinunter nach **Arriach (1)**, wo sich die Runde schließt.

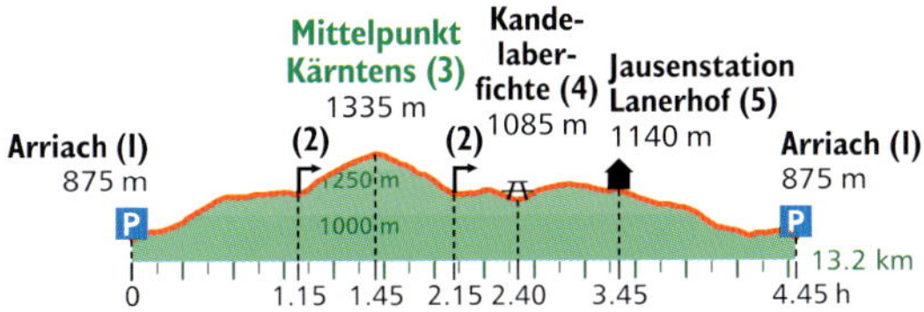

27 Großer Rosennock, 2440 m

Vom Erlacherhaus bis zum Predigerstuhl ★★

Der höchste Nock in Kärnten und sein verkalktes Anhängsel

Nur um einen Meter überragt der steirische Eisenhut den Großen Rosennock und reklamiert dadurch für sich das Prädikat als höchster Nockberg. Dafür hat unser Berg neben einem klangvollen Namen einen ganz besonderen Nachbarn: den Predigerstuhl mit der Zunderwand, ein Kalkstreifen, der mit steilen Felswänden zum Erlacherhaus abbricht; in den runden Nockbergen mit ihrem sanften Mittelgebirgscharakter eine geologische Besonderheit! Damit lockt der Rosennock nicht nur Wanderer an, die beim Bummeln über blumenreiche Almwiesen die herrliche Aussicht genießen wollen, sondern auch zahlreiche Hobbybotaniker, die sich an der Vielfalt der Silikat- und Kalkpflanzen auf kleinstem Raum erfreuen. Dazwischen liegt, geheimnisvoll schimmernd, der Naßbodensee, ein Kleinod, das zum Rasten geradezu herausfordert.

KURZINFO

Talort: Radenthein, 746 m.
Ausgangspunkt: Von Radenthein über Kaning auf guter Bergstraße Bergstraße (Mautschranken, Maut kann nur in Münzen bezahlt werden!) zum Erlacherhaus, 1636 m, mit großem Parkplatz.
Verkehrsmittel: Im Sommer fährt das Nockmobil zum Erlacherhaus, Infos unter nockmobil.at.
Gehzeit: 5.30 Std.
Höhenmeter: 950 Hm.
Anforderungen: Überwiegend leichte Bergwanderung (»blau«), nur im Übergang vom Naßbodensee zum Predigerstuhl Blockgelände und ausgesetzte Passagen, die Trittsicherheit erfordern.
Einkehr: Erlacherhaus, 1636 m, Tel. +43 676 4210545, erlacherhaus.at; Erlacher Bockhütte, 1930 m, Tel. +43 699 10237547, langalmtal.at/huetten.html.
Karte: F&B WK 221.

Zunderwand und Predigerstuhl.

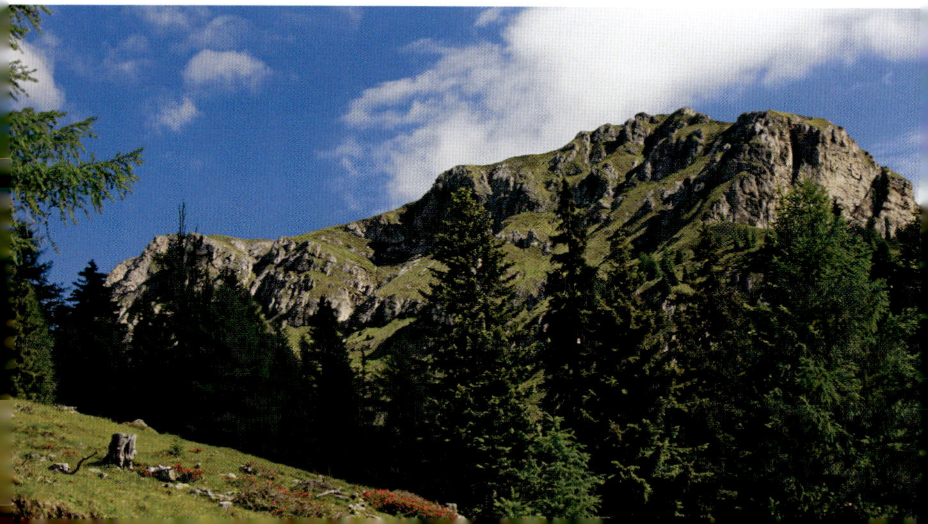

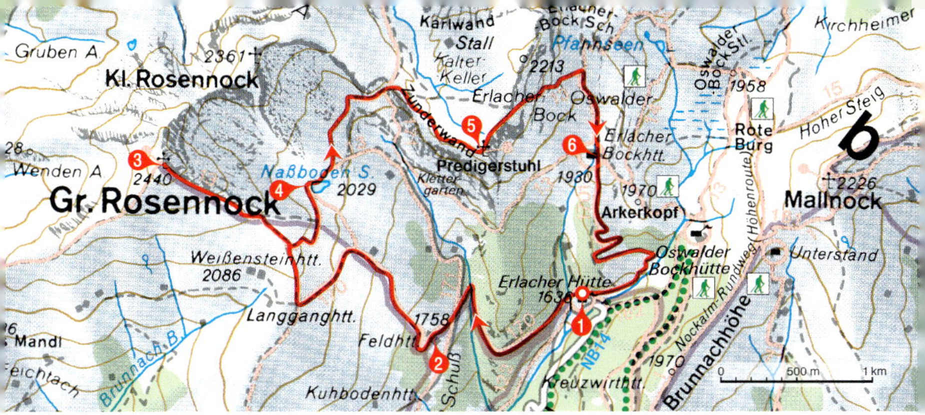

Vom **Erlacherhaus (1)** wandern wir auf der mit 170 markierten Forststraße bis zur kleinen **Feldhütte (2)**, 1758 m. Der nun folgende Wegabschnitt führt wunderschön durch üppige Alpenrosensträucher, vorbei an wettergegerbten Lärchen und Zirben, hinauf zu den Matten im Gipfelbereich. Im Frühsommer finden wir die Blüten des Speiks, Alpenglockenblume, Klebrige Primel und Zwergprimel, und mit weiten rosa Teppichen die Gämsheide. Nur wenig steil bummeln wir zuletzt über einen breiten Rücken zum Gipfel des **Großen Rosennocks (3)** – an klaren Tagen sehen wir von der Hochalmspitze in den Tauern bis zum Montasch in den Julischen Alpen. Im **Abstieg** folgen wir zunächst dem breiten Rücken wieder hinunter bis zu einer Wegteilung, hier wenden wir uns nach links und gelangen bald darauf zum herrlich gelegenen **Naßbodensee (4)**, 2029 m, von dem zwei leichte Abstiegswege zurück zum Erlacherhaus führen. Im Weiterweg erwartet uns ein völlig anderes Landschaftsbild: Durch ein von Latschen und Alpenrosensträuchern überwuchertes Felssturzgelände lotsen uns die Markierungen von Fels zu Fels, ein kurzer Aufstieg, eine ausgesetzte Querung und wir stehen im **Sattel vor der Zunderwand**. Von einem Schritt auf den anderen wechselt das Silikatgestein zu Kalk, um uns blüht gelber Wundklee, weiße Silberwurz und blauer Frühlingsenzian – welch ein Kontrast! Nun bummeln wir gemütlich auf dem bunt blühenden, sanft geneigten Dach der Zunderwand weiter zum kreuzgeschmückten Gipfel des **Predigerstuhl (5)**, 2160 m.

Um zur **Erlacher Bockhütte** zu gelangen, wandern wir kurz nach Norden zu einem sanften Sattel und steigen dann nach rechts über steile Wiesenhänge ab zur kleinen Hütte **(6)**, 1930 m. Von dort führt eine Almstraße in vielen Windungen zurück zu unserem Ausgangspunkt am **Erlacherhaus (1)**.

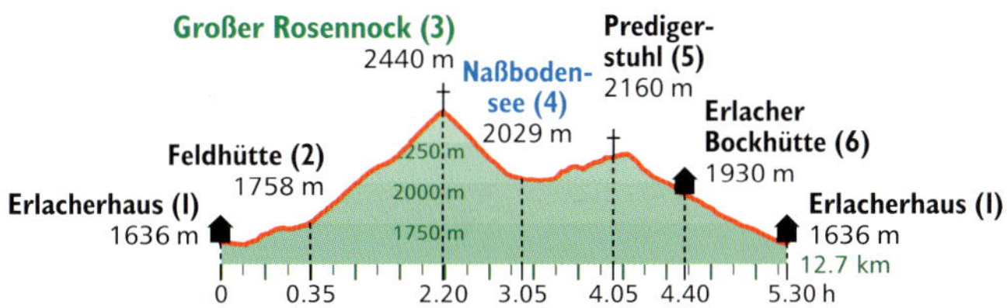

28 Königstuhl, 2336 m

Von der Nockalmstraße über den Friesenhalssee ★★★

Schöne Rundtour vom historischen Karlbad

In den siebziger Jahren war im Gebiet des heutigen Biosphärenparks Nockberge ein Skigebiet geplant. Mit dem Bau der dazu erforderlichen Nockalmstraße, die das Liesertal mit dem Gurktal verbindet, wurde 1979 begonnen. Rechts und links der Straße sollten 18 Liftanlagen und zwei Hoteldörfer entstehen, was den Investoren viel Geld eingebracht hätte, in der Bevölkerung jedoch auf wenig Gegenliebe stieß. Eine Bürgerinitiative setzte eine Volksabstimmung durch – mit deutlichem Ergebnis: 94 % entschieden sich gegen die Erschließungspläne. Wenig später wurde das umstrittene Gebiet von der Kärntner Landesregierung zum Nationalpark Nockberge erklärt, was wenigstens Fördermittel gebracht hätte. Bisher hat der Weltnaturschutzbund IUCN die Region jedoch nicht als »Nationalpark« (IUCN-Kategorie II, förderungswürdig) anerkannt, sondern als »Geschützte Landschaft« (Kategorie V, keine Fördergelder) eingestuft. Seit 2004 bemühte sich die Kärntner Landesregierung um die Einstufung des Nationalparks als Biosphärenpark, was schließlich zum Erfolg führte: 2012 wurde das Gebiet, zusammen mit dem Salzburger Lungau, von der UNESCO als »Biosphärenpark Salzburger Lungau und Kärntner Nockberge« ausgezeichnet.
Unsere Rundtour über den Königstuhl führt auch durch die Kern- oder Naturzone des Biosphärenparks Nockberge, wo keine größeren Eingriffe vorgenommen werden dürfen, um die Landschaft in ihrer Ursprünglichkeit zu bewahren. Wir wandern durch eine liebliche Landschaft mit bunten Almwiesen, begegnen vielen Kühen und ihren Spuren bis in die Gipfelregion. Unser Ausgangspunkt, das historische Karlbad, ist ein Heilbad, das auf eine über 300-jährige Tradition zurückblicken kann. Vormittags ist Badebetrieb, nachmittags kann das Bad nach Vereinbarung besichtigt werden. Das schöne alte Wirtshaus dagegen verlockt ohne Einschränkung zur gemütlichen Einkehr.

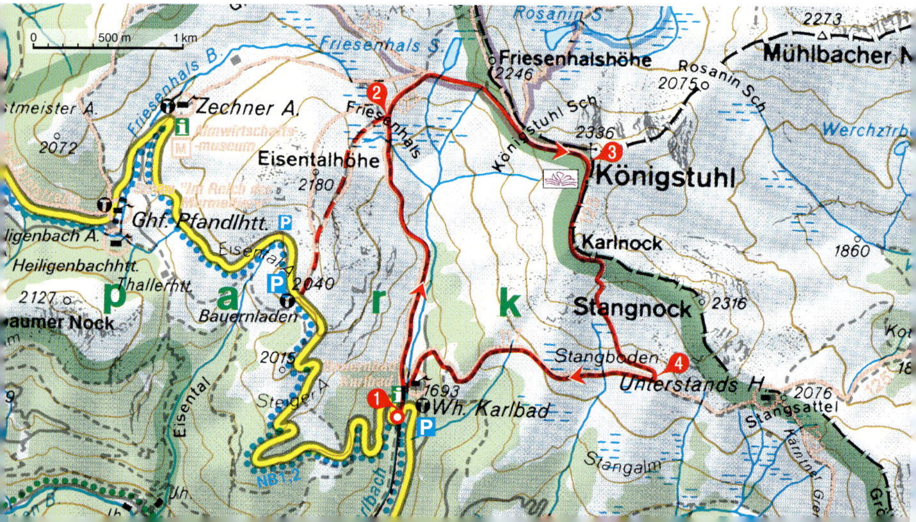

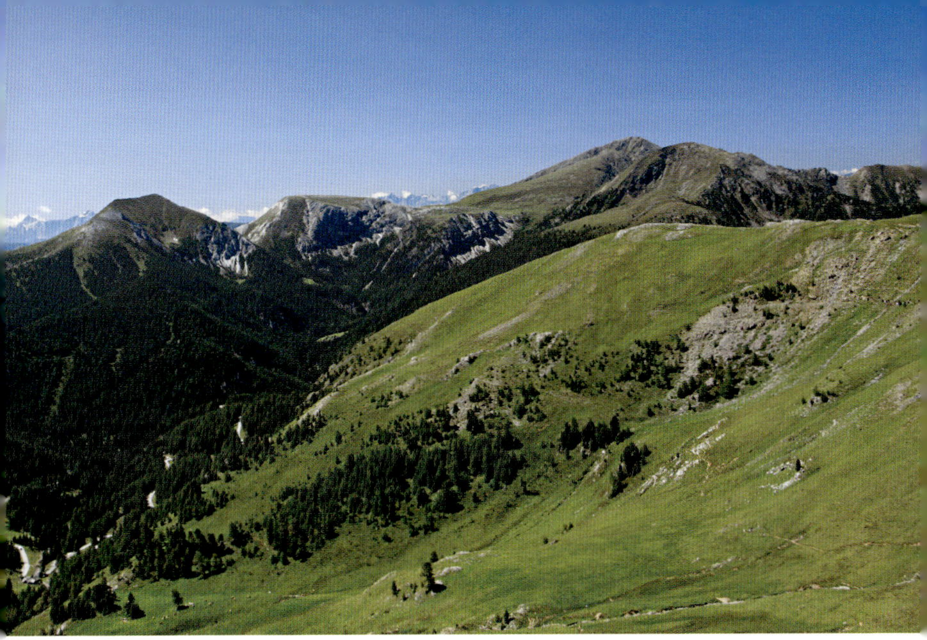

Am Stangboden mit Blick zum Rosennock.

KURZINFO

Talort: Ebene Reichenau, 1095 m, am Südportal der Nockalmstraße.
Ausgangspunkt: Karlbad, 1693 m, an der Nockalmstraße; begrenzte Parkmöglichkeit.
Verkehrsmittel: Sommerbus Nockberge, Infos unter kaernten-bus.at und kaerntner-linien.at.
Gehzeit: 3.30 Std.
Höhenmeter: 650 Hm.
Anforderungen: Schöne, leichte und wenig anstrengende Bergwanderung auf teils breiten Wegen, die jedoch aufgrund von Trittspuren schwerer Rinder und daraus resultierender Erosionsschäden teilweise mit etwas Vorsicht zu begehen sind.
Einkehr: Wirtshaus Karlbad, während des Kurbetriebs am Vormittag geschlossen, Tel. +43 664 2812495.
Karte: F&B WK 221.
Variante: Vom Parkplatz Eisentalalm, 2049 m, der Nockalmstraße führt ein Panoramaweg zum Friesenhalssee, wo er in den unten beschriebenen Anstieg zum Königstuhl mündet. Auf dieser sehr beliebten Route hat man nur 300 Hm zu bewältigen, dafür muss man auf demselben Weg zurückgehen; Gesamtgehzeit 2.30 Std.

Prachtvolle Alpenrosenstauden.

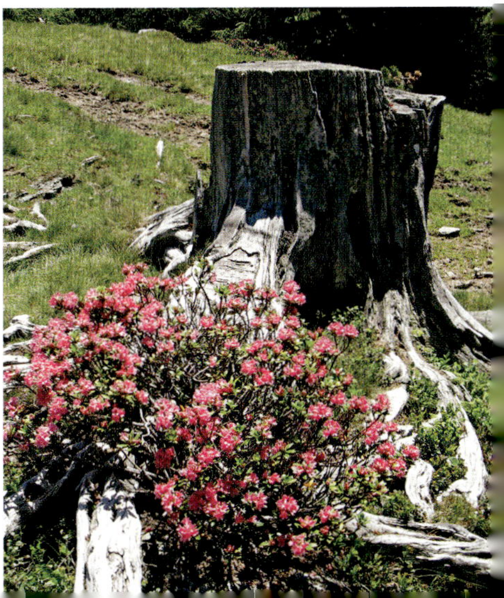

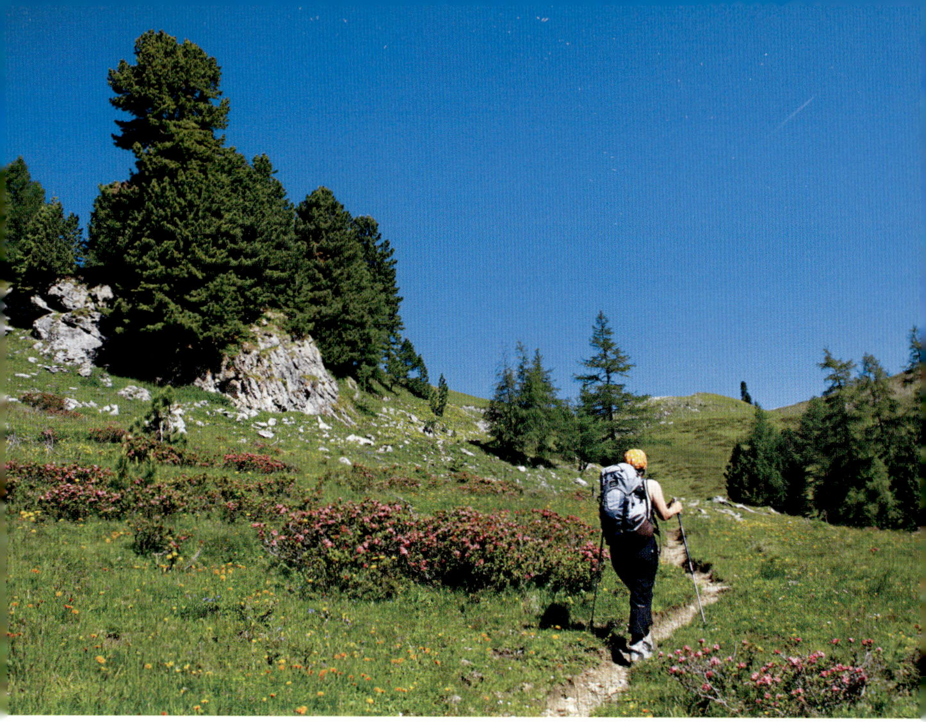

Im Aufstieg zum Friesenhals.

Vom **Parkplatz (1)** gehen wir am **Karlbad** vorbei und unmittelbar danach links über die Brücke auf die gegenüberliegende Bachseite. Nun wandern wir am Bach entlang aufwärts, anfangs durch lichten Lärchenwald, dann über bunte Almwiesen, an blühenden Alpenrosen und wettergegerbten Zirben vorbei, bis zum weiten Sattel des **Friesenhalses (2)**, 2075 m; hier mündet von Westen der Weg vom Parkplatz Eisentalalm ein. Nur wenige Meter abseits des Weges liegt der **Friesenhalssee**, 2150 m, ein hübscher Rastplatz mit schönem Blick zur Hochalmspitze.

Weiter führt uns der breite Weg an der Friesenhalshöhe entlang in die **Königstuhlscharte** und von dort in steilen Serpentinen auf den Gipfel des **Königstuhls (3)**. Weit ist die Aussicht über die sanft gerundeten Nocken bis zu den Gletscherbergen der Hohen Tauern. Im **Abstieg** wandern wir über den breiten Gipfelrücken nach Süden bis zum **Karlnock**, wenden uns dort nach links und steigen über den Grat steil bergab in eine Scharte. Von dort wandern wir nach Süden hinunter in den lieblichen **Stangboden (4)**, 2080 m, und weiter in westlicher Richtung durch ein lichtes Lärchenwäldchen und blühende Alpenrosen hinunter zum **Karlbad (1)**.

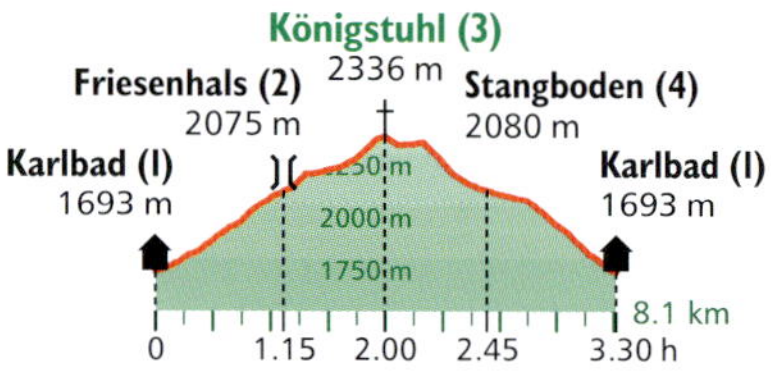

Großer Speikkofel, 2270 m, Bretthöhe, 2320 m

Von St. Lorenzen über den Südrücken ★

Die zwei Gesichter der Nockberge
Der Große Speikkofel ist ein typischer Nock: ein sanft gerundeter Grasgipfel mit weiten Weideflächen über einem Waldgürtel. Klingt nach gemütlicher Wanderung, aber nicht sehr aufregend. An den Speikkofel schließt sich allerdings ein schöner Rücken an, der sich zum Grat zusammenschnürt und recht spannend, dabei überraschend einfach zur Bretthöhe hinaufführt, wo die Nocken ihre felsigen Zähne zeigen. Seinen Namen hat der Speikkofel vom stark duftenden Echten Speik, der in den Nockbergen verbreitet ist. Unsere beiden Gipfel liegen im Naturschutzgebiet Gurkursprung und von unseren Gipfeln können wir gut in das liebliche Becken hinabsehen, das östlich tief unter uns liegt: Eingebettet in eine Moorlandschaft träumen zwei Seenaugen vor sich hin; dort entspringt die Gurk und nimmt ihren Lauf durch das Hemmaland. Sehenswert ist dort der prachtvolle Dom zu Gurk, in dessen Krypta sich die letzte Ruhestätte der hl. Hemma befindet. Auf der Bretthöhe tangieren wir den Tourenbereich der Turracher Höhe, sodass wir kurzfristig mehr Wanderern begegnen. Mit dem Abstieg über den Zgartensee und durch das romantische Andertal wird unsere Wanderung zur schönen Rundtour.

KURZINFO

Talort: Ebene Reichenau, 1095 m.
Ausgangspunkt: Von Ebene Reichenau Richtung Hochrindl, nach ca. 4 km biegt links die Straße nach St. Lorenzen ab. Kurz vor dem Ortsschild zweigt links bei einer Müllsammelstelle eine Forststraße ins Andertal ab, begrenzte Parkmöglichkeit an der Abzweigung, 1477 m.
Gehzeit: 6.15 Std.
Höhenmeter: 950 Hm.
Anforderungen: Lange, landschaftlich großartige, sehr abwechslungsreiche Berg- und aussichtsreiche Höhenwanderung auf guten Wegen und wenig Almstraßen. Der kurze Abstieg von der Bretthöhe in die Scharte vor der Hoazhöhe ist steil und schottrig und kurzzeitig als »rot« einzustufen. Im Abstieg von der Zgartenalm gut auf die Markierungen achten!
Einkehr: Unterwegs keine Möglichkeit.
Karte: F&B WK 222.
Variante: Der Große Speikkofel allein ist bereits eine sehr lohnende, dabei einfache und kurze Tour, die auch gut für Kinder geeignet ist. Der Abstieg erfolgt auf dem Aufstiegsweg, Zeitaufwand insgesamt ca. 4 Std.

St. Lorenzen.

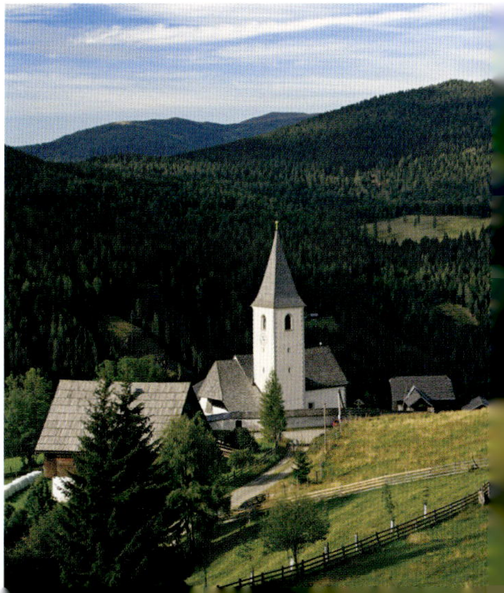

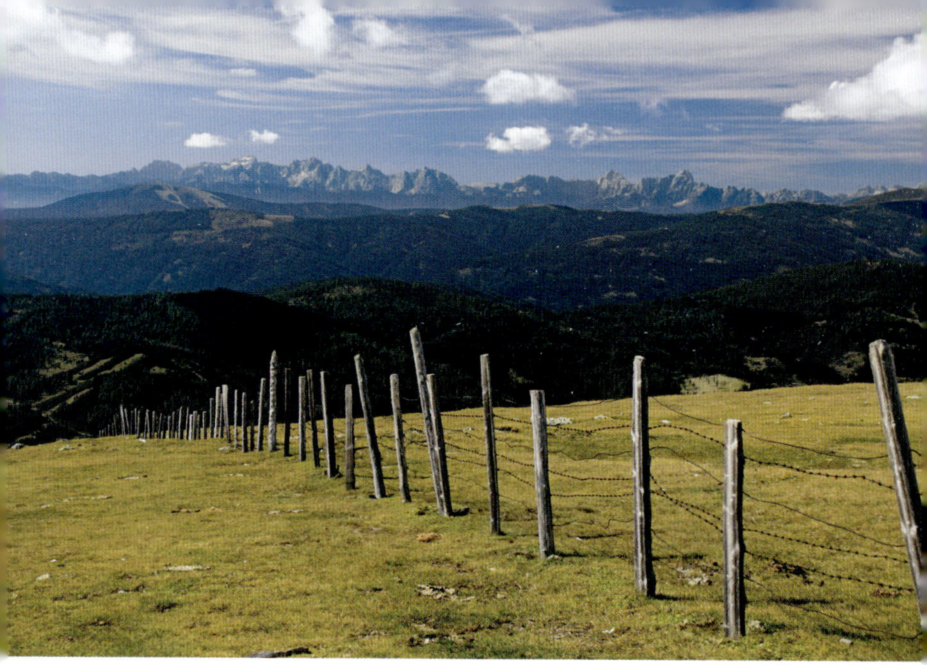

Am Kleinen Speikkofel, im Hintergrund die Julischen Alpen.

Schöne Bäume säumen den Weg zum Speikkofel.

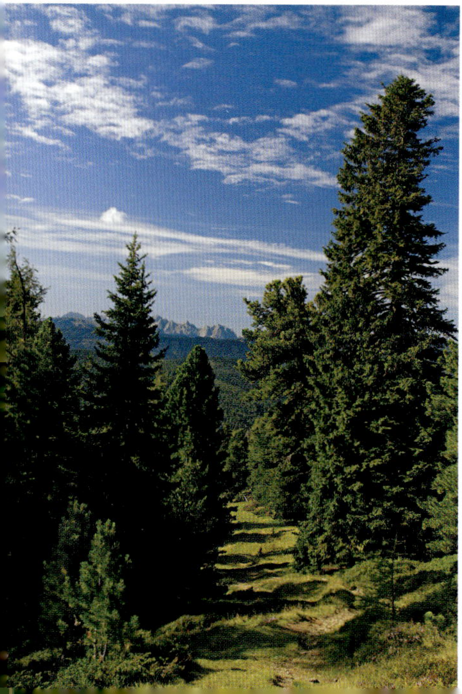

Vom **Parkplatz (1)** gehen wir nach **St. Lorenzen** hinein, an der Kirche vorbei zum Beginn des Wanderweges, der uns gleich in die Zauberwelt eines schönen Waldes entführt: Statt der sonst üblichen Fichten wandern wir genussvoll durch einen lichten Zirben- und Lärchenwald! Einzelne Charakterbäume begleiten uns noch im Übergang zur Almregion, dann sind wir beim **Lorenzenkreuz** auf den weiten, blumenreichen Almwiesen angekommen, die wir uns mit vielen Kühen teilen. An einem Weidezaun entlang wandern wir zum **Kleinen Speikkofel (2)**, 2109 m, und über einen felsdurchsetzten Grashang zum Gipfel des **Großen Speikkofels (3)**. Umfassend ist die Aussicht, aber am schönsten ist der Rückblick zu den Karawanken und Julischen Alpen. Vor uns baut sich eindrucksvoll die Bretthöhe auf, wir nähern uns ihr

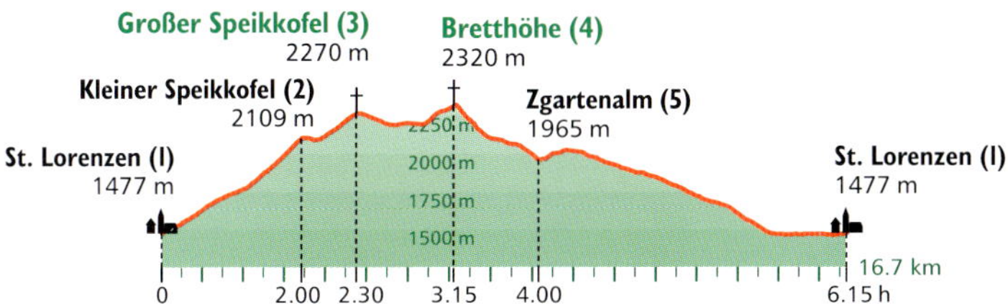

über einen sanft geneigten Rücken mit der **Torerhöhe**, 2205 m, meistern einen Zaunüberstieg und wandern über den etwas steileren Grat, den Felsen in der Westflanke ausweichend, hinauf zur **Bretthöhe (4)**. Wir überschreiten den Gipfel und gelangen über den steilen Westrücken rasch hinunter in die Scharte zwischen Bretthöhe und Hoazhöhe. Hier trennen wir uns von dem Weg zur Turracher Höhe und steigen in südlicher Richtung ab zum malerischen **Zgartensee** und weiter, entweder auf einer Almstraße oder, diese abkürzend, durch niederes Strauchwerk direkt zur **Zgartenalm (5)**, 1965 m. Von dort führt eine Almstraße, anfangs leicht steigend, dann in angenehmem Gefälle durch die Westflanke des Speikkofels, bis kurz nach der Abzweigung zur Lorenzenhütte der Wanderweg links von der Straße abbiegt (ca. 1680 m, deutliche Markierung). Auf einem alten Wirtschaftsweg wandern wir durch schönen Lärchenwald weiter bergab zur **Jörglhütte**, 1473 m, am Beginn des romantischen **Andertals**. Nach gut 100 m auf einer Almstraße verlassen wir diese nach rechts und gelangen durch ein Zirbenwäldchen zu einem kleinen Bach (Bank), überschreiten ihn und umgehen auf breiter Wegspur ein Moorgebiet, bis wir zwei Holzhütten erreichen. Von dort auf einer Forststraße zurück zum Ausgangspunkt bei **St. Lorenzen (1)**.

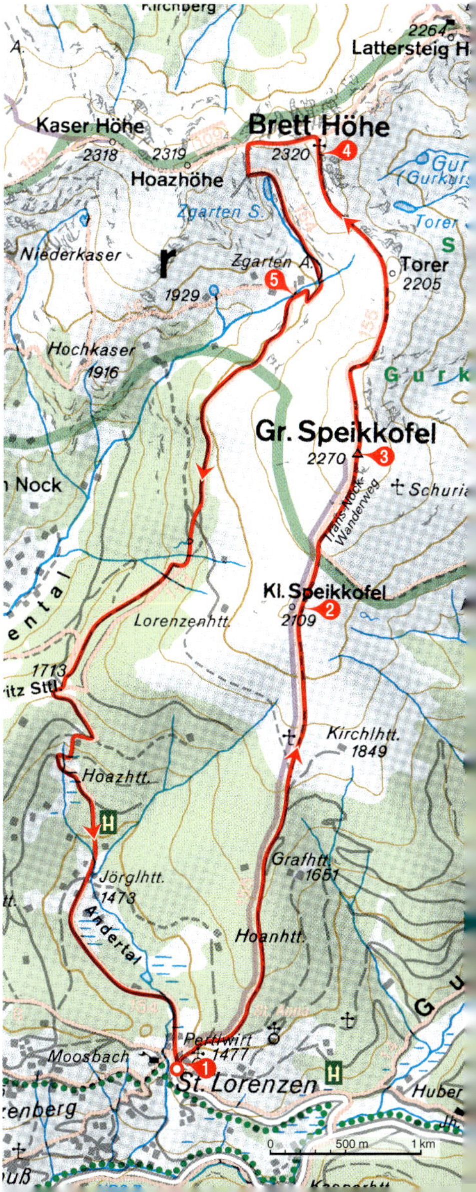

30 Große Saualpe (Ladinger Spitze), 2079 m

Aus dem Lavanttal über die Offnerhütte ★★

Unendliche Weite über den berühmten Öfen

Die Saualpe, die kleine Schwester der Koralpe, hat mit dieser viel gemeinsam: eine sanfte Hochfläche, weite Almwiesen mit den fast skurrilen Öfen, mächtigen Felsblöcken aus Silikatgestein, und eine schier unendliche Weite. Anders als die Koralpe ist die Saualpe kleiner, überschaubarer, natürlicher und nicht verbaut. Zwar führen von Osten und Westen zahlreiche Alm- und Forststraßen in ihr Gebiet, die teilweise auch für den allgemeinen Verkehr freigegeben sind und uns den Anstieg angenehm verkürzen, aber der Höhenzug selbst ist von Erschließungsmaßnahmen verschont geblieben. So zeigt sich uns die Saualpe als ideales Wandergebiet, das wir nur mit zahlreichen Kühen teilen müssen. Besonders schön ist die Längsüberschreitung vom Klippitztörl im Norden bis zur Wolfsberger beziehungsweise der Offnerhütte im Süden. Wer nicht die ganze Strecke wieder zurückgehen will, braucht zwei Autos oder geht unter der Woche, wenn der Wanderbus von Wolfsberg sowohl zum Klippitztörl als auch zur Offnerhütte fährt. Die hier vorgestellte Rundtour dagegen ist unkompliziert und bietet einen guten Überblick über die Saualpe.

KURZINFO

Talort: Wolfsberg, 463 m.
Ausgangspunkt: Von Wolfsberg auf guter Bergstraße über Lading und die Zechhütte bis zur Offnerhütte, 1668 m, Parkplatz kurz vor der Hütte.
Gehzeit: 4.15 Std.
Höhenunterschied: 450 Hm.
Anforderungen: Leichte, gemütliche Bergwanderung mit großartiger Aussicht

Almwiesen vor dem Großen Sauofen.

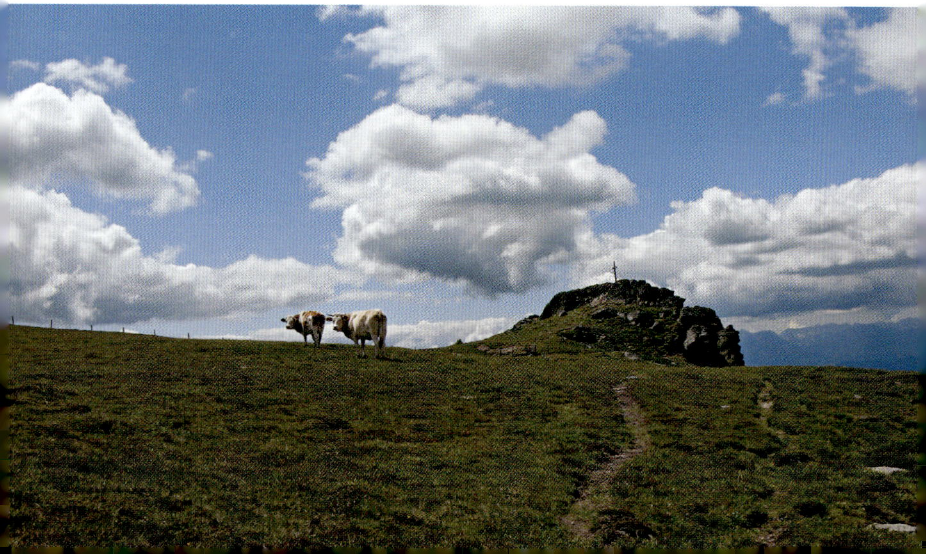

bei klarem Wetter; über die weitläufige Hochfläche pfeift häufig der Wind, sodass es auch an heißen Sommertagen empfindlich kühl werden kann.

Einkehr: Offnerhütte, 1668 m, Tel. +43 4352 61063; Wolfsberger Hütte, 1825 m, ÖAV, bew. Mitte Mai–Ende Oktober, alpenverein.at/wolfsbergerhuette.

Karte: F&B WK 237.

Variante: Längsüberschreitung der Saualpe: Mit Bus oder PKW von Wolfsberg zum Klippitztörl, 1644 m (großer Parkplatz), von dort wandern wir auf schönem Waldweg entweder über den Geierkogel, 1917 m (steil), oder westlich um den Geierkogel herum zum Litzer Talen, 1829 m. Über den breiten Rücken, an schönen Öfen vorbei, gelangen wir zur Forstalpe, 2034 m (2 Std.), und kurz darauf zum Hafeneck, 2013 m. Der Weiterweg führt durch eine abwechslungsreiche Felslandschaft über den sanften Höhenrücken und über den Kienberg, 2050 m, zum Eisernen Kreuz, 1958 m, das 1906 Erzherzog Franz Ferdinand errichten ließ (1 Std.). Am Grat steigen wir auf zum Gertrusk, 2044 m (können diesen aber auch westseitig umgehen), von dort wandern wir weiter zur Großen Saualpe (0.45 Std.), wo wir auf den Weg zur Wolfsberger Hütte treffen. Weiter wie unten beschrieben über diese zur Offnerhütte. Von dort mit dem Bus oder 2. PKW zurück nach Wolfsberg.

Exponierte Lage: die Wolfsberger Hütte.

Vom **Parkplatz (1)** gehen wir zur **Offnerhütte**, an der Hütte vorbei, auf einem Almweg durch ein Waldstück und über den **Ladinger Graben**; kurz darauf weisen rote Markierungen in dem Grashang links über uns nach oben **(2)**, 1770 m. (Wer diese Abzweigung verpasst, kann auch zur Ladinger Almhütte weiter gehen und gelangt von dort wieder auf unseren Weg zur Ladinger Spitze.) Auf Steigspuren wandern wir über die Almwiesen gemächlich aufwärts zu einem Rücken, über den wir auf die **Nordseite der Großen Saualpe** gelangen, die, dicht bewachsen mit Alpenrosensträuchern und Grünerlen, statt der Kühe zahlreichen Gämsen Lebensraum bietet. Durch einen regelrechten Urwald aus Grünerlen verläuft unser Weg, spannend und nur langsam steigend. Wir beobachten ein Falkenpaar, sehen ein paar Gämsen beim Äsen zu, bewundern die »Meeraugen« genannten **Gertruskseen** unter uns und gelangen schließlich in einen schwach ausgeprägten **Sattel (3)**, 2000 m, zwischen dem felsigen Gertrusk im Norden (zum Gipfel ca. 20 Min.) und der Ladinger Spitze im Süden. Wir gehen

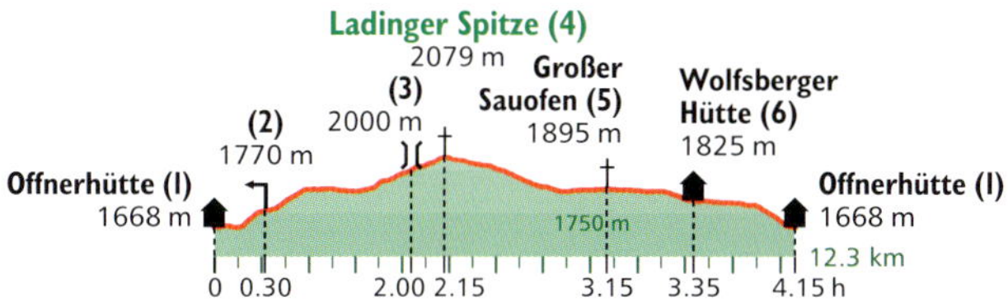

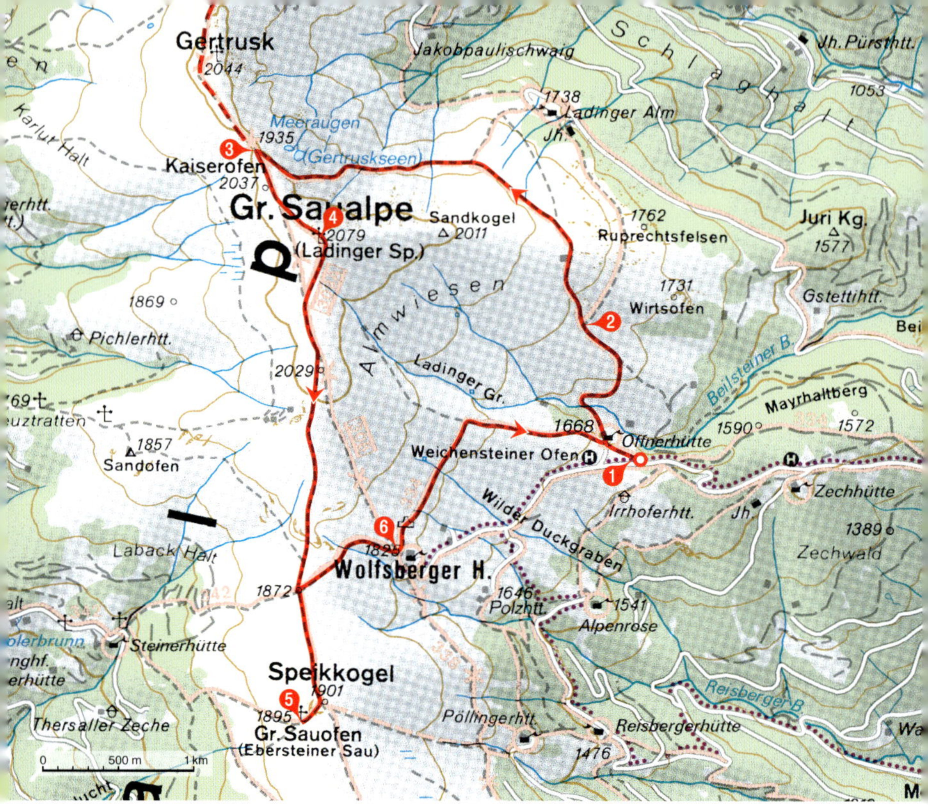

Kleine Orchidee: das schwarze Kohlröschen in einer dunkelrot blühenden Variante.

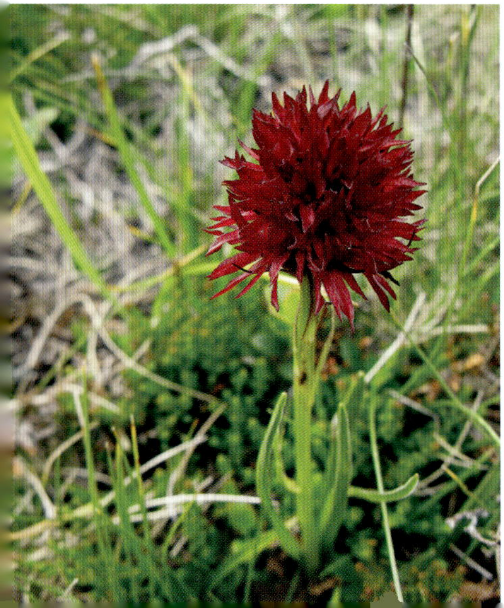

links, am eindrucksvollen **Kaiserofen** vorbei, zur **Ladinger Spitze (4)**, überschreiten den Gipfel und bummeln über den breiten Rücken, an weiteren Öfen vorbei, bergab in einen Sattel. Links geht es zur Wolfsberger Hütte, wir gehen jedoch geradeaus weiter, am Speikkogel entlang, um dem interessanten **Großen Sauofen (5)**, 1895 m, noch einen Besuch abzustatten, einem mächtigen Felsen mit Gipfelkreuz, der uns sogar noch wenige Meter Kraxelei abfordert. Zurück am Sattel wandern wir zur herrlich gelegenen **Wolfsberger Hütte (6)**, 1825 m, hinunter und entweder über die Hüttenstraße oder, schöner, in nördlicher Richtung über blumenreiche Wiesen, zuletzt am Ladinger Graben entlang hinunter zur **Offnerhütte (1)**.

Großer Speikkogel, 2140 m

Vom Koralpenparkplatz über das Große Kar ★

Zauberwald und Großes Kar

Die Koralpe ist eine weitläufige Hochfläche mit sanften Wiesenhängen, die sich – wie schon der Name sagt – ideal als Viehweide eignen. Für den Wanderer hält sie ein schönes und einfaches Tourengebiet bereit, das sich im Früh- und Hochsommer mit den schönsten, teils seltenen Blumen schmückt: Aus dichten Teppichen von Gämsheide und Erika wachsen zarte Federnelken, leuchtende Arnika, Echter Speik und tiefroter Pannonischer Enzian. Zu verdanken haben wir diese Flora der geringen Vergletscherung in der letzten Eiszeit. Eine weitere Besonderheit sind die verschiedenen Gesteinsarten, die wir rund um den Großen Speikkogel bewundern können, sowie die Öfen, mächtige Gesteinsblöcke in bizarren Formen. Einige dieser großen Felsgebilde können wir im Aufstieg durch das Große Kar bestaunen. Auf dem Großen Speikkogel befindet sich eine Anlage der Flugsicherung; die großen Kuppeln, Goldhauben genannt, verleihen dem Gipfel ein unverwechselbares Aussehen. Dieser Station verdanken wir eine Teerstraße, die sich vom Koralpenparkplatz über das Koralpenhaus bis zum Gipfel fortsetzt und auch »bergungewohnten« Ausflüglern einen einfachen Gipfelsieg ermöglicht. Wir wählen als Aufstieg den reizvollen Weg durch das Große Kar mit seinem urwaldartigen, alten Baumbestand und die Straße als bequemen Abstieg.

Sonnenuntergang auf der Koralpe.

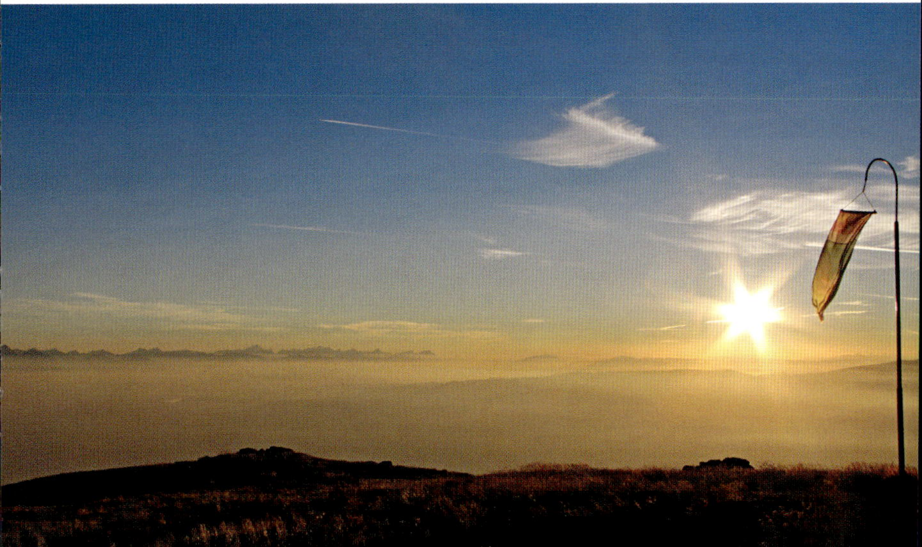

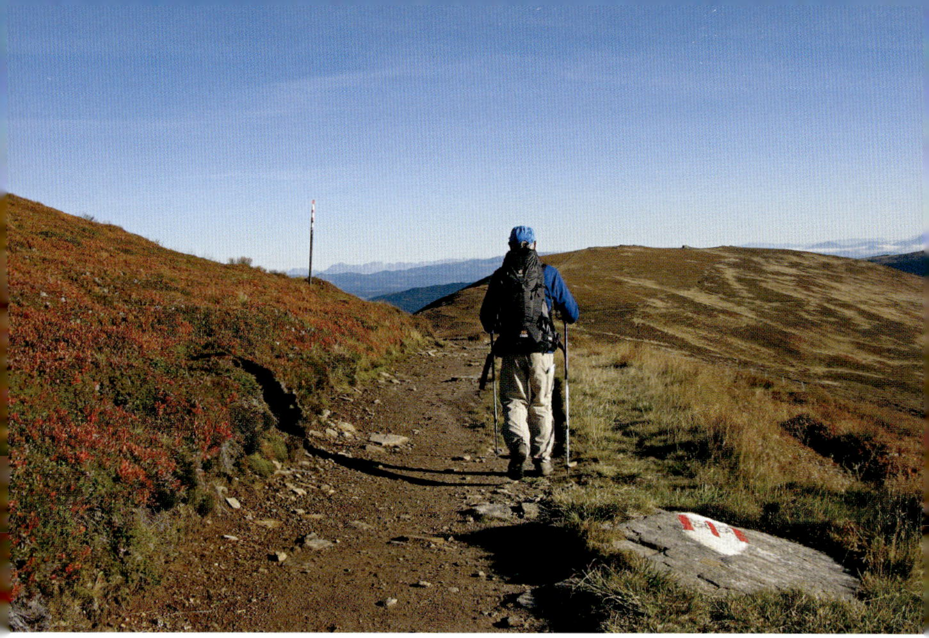

Auf dem Weg zur Hühnerstütze (Variante).

KURZINFO

Talort: Wolfsberg, 463 m.
Ausgangspunkt: Südlich von Wolfsberg auf guter, 12 km langer Bergstraße über Maildorf und Ghf. Waldrast zum großen Koralpenparkplatz beim Feriendorf Koralpe, an der Parkplatzeinfahrt rechts abbiegen zum Parkplatz 2+3, 1637 m (ehem. Hipflhütte).
Gehzeit: 4.00 Std.
Höhenmeter: 630 Hm.
Anforderungen: Sehr aussichtsreiche Wanderung auf überwiegend leichten Bergwegen. Der Weg durch das große Kar ist nach starken Regenfällen an einigen Stellen sehr feucht.
Einkehr: Koralpenhaus, 1966 m, ÖAV, Mitte Mai–Ende Oktober., Tel. +43 664 5219797, alpenverein.at/koralpenhaus.
Karte: F&B WK 237.
Variante: Über Hühnerstütze und Grillitschhütte: Ein reizvoller Abstieg führt vom Gipfel nach Osten in einen Sattel, wo wir uns nach Norden wenden. Vor uns liegt der breite Höhenrücken, der über die Weinebene und die Handalpe bis zum Packsattel führt. Wir folgen ihm, die schier unendliche Weite auskostend, zur Hühnerstütze, 1989 m, dann steil und ruppig bergab in einen Sattel, von dem eine Almstraße geradeaus zur Weinebene führt. Hier biegen wir links ab und erreichen nach wenigen Minuten die originelle Grillitschhütte, 1710 m. Unser Rückweg führt uns über die Großhöllerhütte, 1790 m, und den Pomswasserfall zurück zum Ausgangspunkt (2.15 Std. ab Großer Speikkogel).

Vom **Koralpenparkplatz (1)** gehen wir auf der Zufahrtsstraße etwa 200 m zurück, dann biegen wir rechts ab in eine **Forststraße** (Wegweiser Großhöllerhütte), der wir etwa eine halbe Stunde bis zu einer Brücke folgen; **vor der Brücke** zweigen wir rechts auf den Weg ins Große Kar ab **(2)**, 1570 m. Unter alten, knorrigen Fichten hindurch, an ei-

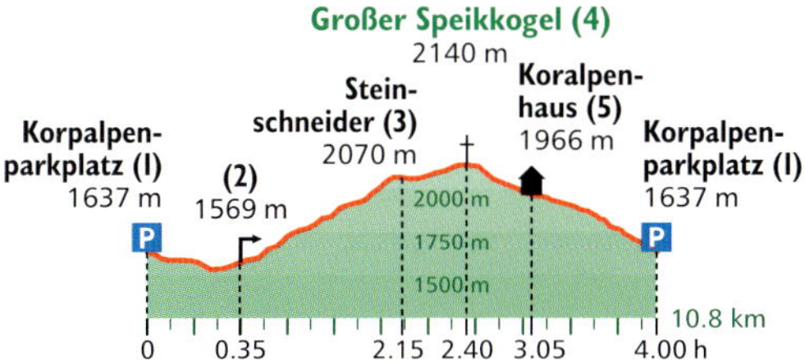

nem plätschernden Bach entlang, führt unser Weg ins Naturschutzgebiet Koralpe – Großes Kar, nach einer Viertelstunde erreichen wir erneut eine **Wegteilung**: Links geht es zur Grillitschhütte, wir gehen rechts und steigen durch den lauschigen Wald langsam höher bis zum Waldrand. Vor uns breitet sich das **Große Kar** aus, eine weite Mulde, dicht bewachsen mit Grünerlen und Alpenrosensträuchern, von Bächlein durchzogen, die unseren Weg kreuzen, und mit einzelnen, herausragenden, mächtigen Felsen. Es ist ein wunderschöner Weg, wie durch eine verzauberte Landschaft, der am **Steinschneider (3)**, 2070 m, ein sehr abruptes Ende findet: An den Sendemasten vorbei streben wir der Straße zu, auf der wir die letzten Meter zum **Großen Speikkogel (4)** zurücklegen. Hinter der Goldhaube versteckt sich das Gipfelkreuz, von dem wir eine umfassende Aussicht genießen, von den Niederen Tauern im Norden bis in die Julischen Alpen im Süden. Auf der Straße oder auf dem markierten Wanderweg steigen wir zum **Koralpenhaus (5)**, 1966 m, ab, von dort parallel zur Teerstraße zum **Koralpenparkplatz (1)**.

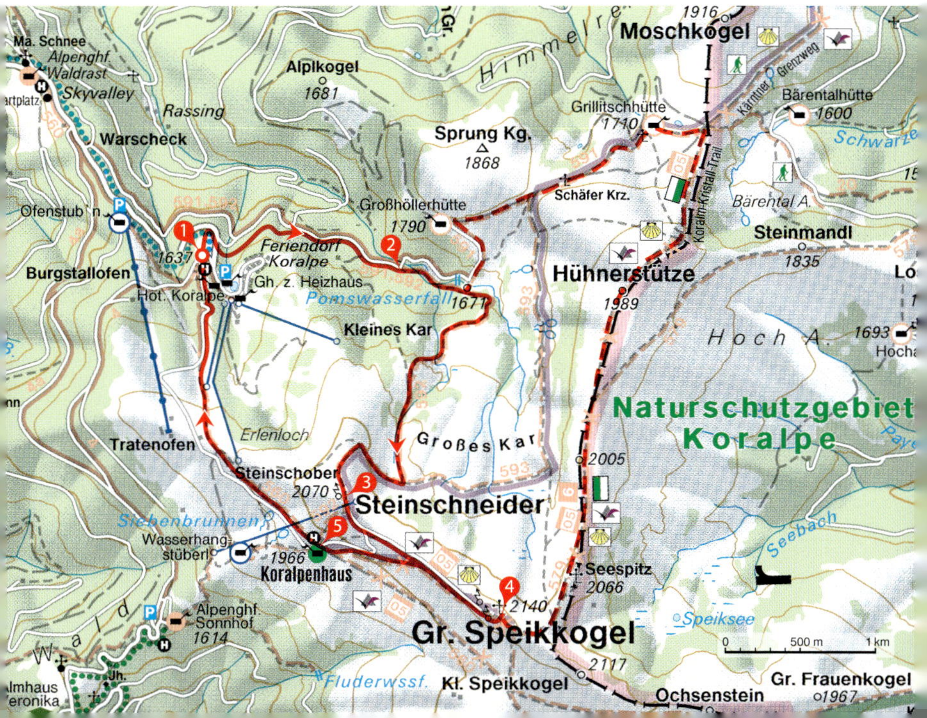

32 Feistritzer Spitze, 2114 m

Von der Petzenbahn über die Krischahütte ★★

Auf den südöstlichsten Berg Österreichs
Im mächtigen Gebirgsstock der Petzen präsentieren sich die Karawanken nochmals in ihrer ganzen Schönheit. Rau und wild zeigt das Massiv der lieblichen Kulturlandschaft im Jauntal seine abweisende Nordflanke. Ihre bezaubernde Seite zeigt die Petzen im Frühsommer, wenn die schönsten Bergblumen die Gipfelhänge mit einem bunten Farbenteppich überziehen: blauer Enzian, gelbe Trollblumen und eine rosafarbene, botanische Rarität: Das Steiner-Alpen-Kohlröschen, eine kleine Orchidee und seltene Verwandte des schwarzen Kohlröserls, das wegen seines intensiven Vanilleduftes bekannt ist. Der lange Petzenkamm ist eine grandiose Aussichtsterrasse, vor allem in die westlich gelegenen Karawanken und in die Felswände der Steiner Alpen. Nach Osten werden die Berge schnell niedriger und gehen über in eine sanfte Mittelgebirgslandschaft. Ein leichter Wanderweg führt von der Bergstation der Petzenbahn über den Kniepssattel und den aussichtsreichen Kamm zur Feistritzer Spitze, und ein romantischer Wald- und Wiesenweg schlängelt sich über die steile Nordseite direkt hinauf zum höchsten Punkt; wir verbinden beide Wege zu einer schönen Rundtour. Einen Besuch wert ist auch Bleiburg am Fuß der Petzen, eine der ältesten Städte Südkärntens mit historischem Ortskern und komplett erhaltener Stadtmauer.

An der Krischahütte.

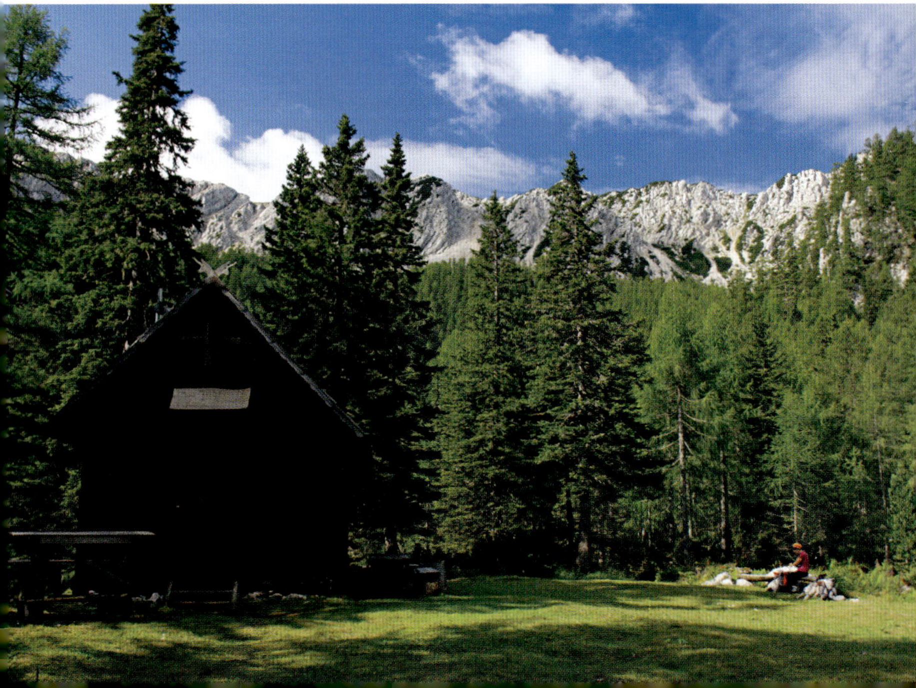

KURZINFO

Talort: Bleiburg, 479 m.
Ausgangspunkt: Großer Parkplatz an der Talstation der Petzenbahn, 660 m, von dort mit der Seilbahn zur Bergstation, 1708 m.
Verkehrsmittel: Von Bleiburg Bahnhof zu Fuß in ca. 30 Min. zur Talstation der Petzenbahn. Seilbahn-Betriebszeiten Mitte Juni–Mitte September täglich, Mitte Mai–Mitte Juni Freitag–Sonntag, Mitte September–Ende Oktober Donnerstag–Sonntag, petzen.net.
Gehzeit: 3.45 Std.
Höhenmeter: 550 Hm.
Anforderungen: Schöne Bergwanderung auf guten Wegen, im Aufstieg von der Krischahütte zum Gipfel teilweise sehr steil.
Einkehr: Panoramarestaurant »Oben«, neben der Bergstation, 1708 m, panoramarestaurant-oben.at; zu weiteren Einkehrmöglichkeiten im Seilbahngebiet, darunter die »Alte Zollhütte«, siehe unter petzen.net/kulinarik.
Karte: F&B WK 238.
Variante: Abstieg zur Talstation. Lohnenswert ist auch der Abstieg ins Tal durch den romantischen Krischagraben. Dazu gehen wir die Runde besser umgekehrt mit Aufstieg über den Kniepssattel und Abstieg zur Krischahütte. Von der Krischahütte führt ein schöner Waldweg in vielen Kehren über den steilen Waldhang bergab in den Unteren Krischaboden und trifft dort auf eine Forststraße. Der Weg verläuft weiterhin in gerader Linie bergab, quert mehrmals den Forstweg und trifft im Talgrund auf einen mit P3 markierten Querweg, auf ihm gehen wir rechts zur Talstation der Petzenbahn, ab Krischahütte ca. 2 Std.

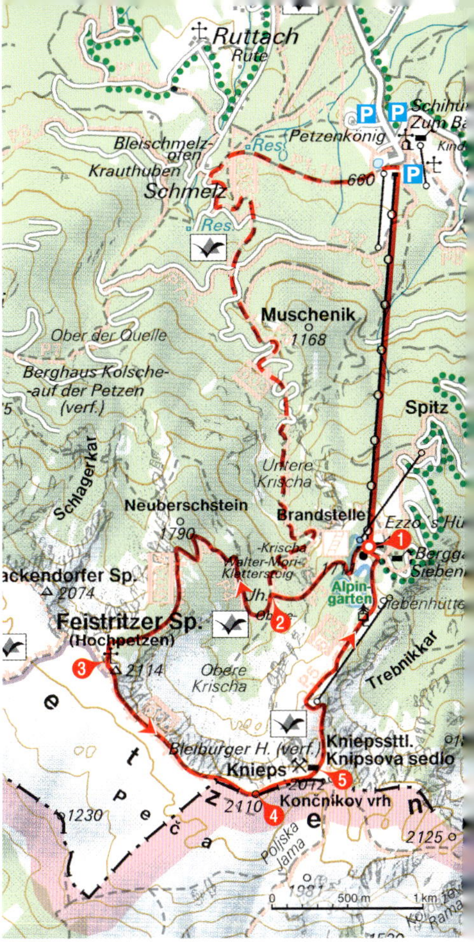

Von der **Bergstation (1)** steigen wir wenige Meter auf zur **Kapelle** und gehen dort rechts hinunter zum **Speichersee**; kurz vor dem See zweigt rechts der Weg zur Krischahütte ab. Auf gutem Weg meistern wir schnell den kurzen Abstieg zur **Krischahütte (2)**, 1578 m (nicht bewirtschaftet), einem sehr schönen Rastplatz. Hier teilen sich nochmals die Wege: Über den Krischagraben hinunter zur Talstation oder weiter zur Feistritzer Spitze. Unser Weg zum Gipfel führt in Kehren über einen steilen Waldhang hinauf auf einen Rücken, ca. 1800 m, der sich rechts zum **Neuberschstein** fortsetzt, und über Schrofenhänge und Latschenfelder zum höchsten Punkt. Dort, am Gipfel der **Feistritzer Spitze (3)**, konnten wir einen Turmfalken beim Rüttelflug beobachten.

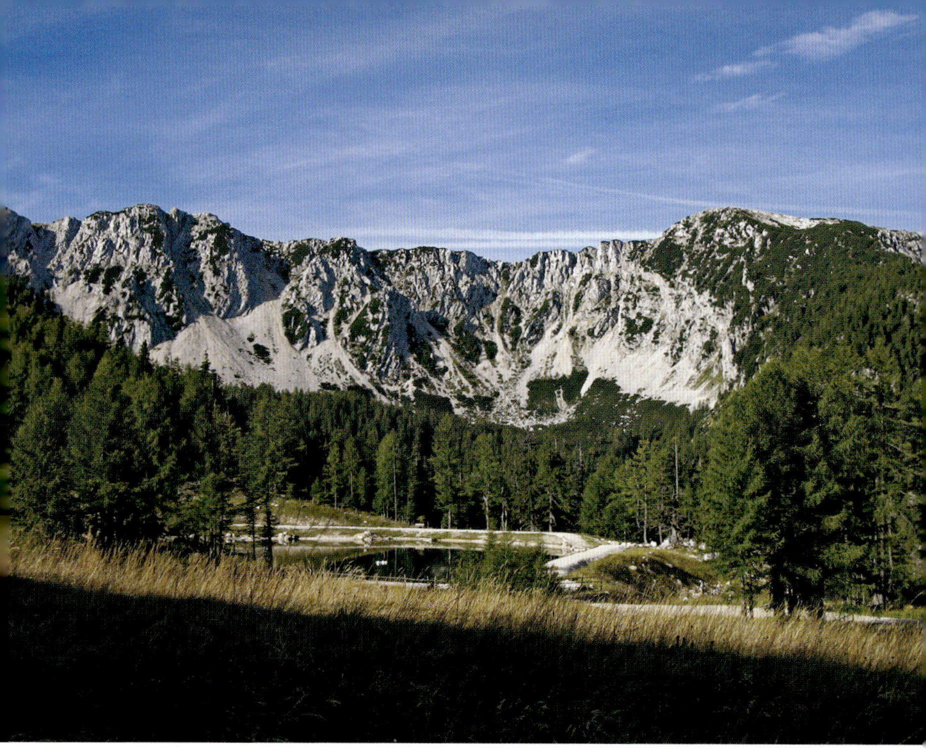

Feistritzer Spitze (rechts), über den Kamm nach links verläuft der Weg zum Knieps.

Der Weiterweg zum **Kniepssattel** ist eine aussichtsreiche Bummelei über den lang gestreckten Höhenrücken, es geht bergauf und bergab, immer nah an der Abbruchkante zur Nordflanke, was uns schaurig-schöne Tiefblicke erlaubt, ohne gefährlich zu sein. Wir erreichen den **Knieps (4)**, 2110 m, unseren zweiten Gipfel, und kurz darauf den **Kniepssattel (5)**, 2012 m; links unterhalb des Weges sehen wir die Ruine eines abgebrannten, einstigen Schutzhauses.

Auf breit ausgetretenem Weg, teils auch auf der Piste, steigen wir ab zum **Berggasthof Siebenhütten** bzw. zur **Seilbahn-Bergstation (1)**.

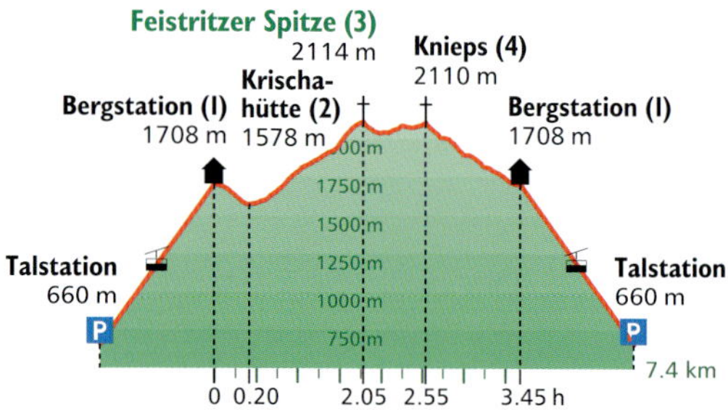

Uschowa-Felsentore, 1508 m

Aufstieg aus dem Remscheniggraben ★★★

Naturwunder im Kärntner Unterland
Eines der interessantesten und schönsten Naturwunder Kärntens finden wir im einsamen Remscheniggraben, in der Nordflanke der Uschowa / Olševa: drei riesige, natürliche Felsenlöcher. Allein das erste Tor misst eine Höhe von rund 20 Metern und gleicht damit einem gigantischen Felsendom. Ein spannender Rundweg führt uns zu den drei Felsenfenstern, mithilfe von Eisenstiften und Drahtseilen durchsteigen wir das erste Tor und gelangen zum zweiten, dem Kleinen Felsentor, durch das wir interessante Ausblicke haben. Über den mächtigen Torbogen des ersten Felsenfensters steigen wir hinauf zum dritten, dem Großen Felsentor. Diesem vorgelagert ist eine kleine Wiese, von der aus wir den großen Felsenbogen bestens studieren können, ein zauberhafter Rastplatz.

KURZINFO

Talort: Bad Eisenkappel, 556 m.
Ausgangspunkt: 2 km südlich von Bad Eisenkappel von der Straße zum Seebergsattel links abzweigen und etwa 5 km durch den Remscheniggraben bis zu großem Bildstock vor einer Brücke über den Remschenigbach (ab hier Fahrverbot), begrenzte Parkmöglichkeit, ca. 850 m.
Gehzeit: 4.30 Std.
Höhenmeter: 700 Hm.
Anforderungen: Teilweise sehr steiler Aufstieg, im Schotter unter den Felsentoren sehr mühsam, Stöcke angenehm; rund um die drei Felsenfenster sehr ausgesetztes Gelände, teilweise Eisenstifte und Drahtseilsicherungen, Trittsicherheit und Schwindelfreiheit erforderlich, bei Nässe gefährlich. Für Kinder kurzes Sicherungsseil oder Klettersteigausrüstung empfehlenswert.
Einkehr: Keine Einkehrmöglichkeit vorhanden.
Karte: F&B WK 238.

Blick über St. Margarethen zum Hochobir.

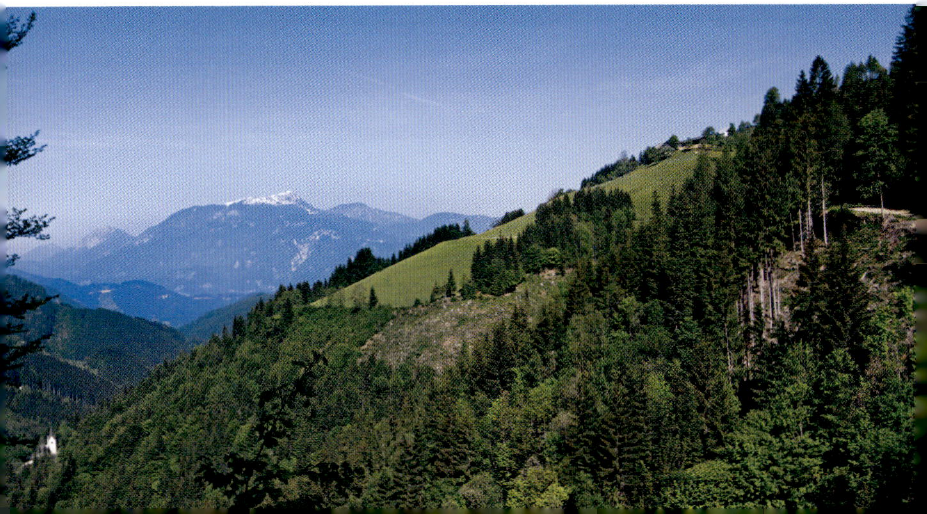

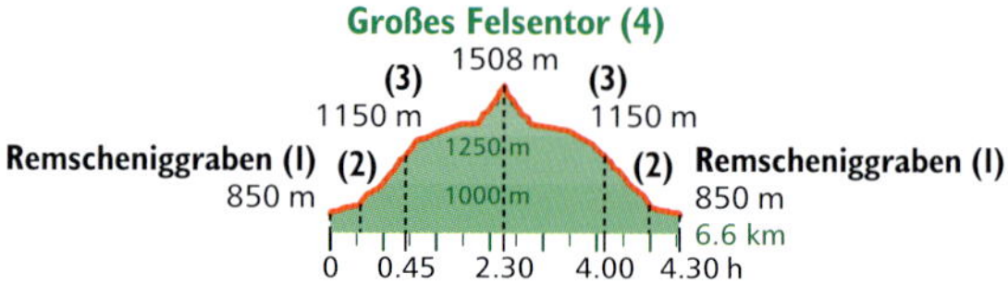

Von unserem Ausgangspunkt im **Remscheniggraben (1)** folgen wir unserer Anfahrtsstraße weiter in Richtung St. Margarethen (kleine gotische Kirche etwas höher als unser Parkplatz) bis zur **Linkskehre (2)**, 900 m, dort gehen wir geradeaus weiter. Unser Weg, der anfangs etwas ruppig ist, führt am Remschenigbach entlang höher und mündet in einen **Forstweg**. Wir gehen rechts, überqueren den **Remschenigbach** (hier stand früher die Lippuschmühle) und gelangen kurz darauf zu einem **Wegweiser (3)**, 1150 m, der zu den Felsentoren nach links in den Wald zeigt.

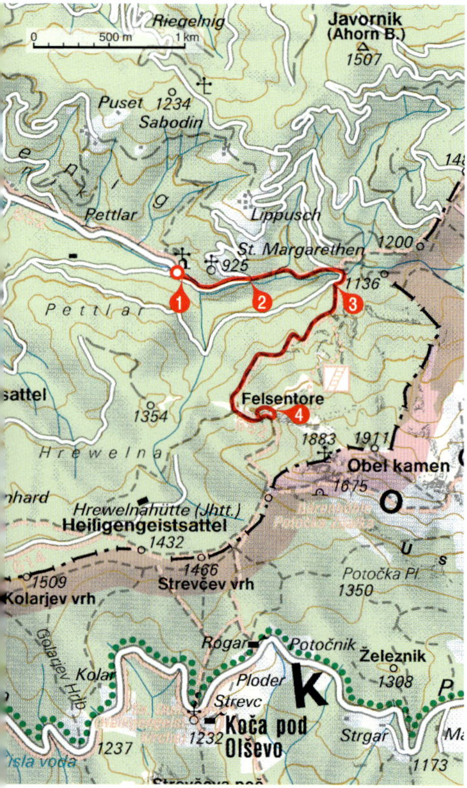

Etwa 100 Hm windet sich unser Weg sehr steil höher bis zum Beginn einer langen Querung. Unter den Felswänden der Uschowa wandern wir auf schmalem Steig durch schönen Wald bis zu einer Lichtung, hier setzt linker Hand eine sehr steile Schotterrinne an, durch die uns die Markierungen mehr oder weniger gerade hochlotsen bis an den Fuß des **ersten Felsentores**, 1410 m. Auf Eisenstiften klettern wir am Drahtseil entlang hinein in die riesige Höhle und auf einem Pfad hinaus auf einen schmalen Grat. Nach rechts sind es nur wenige Meter zum **Kleinen Felsentor**, 1480 m, nach links klettern wir über Felsen und Wurzeln auf den Torbogen des ersten Tores hinauf und gelangen so auf die Wiese am **Großen Felsentor (4)**.

Von dort führt ein deutlicher, sehr ausgesetzter, aber gut mit Drahtseilen versicherter Weg hinunter zu einer Wegteilung im Wald: Links geht es über den Heiliggeistsattel zum St.-Leonhard-Kirchlein, wir gehen rechts und steigen auf Steigspuren sehr steil hinunter zum Fuß des **ersten Felsentores**. Von dort auf dem Aufstiegsweg zurück zum Ausgangspunkt im **Remscheniggraben (1)**.

Am Großen Felsentor.

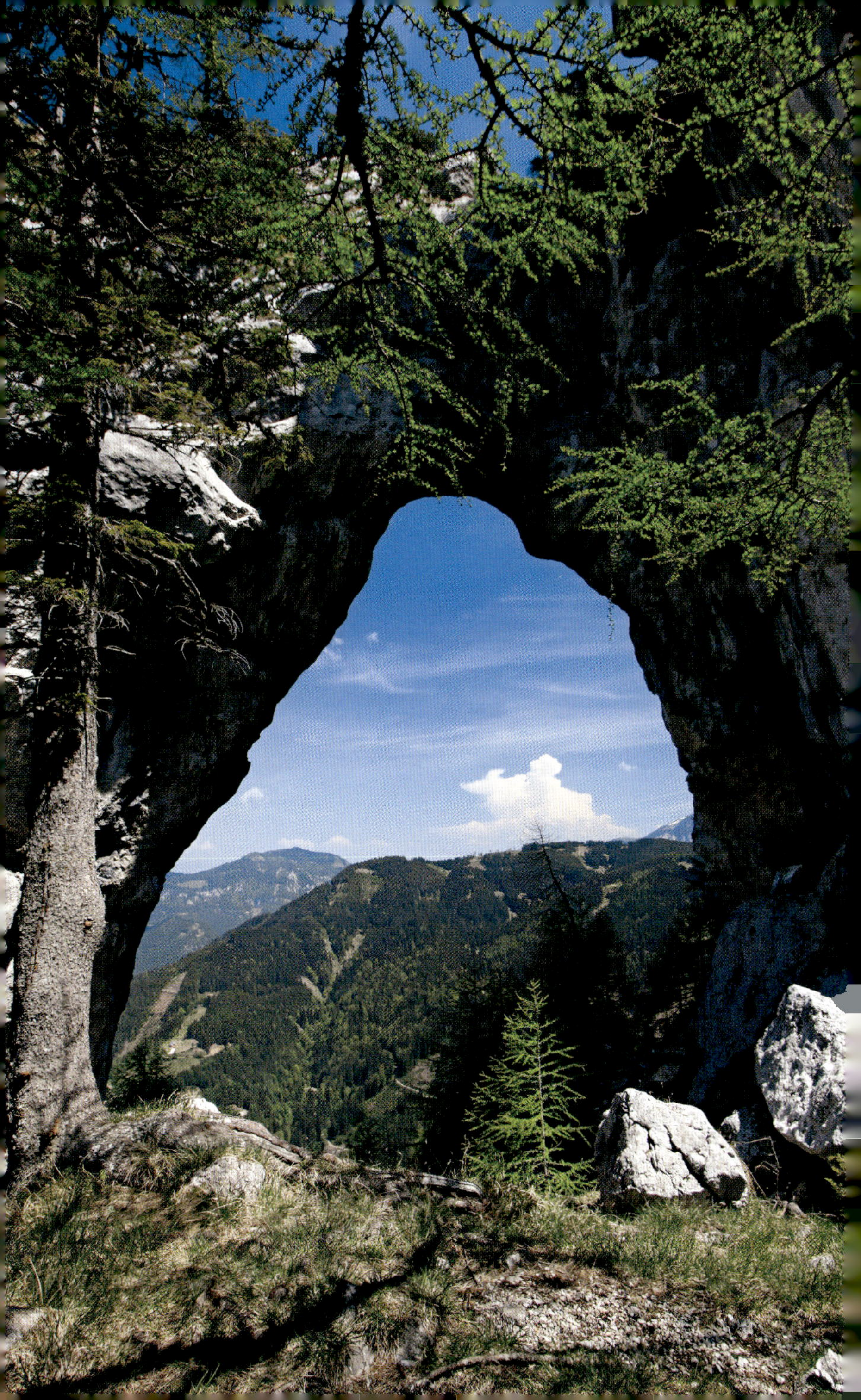

34 Hochobir, 2139 m

Vom Schaidasattel über den Simon-Rieger-Steig ★★

Botanischer Garten für blumenverliebte Fotografen

Der Hochobir erfreut seine zahlreichen Besucher mit einer umfassenden Aussicht, am schönsten ist der Blick zu den Gipfeln der Steiner Alpen rund um den Grintovec und zur langen Felsmauer der Koschuta. Richtig berühmt ist der Hochobir aber aus einem anderen Grund: Unser Berg blieb in der letzten Eiszeit gletscherfrei und so konnten auf seinen Hängen Pflanzen überleben, die wir sonst gar nicht oder nur sehr selten finden – für Botaniker ein wahres Eldorado. Aber auch der einfache Blumenliebhaber kommt im Frühsommer, wie selten an einem Berg, auf seine Kosten. Denn dann überziehen sich die Gipfelwiesen mit einem so dicht gesteckten, bunten Blütenteppich, dass man den Boden fast nicht mehr sehen kann. Zwischen den alpinen Polsterpflanzen wachsen kleine Orchideen wie das seltene Steiner-Alpen-Kohlröserl, die Weiße Höswurz oder verschiedene Knabenkrautarten, darunter auch eine schneeweißblühende Unterart. Zahlreichen Besuch erhält der Hochobir von der Eisenkappler Hütte, bis dorthin kann man mit dem PKW auffahren. Die Hütte steht auf einem herrlichen Aussichtsbalkon vis-à-vis von den Steiner Alpen. Früher gab es knapp unterhalb des Gipfels noch das Rainer-Schutzhaus; von dem 1944 abgebrannten Gebäude sehen wir nur noch die Ruine. Ursprünglich wurde es als Knappenschutzhaus gebaut, denn der Hochobir ist ein altes Bergbaugebiet – jahrhundertelang wurde dort Bleierz geschürft. Um dem Ansturm auf diesen beliebten Berg etwas zu entgehen, beginnen wir unsere Rundtour am Schaidasattel und wandern auf dem einsamen Simon-Rieger-Steig gipfelwärts.

Weite Blumenwiesen im Aufstieg zum Hochobir.

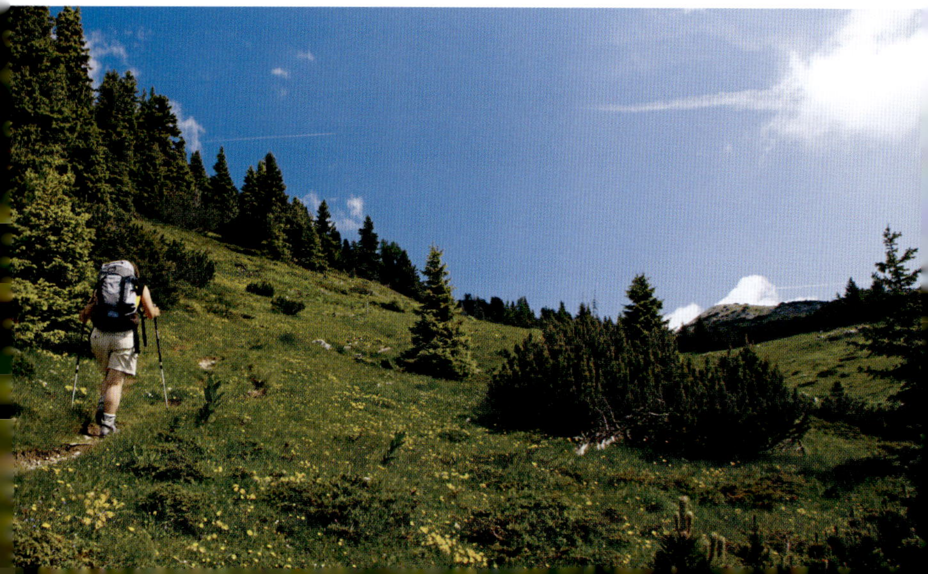

KURZINFO

Talort: Bad Eisenkappel, 556 m.
Ausgangspunkt: Von Bad Eisenkappel auf guter Asphaltstraße Richtung Trögener Klamm über Ebriach (Abzweigung Eisenkappler Hütte) zum Schaidasattel, 1068 m, Parkplatz.
Gehzeit: 7.00 Std.
Höhenmeter: 1200 Hm.
Anforderungen: Lange und abwechslungsreiche, wenig schwierige Bergwanderung. Der Simon-Rieger-Steig ist anfangs sehr steil, der Abstiegsweg zum Schaidasattel führt über kurze, ausgesetzte Stellen.
Einkehr: Eisenkappler Hütte, 1553 m, ÖTK, bew. Mai–Oktober, Tel. +43 664 4312824, eisenkapplerhuette.at.
Karte: F&B WK 238.
Variante: Wem die Rundtour zu lang ist, fährt von Bad Eisenkappel auf guter, asphaltierter Bergstraße zur Eisenkappler Hütte, großer Parkplatz; von dort auf dem breiten Normalweg zum Gipfel, Aufstieg 2 Std., Abstieg 1 Std., leicht, »blau«, viel begangen! Auch gut für Kinder geeignet.

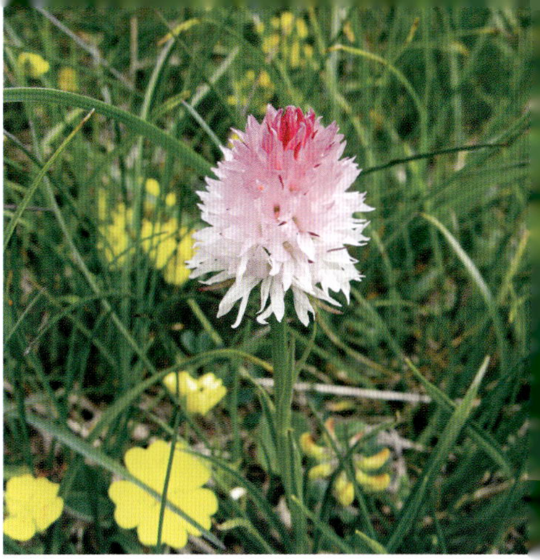

Eine Rarität: das Steiner-Alpen-Kohlröschen.

Tipp: Empfehlenswert ist ein Besuch der Obir-Tropfsteinhöhlen, die als die schönsten und größten ihrer Art in Österreich gelten. Zubringerbus vom Hauptplatz in Bad Eisenkappel zu den Höhlen, Kartenreservierung (in der Ferienzeit empfehlenswert) Tel. +43 4238 823913, hoehlen.at.

Am **Schaidasattel (1)** heißt es zunächst den herrlichen Blick auf die Felsmauer der Koschuta zu bewundern, bevor wir uns dem **Simon-Rieger-Steig** zuwenden. Dieser beginnt steil, anfangs parallel zu einer Forststraße, deren Kehren wir abkürzen. Dann geht es ziemlich direkt durch den Wald bergauf zu einem **Absatz mit Kreuz (2)**, 1670 m. Nun wird der Weg bequemer und verläuft in ansteigender Querung durch die Südostflanke des Kuhbergs. Allmählich lichtet sich der Wald und wir gelangen zu den **Obirwiesen**. Während der Blütezeit wird es nun zunehmend bunter, anfangs säumen Vergissmeinnicht, Trollblumen und Kohlröserl unseren Weg, weiter oben finden wir dann Enzian, Silberwurz, Stengelloses Leimkraut und Gelben Alpenmohn, und über allem liegt der süße Duft der Steinröserl. Es ist eine schöne und gemütliche

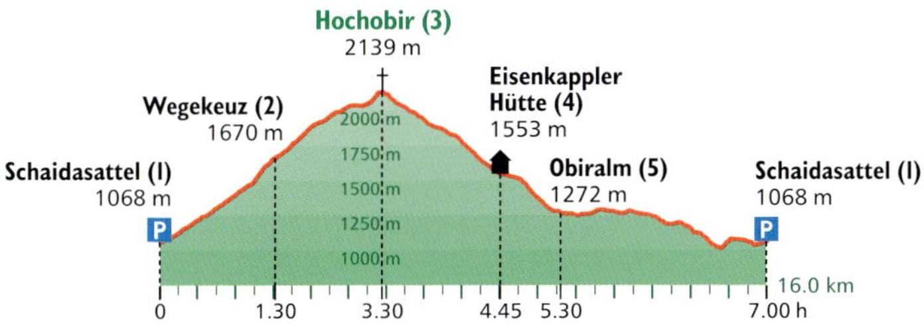

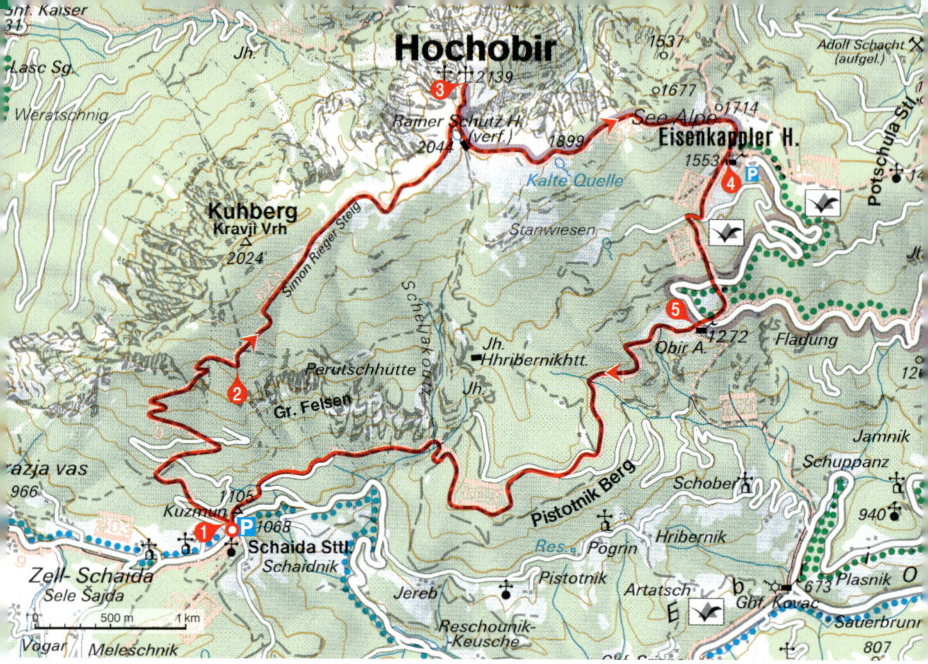

Alpen-Grasnelke.

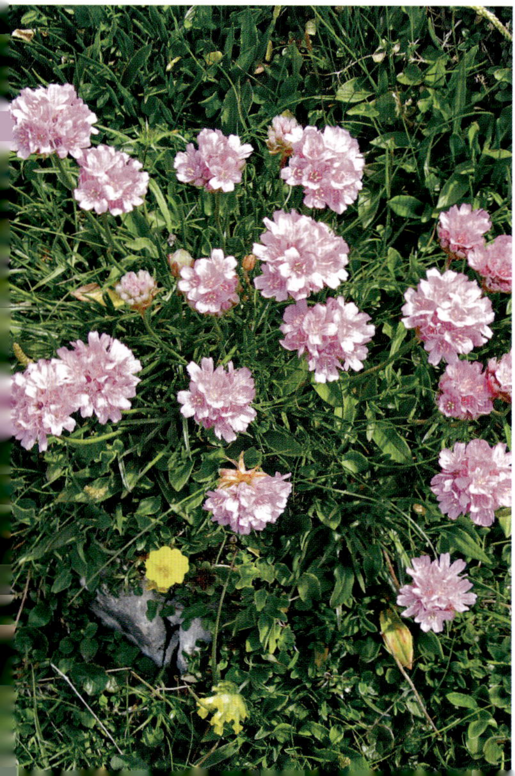

Wanderung bis zum kreuzgeschmückten **Hochobir-Gipfel (3)**, wo wir von einer Schar hungriger Dohlen schon erwartet werden. Im Abstieg folgen wir dem breiten Schotterweg über das lang gezogene Gipfeldach, an der Ruine des ehemaligen Rainer-Schutzhauses und der Kalten Quelle vorbei zur **Eisenkappler Hütte (4)**, 1553 m. Von der Hütte steigen wir nach Süden ab zur **Obiralm (5)**, 1272 m, und gehen an der Wegteilung rechts, um in einer langen Querung zum Schaidasattel zurückzukehren. Der Weg verläuft sehr abwechslungsreich, mit kleineren Gegenanstiegen, anfangs über Almwiesen, kurzzeitig auf einem Forstweg, zeitweise etwas exponiert entlang einer Felsmauer und zuletzt auf weichem Waldboden zurück zum **Schaidasattel (1)**.

Freiberg, 1923 m

Von Zell-Pfarre über die Südseite ★★

Aussichtsbalkon vor der Felsmauer der Koschuta

Dieser hübsche, kleine Gipfel hat ein ganz gewaltiges Visavis: die eindrucksvollen Nordwände der Koschuta. Nahezu 10 km lang ist der ganze Koschutakamm; der höchste Gipfel, der Koschutnikturm, 2136 m, steht uns genau gegenüber. Bei Kletterern haben die Nordwände der Koschuta einen guten Ruf, unter Wanderern wird die eher sanfte Südseite mit ihren blumenreichen Grashängen als lohnendes Ziel gehandelt, dazu muss man allerdings hinüber zu den slowenischen Nachbarn fahren. Um die Nordwand der Koschuta zu bewundern, eignet sich der Freiberg ganz besonders: Etwas nach Norden vorgeschoben, bietet er umfassende Einblicke in ihre Felsfluchten und in die östlichen Karawanken. Der schöne Weg zum Gipfel ist eine einzige Genusstour, und oft können wir schon im frühen Sommer und meist bis spät in den Herbst unserem Aussichtsgipfel aufs grasige Haupt steigen.

KURZINFO

Talort: Ferlach am Beginn der Straße zum Loiblpass, 443 m.
Ausgangspunkt: Von Ferlach auf guter Asphaltstraße nach Zell-Pfarre, 948 m, begrenzte Parkmöglichkeit beim Gasthof Malle und bei der Schule.
Gehzeit: 5.00 Std.
Höhenmeter: 980 Hm.
Anforderungen: Sehr schöne, einfache und wenig anstrengende Bergwanderung.
Einkehr: Unterwegs keine Möglichkeit; am Parkplatz Gasthof Malle.
Karte: F&B WK 238.

Am Freiberggipfel, Blick über den Hochstuhl in die Julischen Alpen.

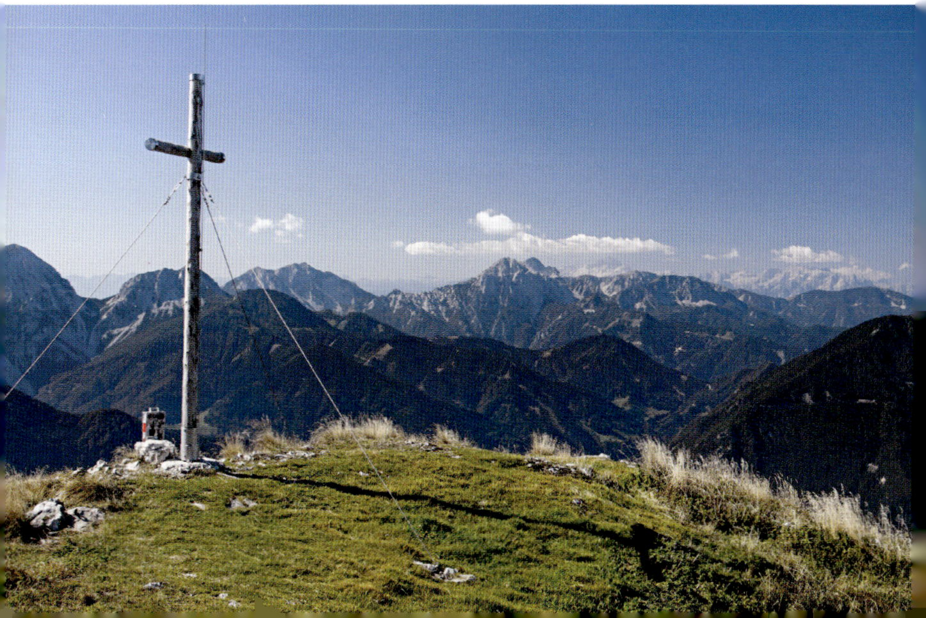

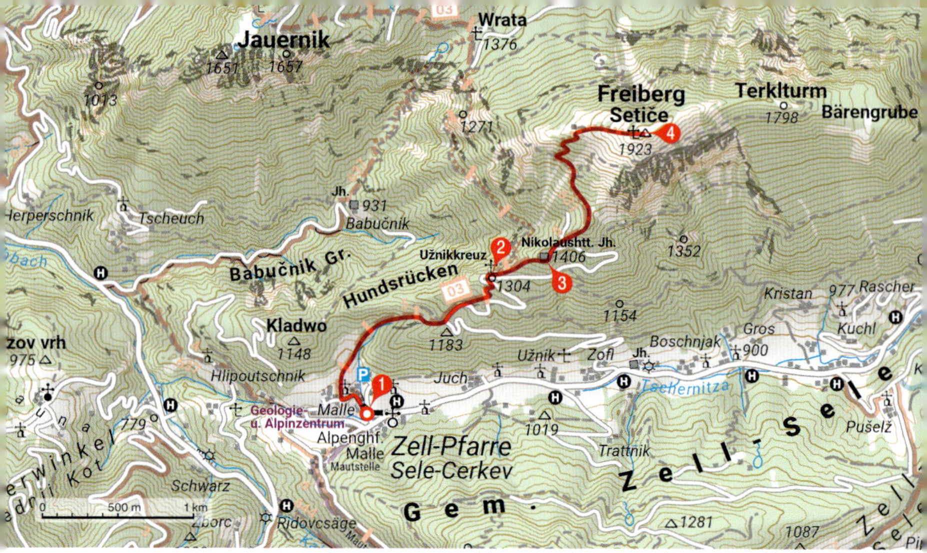

Vom **Gasthof Malle (1)** gehen wir an der Schule vorbei und auf der Straße links aufwärts. Schon nach wenigen Minuten leitet die Beschilderung vor einem Weidezaun nach rechts in die Wiese. Wir steigen am Zaun entlang aufwärts, gelangen links eines Hauses auf einen Feldweg und folgen ihm in nördlicher Richtung über eine Wiese zum Waldrand. Auf einem Steig, viermal eine Forststraße querend, dann kurzzeitig auf einem Forstweg, wandern wir durch den Wald zum **Užnikkreuz (2)**, 1304 m, einem schönen, schattigen Rastplatz. Wir überqueren die Forststraße, gehen an der Wegteilung Jauernik – Freiberg rechts und wandern durch den schütteren Wald hinauf zu einer **Jagdhütte (3)**, 1400 m, die wenige Meter links neben dem Weg steht, mit einer herrlichen Aussicht zur Koschuta.

Im Weiterweg überqueren wir nochmals eine Forststraße und wandern auf gutem Steig durch den Wald bis an den Gipfelaufbau. In flachen Kehren meistert der Weg sehr geschickt den steilen Hang, und schöner Lärchenwald spendet uns Schatten. Der Hang endet am **Westrücken**, der Wald wird lichter und wir steigen, vorbei an einzelnen sturmzerzausten Lärchen, über den breiten Rücken hinauf zum Gipfel des **Freibergs (4)**. Der **Abstieg** erfolgt auf dem Aufstiegsweg.

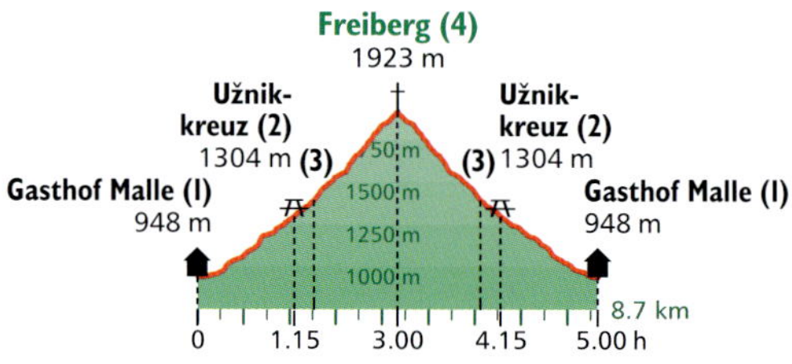

In den Gipfelwiesen, im Hintergrund Hochstuhl und Julische Alpen.

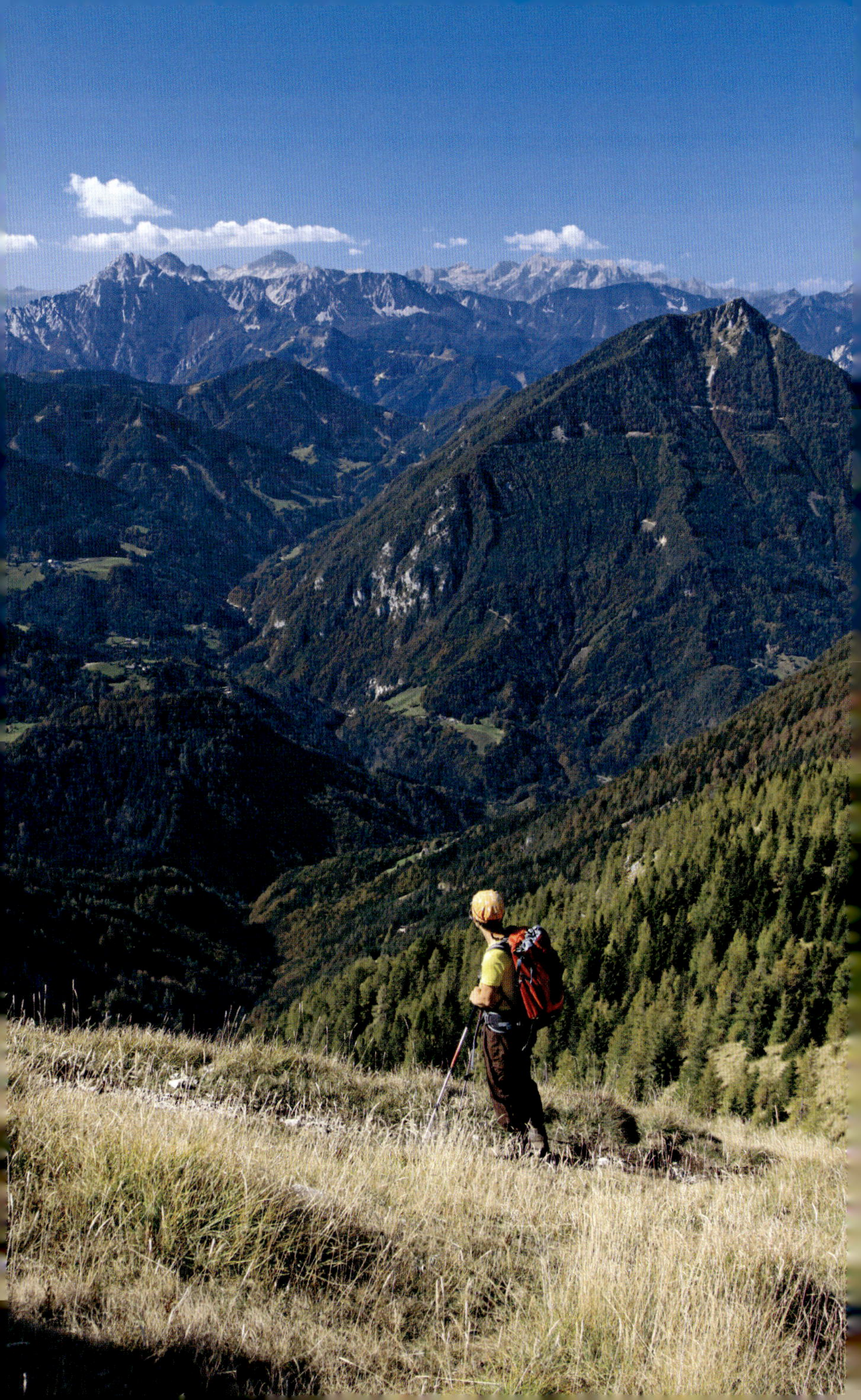

36 Durch die Tscheppaschlucht, 1010 m

Von der Loiblpassstraße ins Bodental ★★

Familienwanderung zur Teufelsbrücke

In Kärnten finden wir verschiedene eindrucksvolle Klammen und Schluchten, von denen jede einen besonderen Reiz hat: Die Raggaschlucht ist die wildeste, die Groppensteinschlucht die romantischste und die Garnitzenklamm die abenteuerlichste. Die tiefe Tscheppaschlucht hat von allem etwas: dunkle Engstellen mit abenteuerlichen Leitern, Wendeltreppe und Hängebrücke, romantische Wegpassagen direkt am rauschenden Bach, tosende Wasserfälle. Die Schlucht gabelt sich im oberen Teil, am Zusammenfluss von Loiblbach und Bodenbach, in zwei Arme mit getrennten Ausstiegsmöglichkeiten: links am romantischen Loiblbach entlang zum Gasthaus Deutscher Peter oder rechts am wilden Bodenbach aufwärts zur Teufelsbrücke, zum Tschaukofall und durch das Felsentor ins Bodental zum Gasthaus Sereinig. Von beiden Gasthäusern fährt stündlich ein Pendelbus zurück zum Parkplatz.

KURZINFO

Talort: Ferlach an der Loiblpassstraße, 466 m.
Ausgangspunkt: Von Ferlach auf der Loiblpassstraße bis knapp 1 km südlich von Unterloibl, großer Parkplatz »Tscheppaschlucht«, 640 m.
Endpunkt: Gasthof Sereinig im Bodental, 1010 m.
Verkehrsmittel: Busverbindung von Weizelsdorf Bahnhof bzw. Ferlach Sparkassenplatz zur Tscheppaschlucht. Pendelbus stündlich vom Gasthaus Deutscher Peter über die Teufelsbrücke sowie vom Gasthof Sereinig zurück zum Parkplatz Tscheppaschlucht, Fahrplan unter tscheppaschlucht-ferlach.at.
Gehzeit: 3.45 Std.
Höhenmeter: 550 m bergauf, 200 m bergab.
Anforderungen: Schöne, familiengerechte Wanderung auf einer sehr guten Weg- und Steganlage, bequeme Wanderwege zum Gasthaus Deutscher Peter an der Loiblpassstraße und ins Bodental zum Gasthaus Sereinig.
Tscheppaschlucht: Geöffnet Anfang Mai–Ende Oktober von 8.30 Uhr bis 17 Uhr, tscheppaschlucht-ferlach.at; Tourismusbüro Ferlach, Tel. +43 4227 4920.
Einkehr: Gasthaus Deutscher Peter, 702 m, Tel. +43 4227 62200; Gasthof Sereinig, 1010 m, Tel. +43 4227 6300.
Karte: F&B WK 0233 und 0238.

Vom Parkplatz **Tscheppaschlucht (1)** führt eine große Brücke über die Loiblpassstraße, dann wandern wir auf breitem Weg durch den Wald abwärts zum **Goldenen Brünnl (2)**, 600 m (Kasse). Die eigentliche Schlucht befindet sich weiter taleinwärts, den Weg dorthin verkürzt uns ein amüsanter Barfuß-Parcours – gar nicht so einfach, ohne Schuhe über Steine und Holzstämme zu balancieren! An der **Quelle der Kraft**

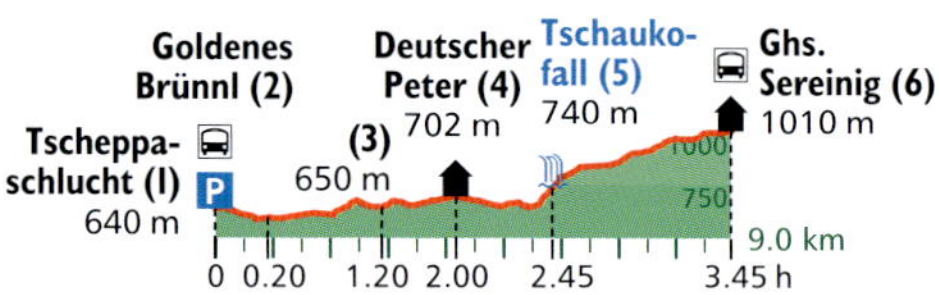

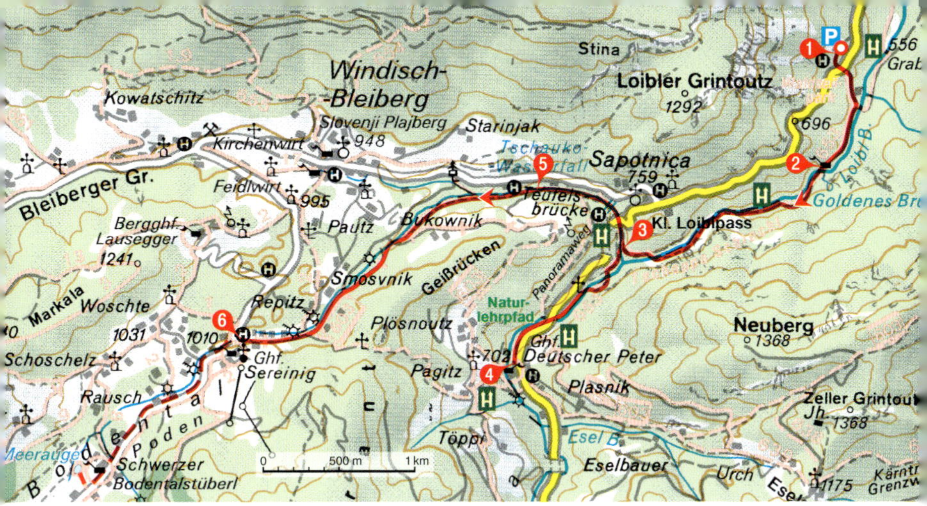

füllen wir unsere Energien auf, dann geht es los: Auf schmalen Holzstegen und über steile Leitern wandern wir durch die enge Schlucht und erreichen den **Zusammenfluss (3)** des Bodenbachs mit dem Loiblbach, 650 m, wo sich die Wege teilen: Wir gehen links und wandern am wildromantischen **Loiblbach** entlang zum **Gasthaus Deutscher Peter (4)**, 702 m. Auf der großen Terrasse mit schönen Tiefblicken zum Loiblbach lässt es sich herrlich rasten, bevor wir zur Tscheppaschlucht zurückkehren.

Um einiges abenteuerlicher ist der Weg am **Bodenbach** entlang, der am Zusammenfluss der beiden Bäche **(3)** links abbiegt (wer ohne den Abstecher zum Gasthaus Deutscher Peter direkt in Richtung Bodenbach geht, hält sich am Zusammenfluss der Bäche rechts). Mit einem hohen Wasserfall stürzt sich der Bodenbach talwärts, wir überqueren ihn auf hoher Brücke und steigen am Wasser entlang auf einer Wendeltreppe aufwärts zur **Teufelsbrücke**, wo wir ganz nah an der Loiblpassstraße sind (5 Min. zur Bushaltestelle). Über die Teufelsbrücke gelangen wir zum tosenden **Tschaukofall (5)**, 740 m, und dem Felsentor, durch das der Weg ins Bodental führt. Wir erreichen das Bodental beim **Gasthof Sereinig (6)**, 1010 m, und fahren von dort mit dem Bus zurück zum **Parkplatz (1)**.

Wer noch Lust hat und Energie hat, macht vom Gasthof noch einen Abstecher entlang der Bodentalstraße zum **Meerauge** (Dauer: ungefähr 1 Std.).

Der Tschaukofall.

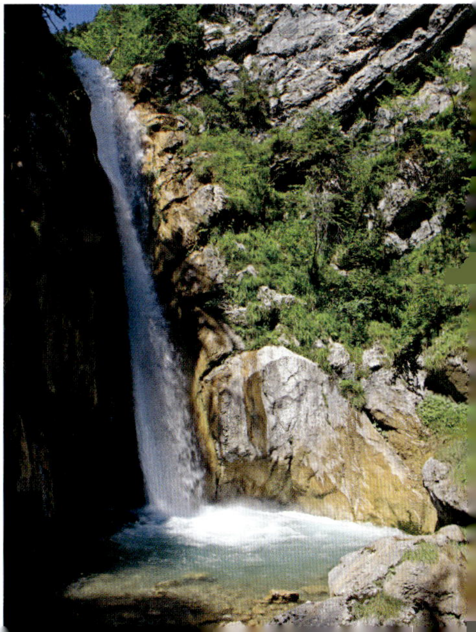

37 Geißberg / Kosiak, 2024 m

Aus dem Bodental zur Klagenfurter Hütte ★★

Meerauge, Märchenwiese und ein felsiges Amphitheater

Der Geißberg ist der Hüttenberg der Klagenfurter Hütte und das kleine Vis-avis des Hochstuhls. Zwei Wege führen von der Hütte zu seinem Gipfel, die sich zu einer schönen Runde verbinden lassen. Diese beliebte Tour wird meist aus dem Bärental angegangen, da der Hüttenzustieg leichter und kürzer ist. Dabei ist der Weg durch das Bodental viel spannender, einsamer und unvergleichlich schön, der Talschluss zählt zu den schönsten in Kärnten. Wie in einem Amphitheater umschließen die steilen Felswände der Vertatscha die Märchenwiese, Romantik und wilde, ungezähmte Natur liegen hier nah beieinander. Über den versicherten Stinzeweg gelangen wir aus dem Felsenkessel hinauf in den engen Durchschlupf des Stinzesattels und hinunter zur Klagenfurter Hütte, die Kletterei ist leicht und macht auch Anfängern und Kindern Spaß. Bei der Fahrt durch das Bodental legen wir noch einen Pflichtstopp beim Meerauge ein, einem kleinen See mit ungewöhnlich klarem, leuchtend türkisfarbenem Wasser. Vom gut beschilderten Parkplatz Meerauge (taleinwärts rechts an der Straße) erreichen wir das kleine Juwel über einen Holzsteg in weniger als 5 Minuten. Von dort haben wir ebenfalls einen schönen Blick zur Vertatscha.

Unterhalb des Stinzesattels zeigt das Hochstuhlmassiv seine ganze Schönheit.

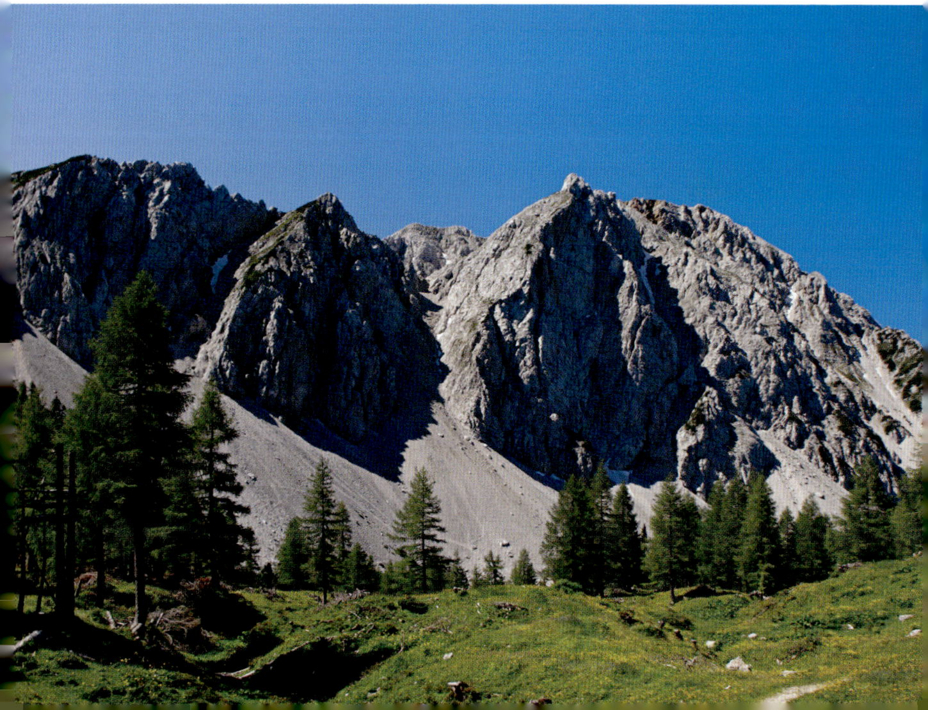

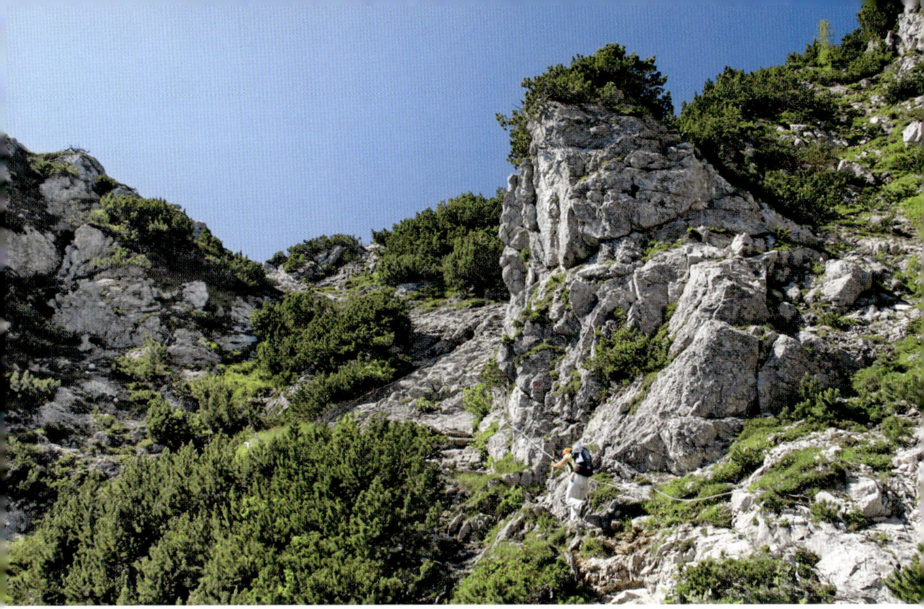

Versicherte Felspassage am Weg zum Stinzessattel.

KURZINFO

Talort: Ferlach an der Loiblpassstraße, 466 m.
Ausgangspunkt: Von der Loiblpassstraße über Windisch Bleiberg ins Bodental bis zum Ende der Fahrstraße beim Gasthof Bodenbauer, 1056 m, begrenzte Parkmöglichkeit.
Gehzeit: 6.30 Std.
Höhenmeter: 1100 Hm.
Anforderungen: Landschaftlich sehr reizvolle, wenig schwierige, aber lange Tour. Auf dem Stinzesteig Trittsicherheit erforderlich.
Einkehr: Klagenfurter Hütte, 1664 m, ÖAV, bewirtschaftet Anfang Juni–Mitte Oktober, Tel. +43 4228 20516, alpenverein.at/klagenfurterhuette; Gasthof Bodenbauer, Tel. +43 4227 6328; weitere Gasthöfe entlang der Straße, die ins Bodental führt.
Karte: F&B WK 0233.

Vom **Bodenbauer (1)** bummeln wir gemütlich auf einer Forststraße bis zur **Märchenwiese**, 1157 m, einer ebenen Lichtung im dunklen Fichtenwald. Wir überqueren die Wiese nach Süden, kurz darauf biegt unser Weg rechts ab und beginnt kräftig zu steigen. Durch einen ausgetrockneten Graben und durch steilen Wald kommen wir rasch höher,

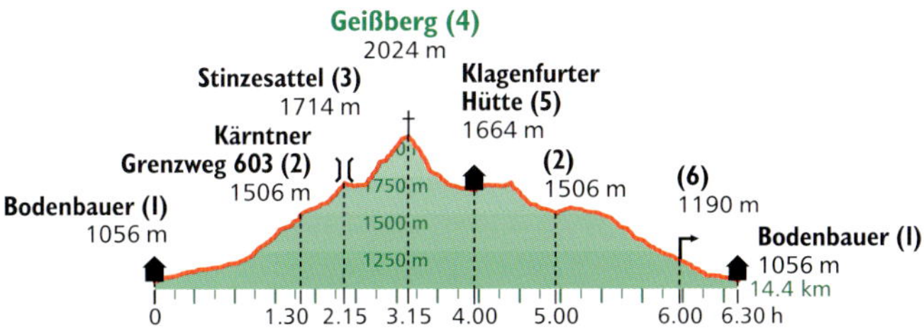

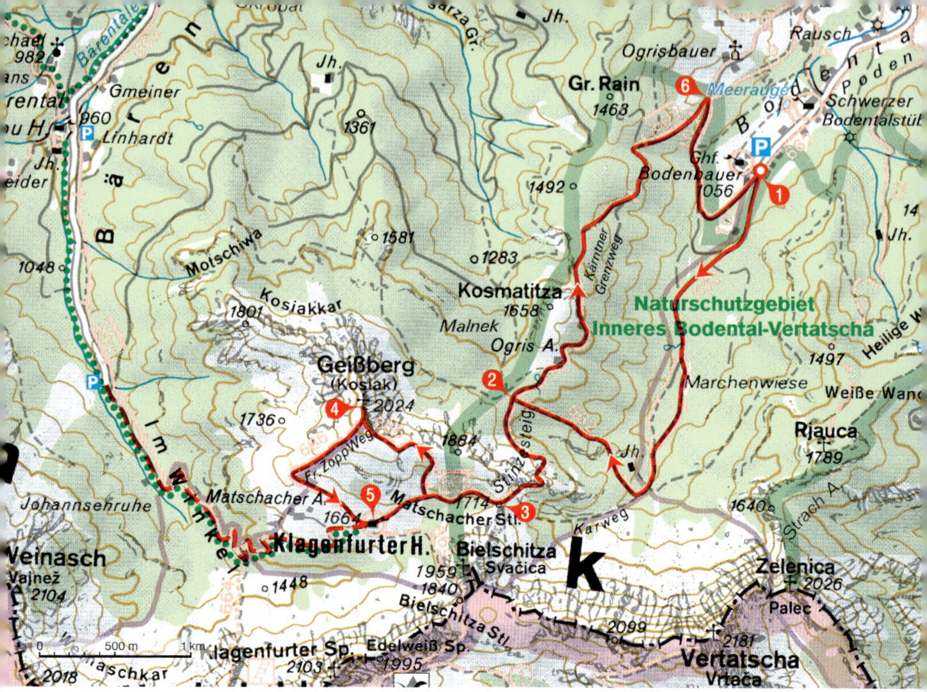

doch dann mündet unser Weg in eine **breite Forststraße**, die zur Ogrisalm führt. Schnell bringen wir diesen unschönen Wegabschnitt hinter uns und atmen auf, sobald deutliche Markierungen uns von der Straße weg in den Wald lotsen. Auf ca. 1500 m **(2)** treffen wir auf den mit 603 markierten **Kärntner Grenzweg**, nach Süden führt er als »Stinzesteig« über den Stinze- (oder Matschacher) Sattel zur Klagenfurter Hütte. Wir klettern über leichte, gut gestufte Felsen höher, unterstützt von einem straff gespannten Drahtseil, erreichen eine Gratkante, steigen jenseits wenige Meter ab und wandern auf gutem Steig weiter in den **Stinzesattel (3)**, 1714 m. Im Abstieg Richtung Klagenfurter Hütte biegen wir nach 10 Min. in den Ostanstieg zum **Geißberg** ein und steigen durch steile Latschengassen hinauf zum breiten Gipfeldach **(4)**. Umfassend ist die Aussicht zur Koschuta, in die Julischen Alpen und nach Norden über das Drautal bis Klagenfurt. Ein sehr steiler, schottriger Steig führt über den Südwestgrat bergab, wird langsam flacher und verläuft zuletzt durch lichten Lärchenbestand bequem zur **Klagenfurter Hütte (5)**, 1664 m. Von dort sind es etwa 20 Min. zum **Stinzesattel (3)**, auf dem Stinzesteig steigen wir wieder ab bis zur Wegteilung auf ca. 1500 m **(2)**, wandern dann allerdings weiter, einige Gegenanstiege und eine weitere Forststraße in Kauf nehmend, über die **Ogrisalm** bis kurz vor den Ogrisbauer. Dort zweigt ein schmaler Weg (gut beschildert) ab **(6)**, 1190 m, der durch den Wald direkt zu den Wiesen beim Bodenbauer hinunter führt. In einem Bogen umgehen wir die Wiesen südlich und kehren zuletzt auf einem Waldweg zum **Bodenbauer** und unserem **Ausgangspunkt (1)** zurück.

Hochstuhl / Stol, 2236 m

Rundtour über Klettersteig und Bielschitzasattel ★★★

Auf den König der Karawanken und zu seiner Königin

Der mächtige Kalkstock des Hochstuhls ist der höchste Gipfel der Karawanken, eine beeindruckende Berggestalt mit zwei Gipfeln: dem Hochstuhl, über den die Grenze verläuft, und dem Mali Stol, den Kleinstuhl, der sich auf slowenischem Gebiet befindet. Am Mali Stol steht die Hochstuhlhütte, Prešernova koča na Stolu, die höchstgelegene Hütte der Karawanken, von den Slowenen auch Karawankenkönigin genannt. Von Kärntner Seite gibt es weder einen leichten noch einen kurzen Aufstieg zum Hochstuhl: Der Weg über den Bärensattel und die Belščica ist weit, der über den Bielschitzasattel und das Hochstuhlkar mühsam. Am interessantesten ist der Klettersteig durch die stark gegliederte Nordflanke, ebenfalls ein langwieriges, aber sehr abwechslungsreiches Unternehmen. Der Klettersteig weist im unteren Wandteil einige mittelschwere Passagen auf, wird nach oben leichter und geht schließlich in einen Steig über. Die Aussicht vom Hochstuhl über das Savetal in die Julischen Alpen ist grandios, von der Hütte gesellt sich noch der Tiefblick auf den See von Bleder mit seiner kleinen Insel hinzu. Bei dieser Aussicht, gemütlich an der Hüttenwand sitzend, lassen sich neue Kräfte sammeln für den knieschnacklerverdächtigen Abstieg durch das Hochstuhlkar.

Blick vom Hochstuhl über das Savetal in die Julischen Alpen mit dem Triglav im Zentrum.

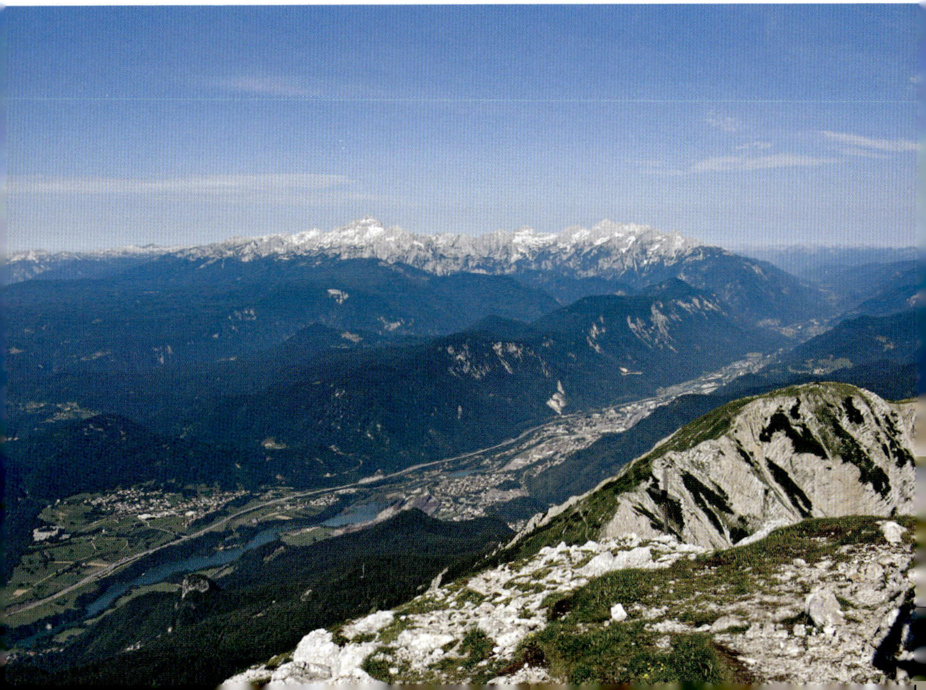

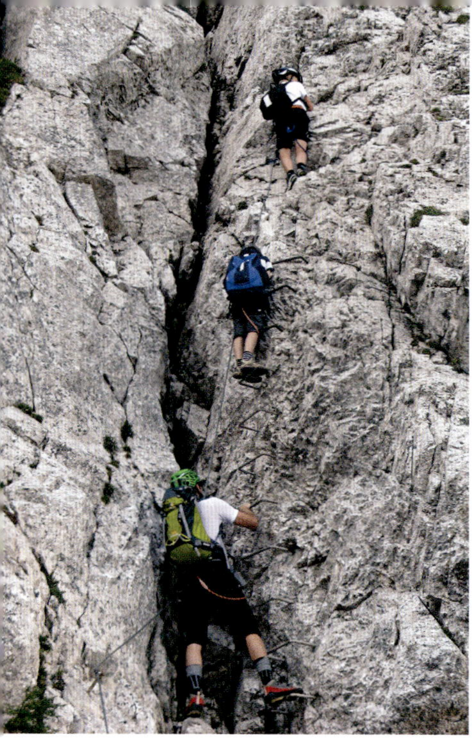

Einstiegswand am Hochstuhlklettersteig.

KURZINFO

Talort: Feistritz im Rosental, 546 m.
Ausgangspunkt: Von Feistritz in das Bärental, auf geteerter Bergstraße zur Stouhütte, dann 2 km auf etwas ruppiger Naturstraße zum großen Parkplatz, ca. 1150 m.
Gehzeit: 6.30 Std.
Höhenmeter: 1100 Hm.
Anforderungen: Die ersten 100 Meter des Klettersteigs sind ziemlich schwierig, aber bestens gesichert, Trittsicherheit, Schwindelfreiheit und Klettersteigausrüstung erforderlich. Der weitere Aufstieg verläuft über anspruchsvolle, nur zeitweise gesicherte Passagen, zuletzt auf steilem Geröllweg zum Gipfel. Abstieg mühsam auf steilen Schottersteigen.
Einkehr: Klagenfurter Hütte, 1664 m, ÖAV, bewirtschaftet Anfang Juni–Mitte Oktober, Tel. +43 4228 20516, alpenverein.at/klagenfurterhuette; Prešernova koča na Stolu, 2174 m, PZS, bew. Anfang Juni–Ende September, Tel. +386 51 345806, en.pzs.si/koce.php?reg=5.
Karte: F&B WK 0233.

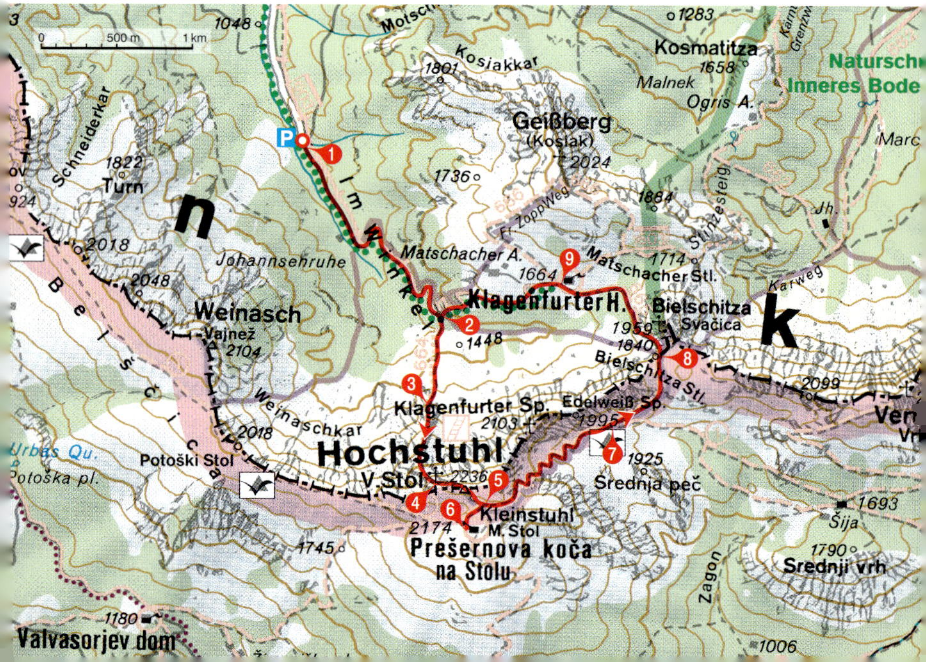

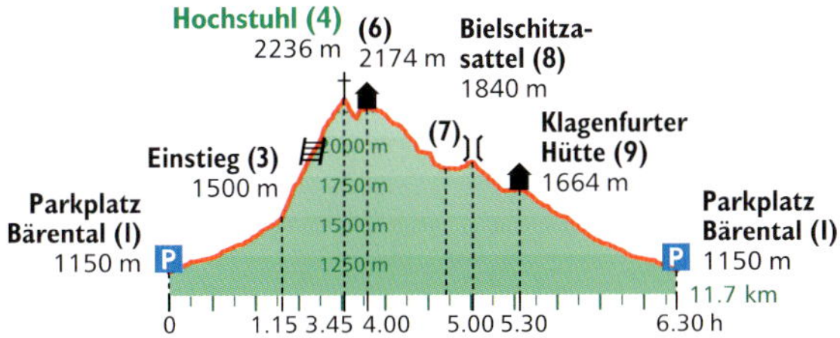

Vom Parkplatz im **Bärental (1)** gehen wir auf dem Güterweg zur Klagenfurter Hütte weiter, bis am Rande des großen **Nordkares** der Weg zum Klettersteig rechts abzweigt **(2)**, 1400 m. Auf gutem Steig kommen wir schnell zum **Einstieg (3)** am Fuße einer deutlich ausgeprägten Rippe, 1500 m. Rechts eines seichten Kamins überwinden wir das erste Wandl auf einer Klammernreihe, ein kleiner Überhang, die Querung einer Plattenreihe und wir haben den schwierigsten Abschnitt geschafft. Über erdige Felsrinnen geht es gut gesichert weiter, die Schwierigkeiten werden weniger, das Gehgelände wird mehr. Schließlich erreichen wir einen Absatz, hier beginnt der Steig, auf dem wir in flachen Kehren den schottrigen Gipfelaufbau hinaufsteigen und zuletzt über den Westgrat den **Hochstuhl (4)** erreichen. Auf breit ausgetretenem Weg steigen wir nach Süden ab in eine Mulde **(5)**, 2115 m; zur **Prešernova koča na Stolu (6)**, 2174 m, müssen wir jenseits wenige Meter wieder bergauf steigen. Aus der Mulde **(5)** führt unser Abstiegsweg nach Osten an den Rand des **Hochstuhlkars** und über steiles Geröll ein Stück bergab. Dann leiten uns die Markierungen nach links und in weitem Bogen umgehen wir das eigentliche Kar. Im Karboden angelangt wandern wir gemächlich Richtung Klagenfurter Hütte, nehmen bei einer **Wegteilung (7)**, 1800 m, den linken Weg und streben nun in ansteigender Querung dem **Bielschitzasattel** zu. Über eine felsige Rinne klettern wir in eine Scharte, wandern nach Norden in den **Sattel (8)**, 1840 m, und steigen auf steilem Geröllsteig hinunter zur **Klagenfurter Hütte (9)**, 1664 m. Von dort entweder auf dem Güterweg oder über die markierten Abkürzungen zurück zum Parkplatz im **Bärental (1)**.

Auf dem Weg vom Hochstuhl zum Hochstuhlkar.

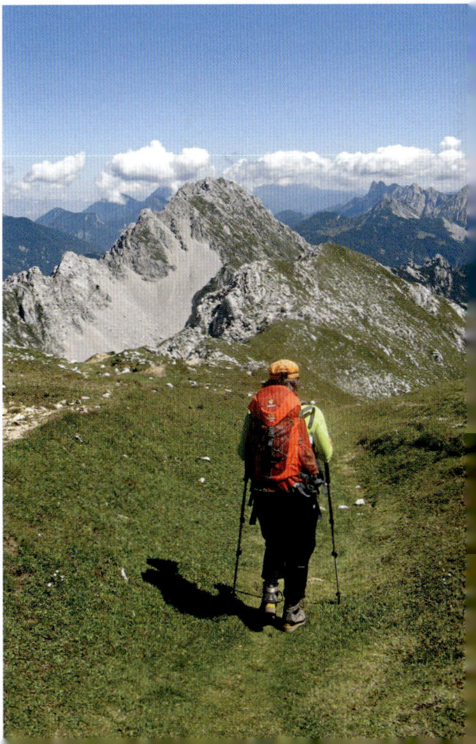

39 Mittagskogel / Kepa, 2145 m

Über den Ferlacher Sattel und die Nordostflanke ★★★

Das Postkartenmotiv vom Faaker See

Der Blick jedes Reisenden, der über Villach nach Süden fährt, bleibt irgendwann am Mittagskogel hängen – dieser markanten, unverwechselbaren Pyramide südlich des Faaker Sees. Das Motiv mit dem Marterl von Egg und dem Mittagskogel im Hintergrund ist auf zahllosen Postkarten verewigt. Interessante Gipfel haben die Menschen schon immer gereizt, und so zählt der Mittagskogel zu den beliebtesten Bergen im südlichen Kärnten. Es ist ein abwechslungsreicher und spannender Aufstieg von der Bertahütte durch die teils felsige, teils schottrige Nordostflanke. Im Mittelteil berühren wir ein Gämsenrevier, meist können wir in den Felsen seitlich des Weges ein paar Tiere beobachten, friedlich äsend oder uns neugierig beäugend. Die Aussicht vom Gipfel ist einzigartig: Gleich gegenüber, jenseits des Savetals, stehen die Julischen Alpen mit dem Triglav im Zentrum, und im Osten verschwimmen die Konturen der Karawanken und Steiner Alpen im Dunst. Unter uns breitet sich das Drautal aus und tiefblau blitzt der Faaker See herauf. Vom Parkplatz Bertahütte ist der Mittagskogel eine kurze Tagestour, allerdings ist die miserable Zufahrtsstraße nur für robuste Fahrzeuge mit großer Bodenfreiheit und ebenso robuste Fahrer geeignet. Wer sich und seinem Auto diese Tortur ersparen möchte, sollte von Kopein über die Roßalm zur Hütte aufsteigen (wie in der Variante beschrieben).

Das Marterl von Egg mit Faaker See und Mittagskogel (links).

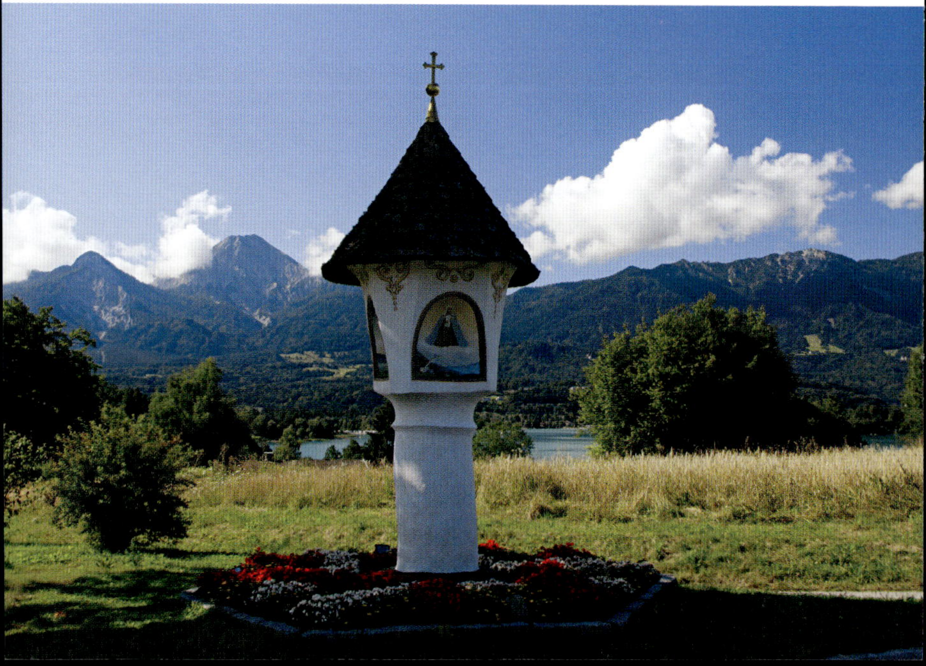

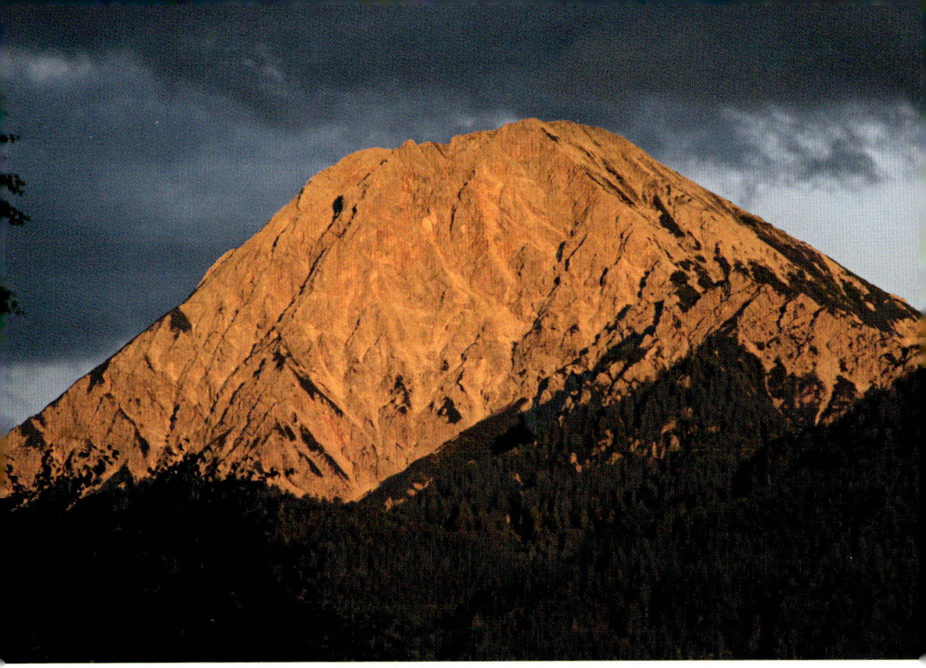

Der Mittagskogel im Licht der Abendsonne.

KURZINFO

Talort: Finkenstein am Faaker See, 559 m.

Ausgangspunkt: Von Finkenstein über Latschach bis zum Ortsteil Ledenitzen. Hinter dem Hotel Mittagskogel rechts abbiegen Richtung Kopein. Nach ca. 500 m zweigt rechts die geschotterte Fahrstraße zur Bertahütte ab. Bis Illitsch-Rauth, 975 m (wenig Parkmöglichkeit), gut befahrbar, dann wird die Straße steil und sehr schlecht mit tiefen Querrinnen, viel Schotter und teils schmierigem Belag, Allradfahrzeug von Vorteil. Parkplatz vor einer Schranke, 1170 m.

Verkehrsmittel: Busverbindung von Villach Hbf. zum Hotel Mittagskogel, zu Fuß in 3 Std. entlang der Fahrstraße zum Ferlacher Sattel.

Gehzeit: 5.15 Std.

Höhenmeter: 1000 Hm.

Anforderungen: Bis zum Ferlacher Sattel bzw. zur Bertahütte leicht. In der Querung in das Mittagskogelkar einige heikle Stellen, dann steiler und ruppiger Weg durch das Kar, Trittsicherheit erforderlich. Vorsicht bei Altschneefeldern im Frühsommer. Das ostseitige Kar ist im Sommer sehr heiß (Morgensonne, Latschen), keine Quelle.

Einkehr: Bertahütte, 1567 m, bew. Mitte Mai–Mitte Oktober, Tel. +43 664 7943057, bertahuette-mittagskogel.at.

Karte: F&B WK 224 oder 0233.

Variante: Vom Hotel Mittagskogel bis Kopein fahren, großer Parkplatz beim Gasthof Sticker, 846 m. Wir gehen etwa 5 Min. weiter zur Kl. Märchenwiese, dort zweigt der mit 24 markierte Weg zur Roßalm ab. Anfangs auf einem Forstweg, dann auf Steig zur Roßalm, 1079 m, mit der Hütte »ober der Arichwand«, einer Selbstversorgerhütte des Slowenischen Alpenvereins Klagenfurt. Von den Wiesen der Roßalm folgen wir dem Wegweiser zur Bertahütte auf dem mit 679 markierten Steig durch den Wald aufwärts, zweimal eine Forststraße überquerend, zu einer Hangkante nordöstlich unter der Ferlacher Spitze, ca.

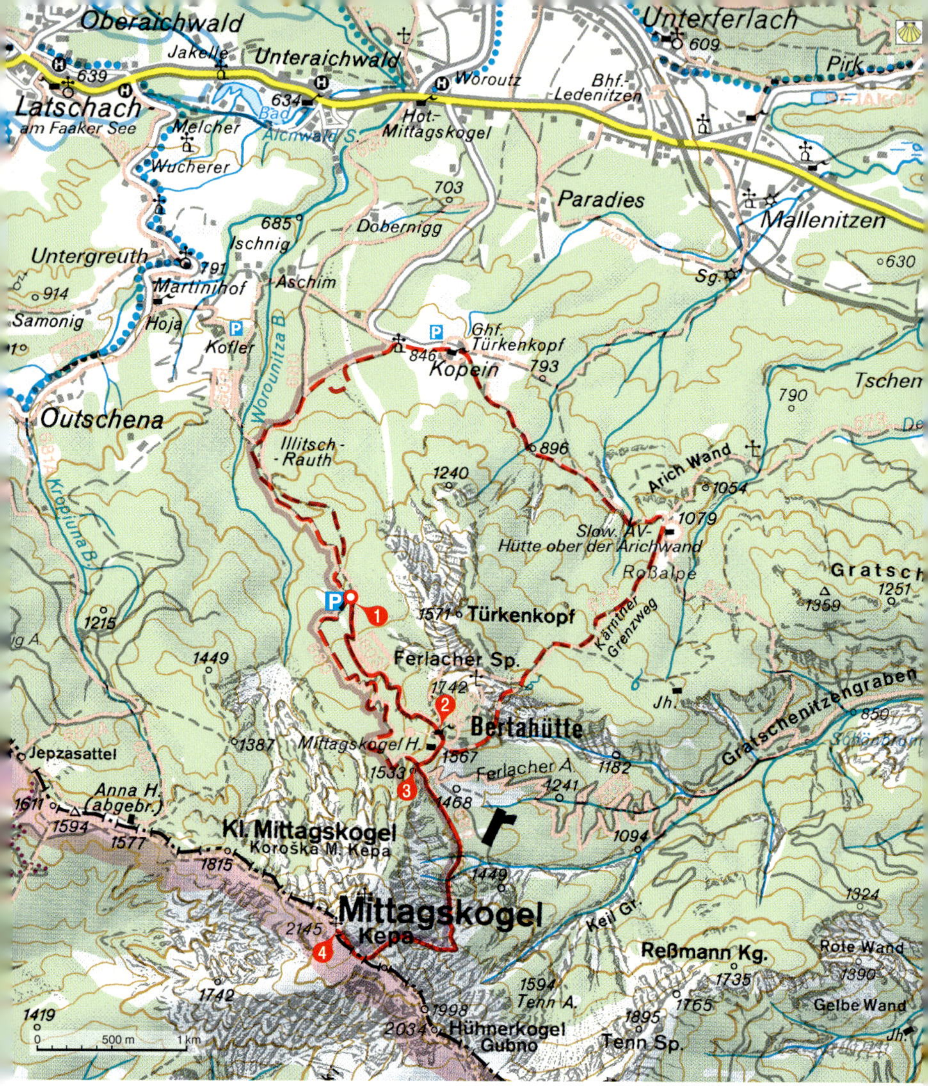

1580 m. Nun queren wir leicht absteigend durch das ostseitige Kar der Ferlacher Spitze, treffen auf eine Almstraße und gehen auf dieser nach rechts zum Ferlacher Sattel. Um nach dem Mittagskogel zu unserem Ausgangspunkt zurückzukehren, steigen wir von der Bertahütte auf Weg 603 Richtung Parkplatz Bertahütte ab, gehen jedoch nicht zum Parkplatz, sondern bleiben auf dem Waldweg. Dieser mündet kurz vor Illitsch-Rauth in die Fahrstraße. Auf der Straße weiter bergab, bis rechts der Weg nach Kopein abzweigt. Der bequeme Weg führt nahezu eben durch lichten Kiefernwald bis zu einem tief ausgewaschenen Schottergraben, dessen steile Abbruchkanten uns zu einem kurzen Umweg zwingen, bis wir den Schotter problemlos überqueren können (gut markiert). Jenseits des Grabens setzt sich der Weg dann wieder sehr schön fort bis nach Kopein. Aufstieg zum Ferlacher Sattel 2.15 Std., Abstieg ab Bertahütte 2 Std.

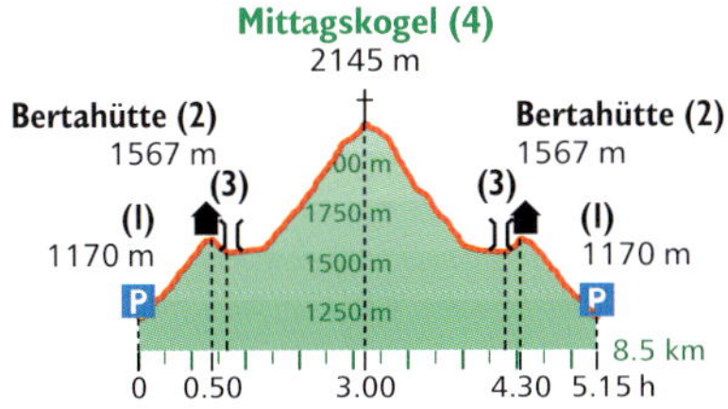

Hinter der **Schranke (1)** setzt sich die Schotterstraße fort in den Ferlacher Sattel und zur Bertahütte. Wir können bequem auf der Straße zum Sattel gehen oder, wesentlich schöner, kurz nach der Schranke links abbiegen und auf dem mit 603 markierten Waldweg direkt zur **Bertahütte (2)**, 1567 m, aufsteigen. Von der Hütte geht es dann auf der Zufahrtsstraße in wenigen Minuten hinunter in den **Ferlacher Sattel (3)**, 1500 m. Der Weg zum Mittagskogel führt vom Ferlacher Sattel nahezu eben nach Süden in das **Mittagskogelkar** (einige ausgesetzte Stellen und Drahtseilversicherungen). Über Schotter und leichte Felsen steigen wir durch das üppig mit Latschen bewachsene Kar in vielen Kehren zur Kammhöhe auf und wandern auf breit ausgetretenem Weg etwas unterhalb des Grates nach Westen hinauf zum großen Gipfelkreuz des **Mittagskogels (4)**. Der **Abstieg** folgt dem Aufstiegsweg.

Auf dem Mittagskogel, Tiefblick zum Faaker See.

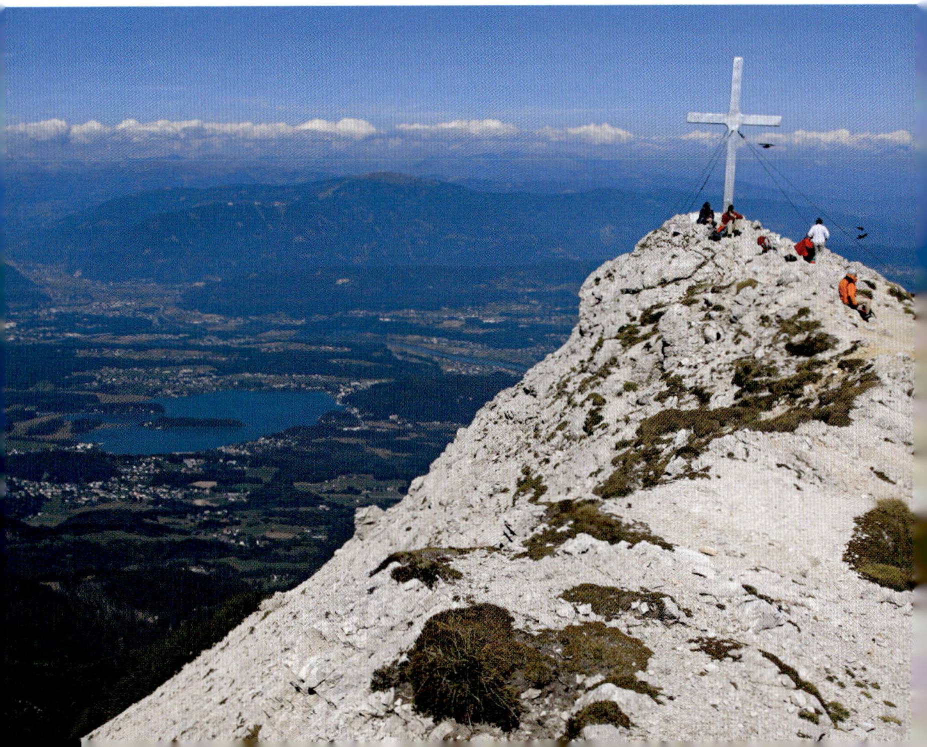

40 Dobratsch, 2166 m

Vom Parkplatz Rosstratte über den Jägersteig ★★

Spannend auf den Villacher Hausberg

Das mächtige Massiv der Villacher Alpe mit dem Dobratsch als höchstem Gipfel trennt das Gailtal im Süden vom Drautal im Norden. Einem Inselberg gleich zeichnet es sich durch eine umfassende Aussicht aus. Die Nähe zur Stadt Villach und die ganzjährig befahrbare Villacher Alpenstraße machen die Villacher Alpe sommers wie winters zu einem beliebten Ausflugsziel. Neben vielen interessanten Stationen entlang der Mautstraße, unter anderem einem Alpenblumengarten, ist der Kulminationspunkt die Rosstratte an ihrem Ende: Aussichtsbalkon, Einkehrstation, Kinderspielplatz und Ausgangspunkt für die Gipfelbesteigung. Ein Wirtschaftsweg führt als schmale Sandstraße von hier zum Dobratsch-Gipfelhaus. Neben Neben der futuristisch anmutenden Hütte ziert ein riesiger Sendemast des ORF den Gipfel, was diesem ein unverwechselbares Profil verleiht. Neben diesen modernen finden wir am Gipfel auch zwei schöne alte Bauwerke, zwei Marienkirchen aus dem 17. Jahrhundert: auf der Kammhöhe die Deutsche Kirche, eine der höchstgelegenen Wallfahrtskirchen Europas, und knapp unterhalb des Gipfels, in die steile Südwestflanke geduckt, die kleine Windische Kirche. Im Naturpark Dobratsch gibt es jedoch noch mehr Kostbarkeiten, allein der Name »Schütt« lässt uns aufhorchen: 1348 erschütterte ein schweres Erdbeben die Stadt Villach und Umgebung und führte am Dobratsch zu einem gewaltigen Bergsturz – Unmengen an Gestein donnerten von der Roten Wand in die Tiefe. Neueste Forschungen haben allerdings ergeben, dass in der Schütt auch Gestein aus älteren Bergstürzen lagert. Heute zählt die Urlandschaft der Schütt zu den interessantesten Gebieten, um – ungestört von menschlichen Eingriffen – die Entwicklung einer einzigartigen Flora und Fauna von wärmeliebenden Pflanzen und Tieren zu beobachten. Hier haben Sandvipern, Smaragdeidechsen, der kleine Deutsche Skorpion und zahlreiche Schmetterlinge ihren Lebensraum. Auf der Gladiolenwiese am Ortsrand von Oberschütt blüht im Juni die Illyrische Gladiole, eine mediterrane Pflanze, die hier ihren einzigen Standort in Österreich hat.

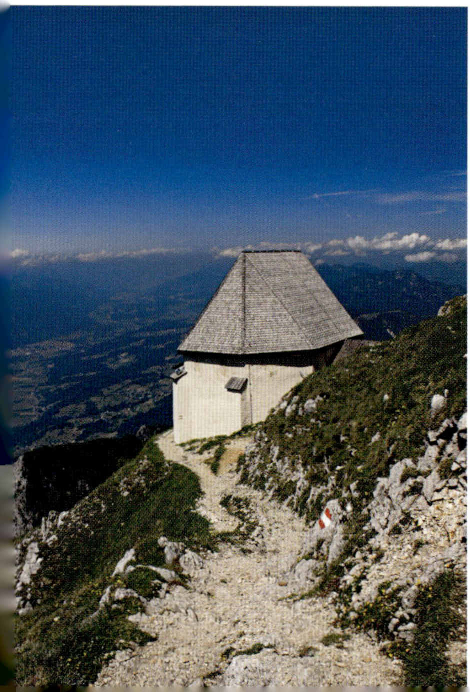

Die Windische Kirche am Dobratschgipfel.

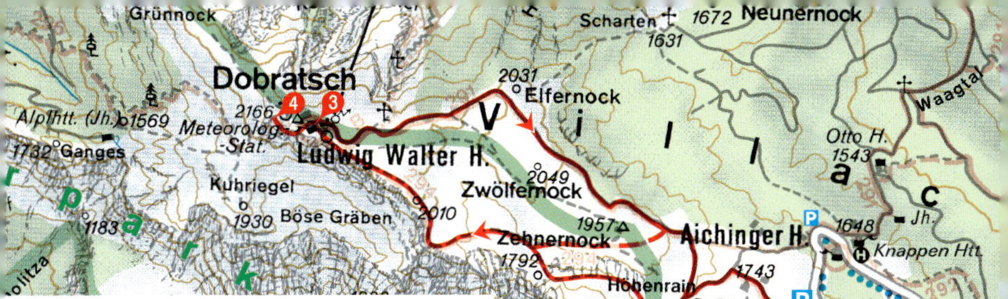

KURZINFO

Talort: Villach, 501 m.

Ausgangspunkt: Von Villach über Judendorf zur Mautstelle und über die Villacher Alpenstraße zum großen Parkplatz Rosstratte, 1733 m.

Verkehrsmittel: Naturparkbus Dobratsch von Villach auf die Villacher Alpe, Infos und Fahrplan unter postbus.at/de/unsere-leistungen/rad-wanderbusse/naturpark-dobratsch-sommer.

Gehzeit: 3.30 Std.

Höhenmeter: 500 Hm.

Anforderungen: Der Jägersteig ist eine alpine Route (d.h. der Weg wird nicht gewartet), teilweise ausgesetzt und nur für trittsichere Wanderer geeignet.

Einkehr: Berggasthof Roßtrattenstüberl, Tel. +43 4242 219517; Dobratsch-Gipfelhaus, 2143 m, ÖAV, ganzjährig geöffnet, Tel. +43 720 350340, dobratsch-gipfelhaus.com.

Karte: F&B WK 224.

Varianten: 1. Über den Zehner (Zehnernock), 1957 m: Vom Parkplatz Rosstratte auf der Sandstraße etwa 20 Min. bergauf, beim Wegweiser »Zehnernock über Bärengraben« links abzweigen und in 20 Min. auf den Gipfel (Unterstandshütte). Von der Hütte über Wiesen kurz bergab und nach einem ebenen Wegstück steiler Abstieg zum Jägersteig; auf ihm hinauf zum Dobratsch-Gipfel. 2 Std.
2. Bergsturzgelände Schütt: Durch die Schütt führt von Oberschütt nach Federaun ein schöner, leichter Wanderweg, der interessante Einblicke in diese ungewöhnliche Landschaft bietet, hin und zurück 2 Std.
3. Zur Villacher Alpe über die Rote Wand: Von Oberschütt auf breitem Weg zum Almgasthof Schütt an der Gail. Dort beginnt ein sehr steiler Pfad, der sich durch den romantischen Schütter Wald und die Abbrüche nahe der Roten Wand schlängelt und dabei faszinierende Einblicke in das Bergsturzgelände ermöglicht. Nahe dem Alpengarten erreicht er die Villacher Alpenstraße; Abstieg auf demselben Weg. Nur für trittsichere und schwindelfreie Bergsteiger, Aufstieg 3 Std., Abstieg 2 Std.

Am **Parkplatz Rosstratte (1)** fällt uns bereits das helle Band der Sandstraße auf, das jedem turnschuhbewehrten Ausflügler den Weg zum Dobratsch ermöglicht. Wir folgen ihm bis zur **ersten Kehre (2)**, 1790 m, hier geht es links zum Gams- und Gipfelblick, den wir über

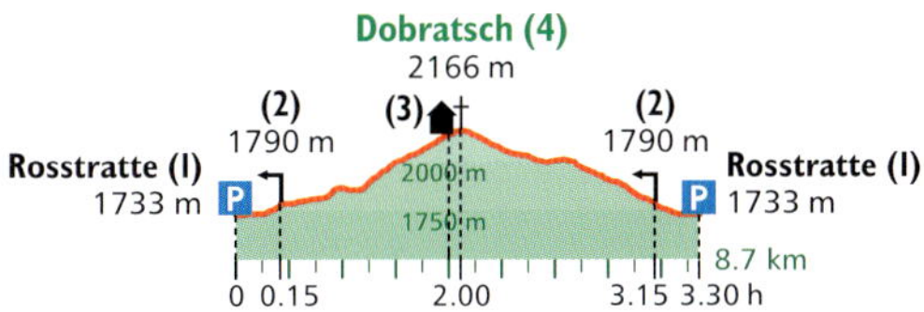

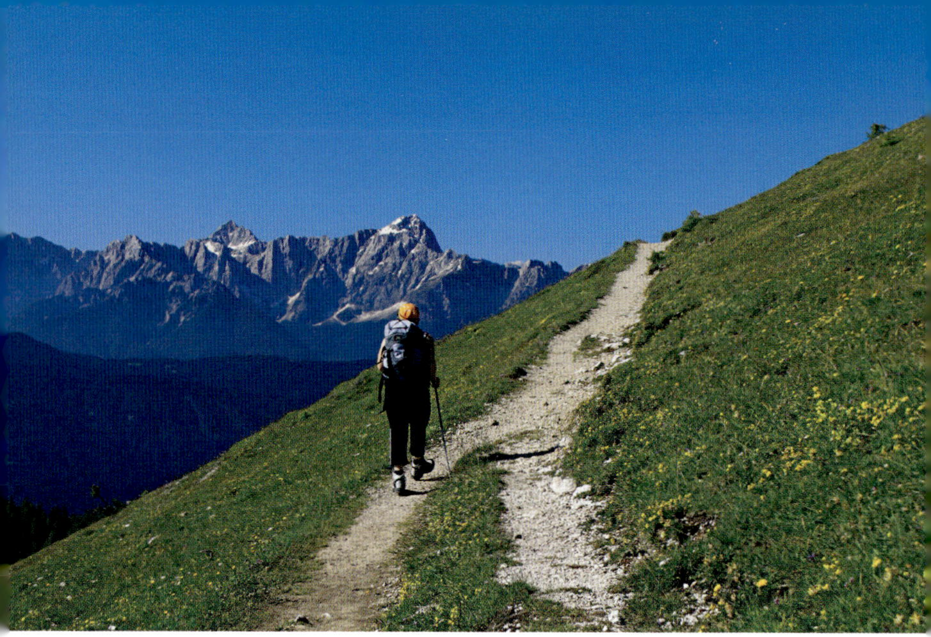

Die Julischen Alpen mit Jalovec (links) und Mangart (rechts) vom Weg zur Aussichtsplattform.

blumenreiche Almwiesen in 5 Minuten erreichen. Hinter der großen Aussichtsplattform beginnt der **Jägersteig**, der durch die steile und ausgesetzte Südflanke des Zehnernocks in Richtung Dobratsch führt. Neben grandiosen Tiefblicken auf das rund 1000 Meter tiefer gelegene Gailtal und fantastischen Ausblicken in die Julischen Alpen beschert er uns interessante Nahblicke auf bizarre Felstürmchen am Weg. In einer **Senke** mündet von rechts der Weg herab vom Zehner und vereinigt sich mit dem Jägersteig. Durch einen meist heißen Latschenhang mit schönen Ausblicken in die Südwand des Dobratsch steigen wir auf bis zum **Gipfelhaus (3)**, 2143 m; von dort sind es nur noch wenige Minuten zur **Deutschen Kirche**, zum kreuzgeschmückten **Gipfel (4)** und zur **Windischen Kirche**.

Im **Abstieg** folgen wir dem hellen Band der Sandstraße und bummeln gemütlich bergab zum Ausgangspunkt am **Parkplatz Rosstratte (1)**.

Illyrische Gladiole.

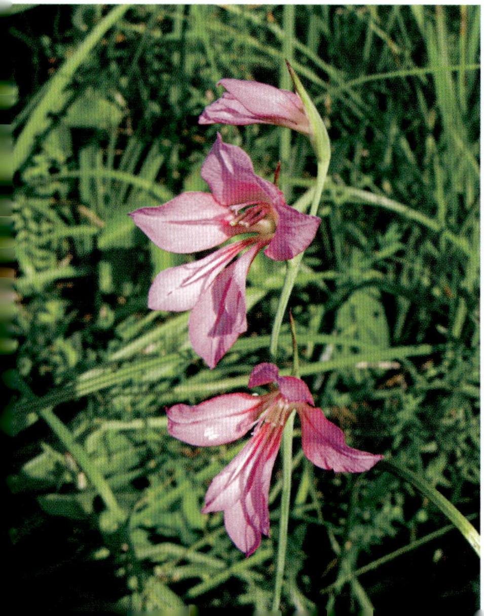

Graslitzen, 2044 m

Von Förolach über die Südflanke

★★

Gratwanderung hoch über dem Gailtal

Zum Tourengebiet von Hermagor gehören die steilen, grasdurchsetzten Felsgipfel des Spitzegel und des Vellacher Egel und die doppelgipfelige Graslitzen mit ihrem Zackengrat. Egel bedeutet »Nadel«, und Nadeln gleich ragt das Dreigestirn in den Himmel. Die Graslitzen zeichnet sich gegenüber ihren spitzigen Nachbarn durch eine herrliche Kammwanderung vom West- zum Ostgipfel aus mit einer Länge von mehr als 1 km, bei der uns das ganze Gailtal zu Füßen liegt. Die steilen, grasigen Südflanken, über die unser Weg führt, sind im Hochsommer allerdings sehr heiß, da lockt uns zur Abkühlung nach der Tour der nahe gelegene Pressegger See, aufgrund seiner warmen Temperaturen auch »Badewanne Kärntens« genannt.

KURZINFO

Talort: Förolach im Gailtal, 619 m.
Ausgangspunkt: Von der Hauptstraße, die an Förolach vorbeiführt, beim Gasthaus Rubenthaler abbiegen und durch das Dorf auf schmaler Straße geradeaus nach Norden zum Wald, dort rechts zu einer Lichtung mit Stall, Parkmöglichkeit auf der Wiese, 650 m.
Verkehrsmittel: Haltestelle Görtschach-Förolach an der Bahnstrecke Villach–Kötschach-Mauthen–Hermagor, zu Fuß in ca. 15 Min. zum Ausgangspunkt.
Gehzeit: 7.00 Std.
Höhenmeter: 1450 Hm.
Anforderungen: Durchgehend sehr anspruchsvolle Bergtour über steile Grasflanken, Trittsicherheit und Schwindelfreiheit sind erforderlich, bei Nässe gefährlich, im Frühsommer oftmals harte Altschneefelder in der Querung zum Förolacher Sattel. Alte, verwaschene Markierungen, die teilweise schwer zu erkennen sind.
Einkehr: Unterwegs keine Möglichkeit.
Karte: F&B WK 223.

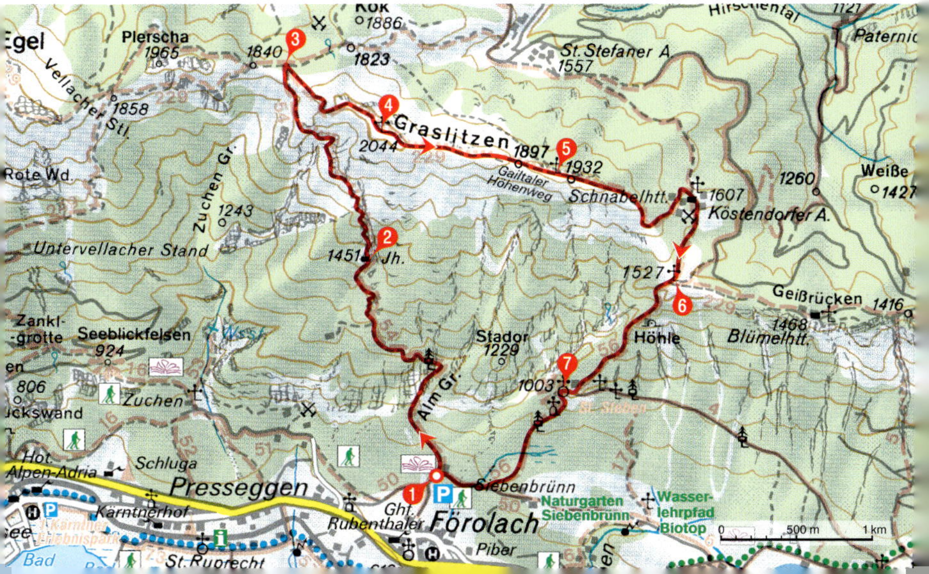

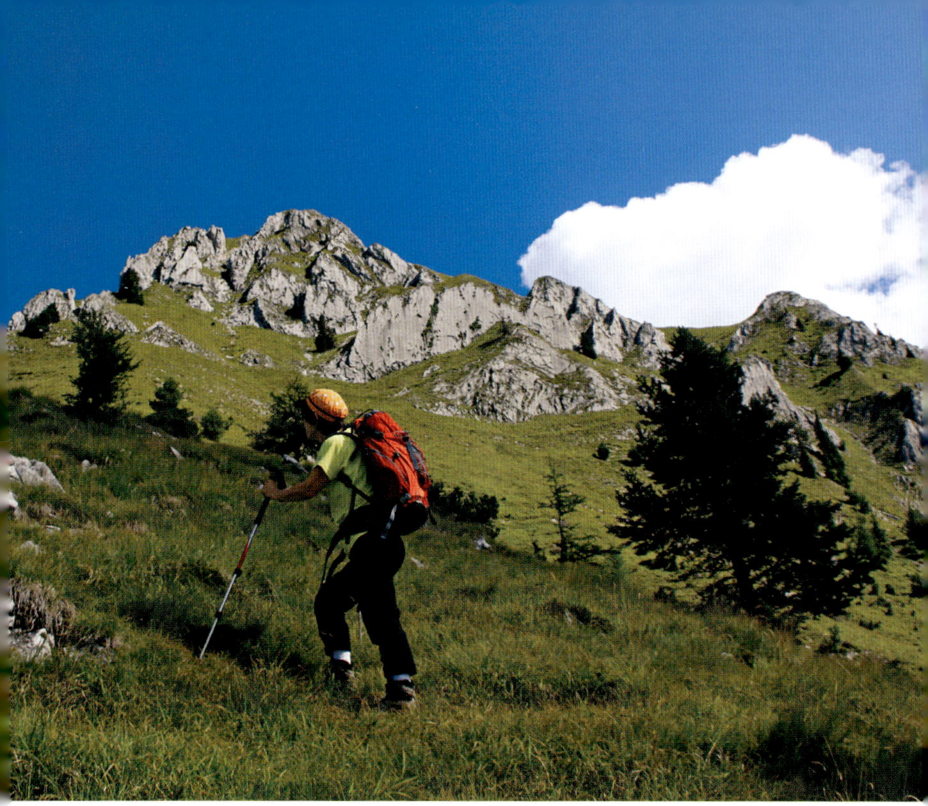

Steile Grashänge unter der Graslitzen auf dem Weg zum Förolacher Sattel.

Wir gehen vor dem **Stall (1)** über die Wiese nach Norden in den Wald (alte, schwache Markierungen Nr. 54). Schon bald wird die Wegspur deutlicher und lässt uns, zunächst nur sanft steigend, gemächlich unseren Rhythmus finden. Sehr steil und weglos geht es dann im **Almgraben** über Schotter und Felsen bis auf ca. 900 m, wo uns eine große runde Markierung nach links aus dem Graben lotst, dann ebenso steil im Wald parallel zum Graben bis auf 1050 m. Hier beginnt ein angenehmer Waldsteig, der an einer kleinen **Jagdhütte (2)**, 1451 m, mit schö-

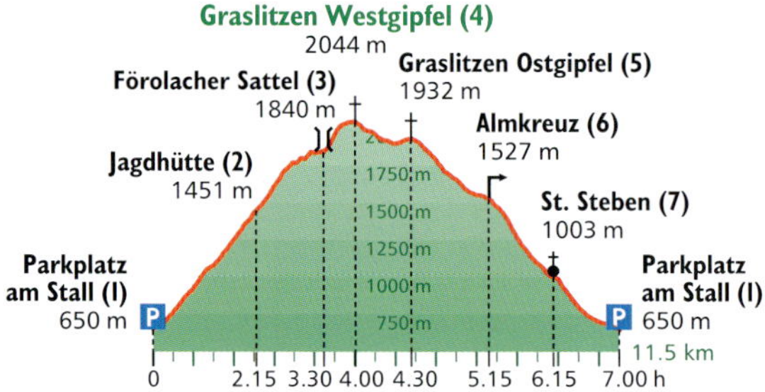

nem Blick zum Pressegger See endet (guter Rastplatz). Der weitere Aufstieg führt östlich der Hütte steil über die Wiese (verwaschene Markierungen) in den Wald und über eine Rippe in gleichbleibender Steilheit in einen felsdurchsetzten Grashang. Der schwach ausgeprägte Steig führt in Kehren den Hang hinauf und biegt bei einer **verkrüppelten Fichte** (Pfeil an Fels unter den Ästen) nach links in eine lange Querung durch die Westflanke unseres Berges zum **Förolacher Sattel (3)**, 1840 m. Hier baut sich der Westgrat der Graslitzen auf; teils südlich unterhalb des Grates, teils auf der Gratschneide steigen wir zum **Westgipfel (4)**, 2044 m, auf. Mal auf schmaler Schneide, über harmlose Felsen balancierend, dann wieder auf breitem Rücken wandern wir den grasigen Grat entlang zum **Ostgipfel der Graslitzen (5)**, 1932 m. Im **Abstieg** bleiben wir vorerst am Grat, umgehen eine erste Steilstufe links in der Nordflanke und auf ca. 1800 m eine zweite Stufe rechts in der Südflanke (leicht zu verfehlen), um dann nach Norden zu queren. Wir kommen an der privaten **Schnabelhütte** vorbei und erreichen kurz darauf die **Köstendorfer Alm**, 1607 m; von dort führt ein breiter Almweg nach Süden zu einem **Almkreuz (6)**, 1527 m. Hier biegen wir rechts ab, überklettern einen Zaun und steigen auf schmalem Steig durch die sehr steile, felsdurchsetzte, später bewaldete Südflanke in vielen Kehren hinunter zum kleinen **Kirchlein St. Steben (7)**, 1003 m (schöner Rastplatz), und ebenso steil weiter, bis unser Weg in einen Forstweg mündet. Auf diesem nach Westen zurück zum **Ausgangspunkt (1)**.

Beim Kirchlein St. Steben, Blick über das Gailtal zu den Julischen Alpen.

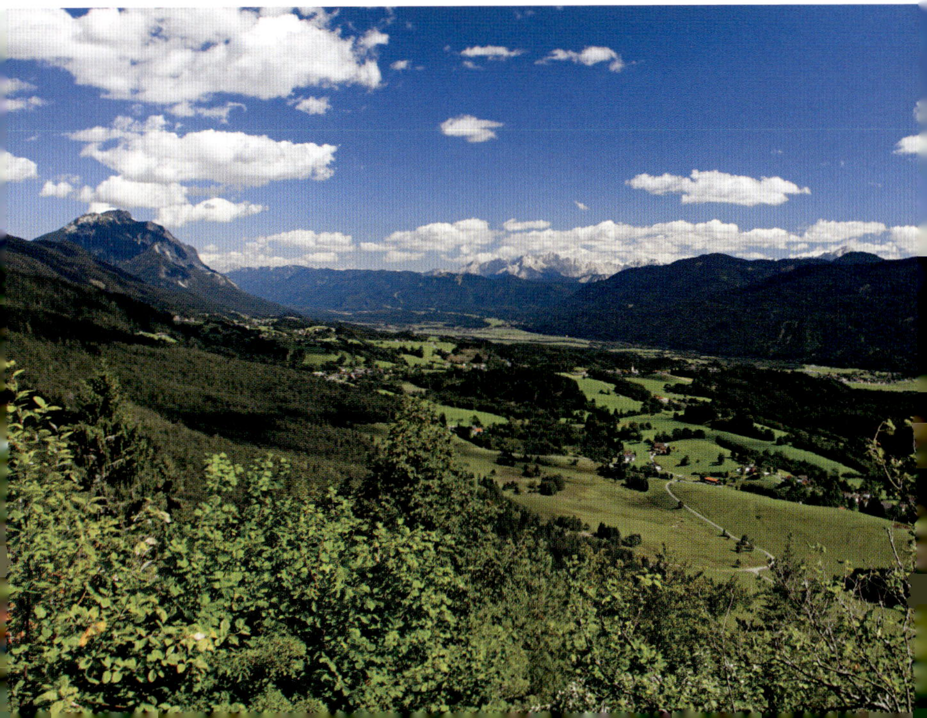

42 Latschur, 2236 m

Vom Weißensee über die Stosia ★★

Der Wächter über dem Drautal
Der berühmteste Berg in der sonst wenig bekannten Latschurgruppe ist das Goldeck, über dessen Panoramastraße der Ausflugsverkehr brummt. Viel stiller ist es dagegen am Latschur, dem höchsten Gipfel der Gruppe, denn die Anstiege zu ihm sind lang. Dafür belohnt er seine Besucher mit einem umfassenden Panoramablick und einem gigantischen Tiefblick in das Drautal hinunter. Und noch ein paar Schmankerl hält der Berg für uns bereit: Im Frühsommer schmücken sich die weiten Grashänge mit den schönsten Blumen, und der Weißensee wartet bei der hier vorgeschlagenen Runde noch mit einer gemütlichen Bootsfahrt und einem erfrischenden Bad auf uns. Der dunkel-tiefgründige, fjordähnliche See verdankt seinen seltsamen Namen dem hellen, seichten, kalkhaltigen Streifen, der nahezu das gesamte Ufer umgibt.

KURZINFO

Talort: Paternion, 518 m, und Gemeinde Stockenboi, ca. 800 m.
Ausgangspunkt: Von Paternion über Stockenboi zum Weißensee-Ostufer, großer Parkplatz, 932 m; 100 m weiter ist das Gasthaus Dolomitenblick mit der Schiffsanlegestelle.
Endpunkt: Neusach, Gasthaus Seefriede mit Schiffsanlegestelle, 932 m.
Verkehrsmittel: Weißenseeschifffahrt: Zwischen 10 und 19 Uhr etwa stündlich Schiffsverkehr über den Weißensee, letzte Rückfahrt ab Gasthaus Seefriede: Hauptsaison 18.20 Uhr, Vor- und Nachsaison 16.20 Uhr, Fahrplan und Infos unter weissenseeschifffahrt.at.
Gehzeit: 7.15 Std.

Am Weißensee.

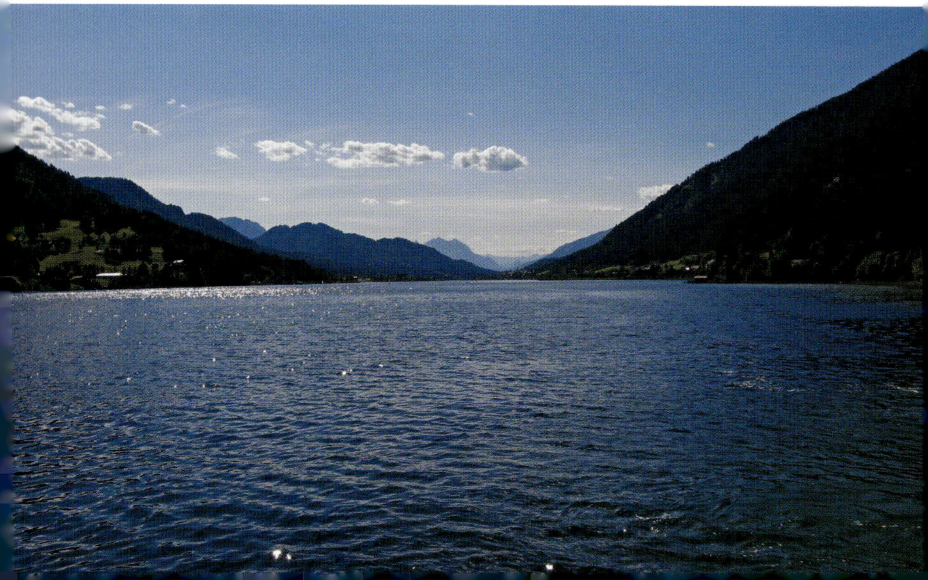

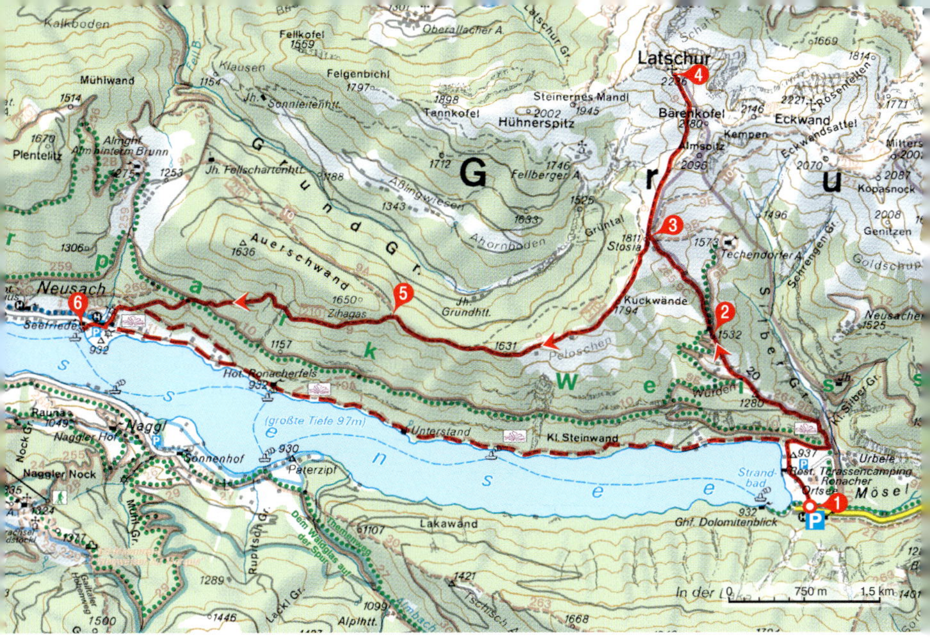

Höhenmeter: 1300 Hm.
Anforderungen: Landschaftlich sehr reizvolle und abwechslungsreiche Bergwanderung mit einigen steilen und ausgesetzten Passagen, die Ausdauer und Trittsicherheit erfordert.
Einkehr: Unterwegs keine Möglichkeit; Gastronomiebetriebe am Weißensee.
Karte: F&B WK 223.

Variante: Sehr schöner Wanderweg entlang des Weißensee-Nordufers zum Seecafé Ronacher, dann geschotterte Fahrstraße bis Neusach. Der Weg verläuft überwiegend am Wasser, nur die Kl. Steinwand wird oberhalb der Felsklippe umgangen. Unterwegs mehrere Schiffsanlegestellen, leicht, ca. 2 Std. bis Neusach.

Vom **Parkplatz am Weißensee-Ostufer (1)** gehen wir über den Weißenbach, dann am Campingplatz vorbei zu einer Wegteilung: links führt der Uferweg über den Ronacherfels nach Techendorf, wir gehen rechts Richtung **Techendorfer Alm**. Dabei haben wir zwei Möglichkeiten: Bequem und weit über die geschotterte Fahrstraße oder direkt hoch durch den Wald. Auf dem direkten Aufstieg berühren wir die lieblichen Wurdenmähder und gelangen kurz darauf in eine Windbruchzone, deren Durchquerung, solange noch nicht alle Schä-

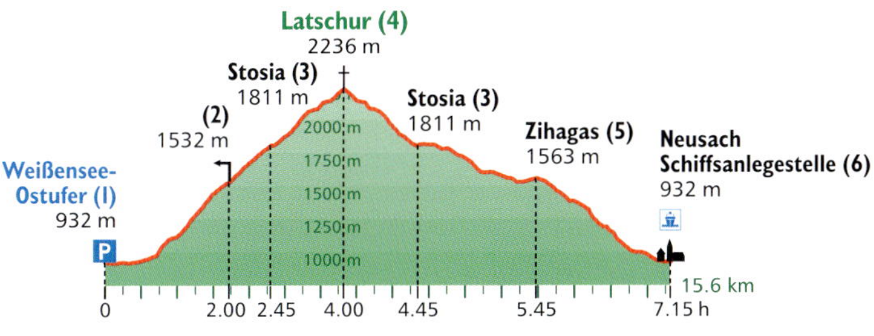

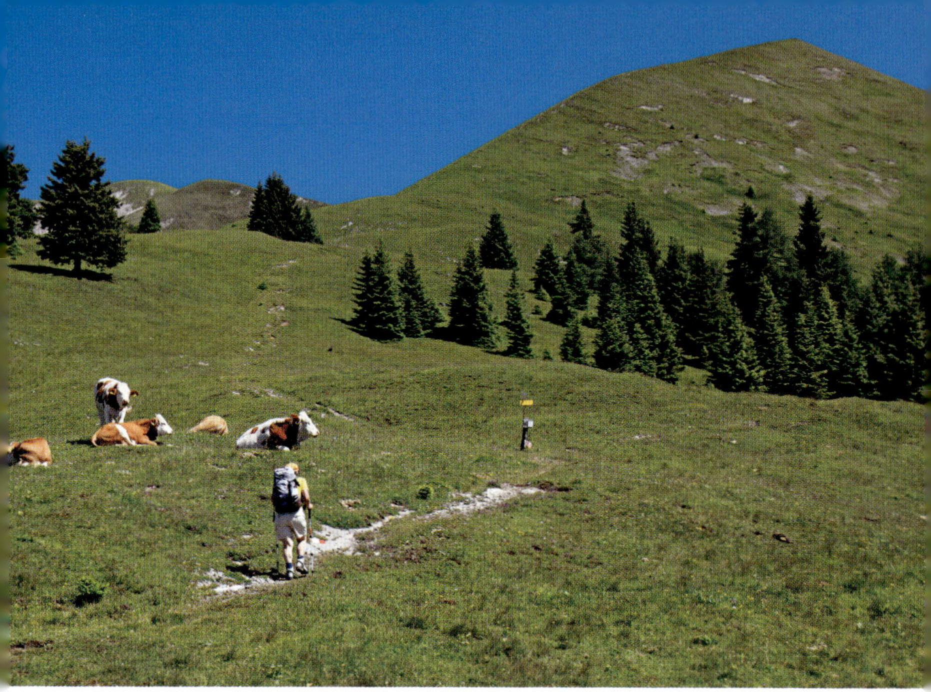

Almidylle auf der Stosia.

den beseitigt sind und die Markierungen fehlen, etwas mühsam ist; wir halten uns dabei links aufwärts, wo uns immer wieder Steigspuren helfen. Der weitere Aufstieg ist steil, aber gut zu gehen. Mehrmals überqueren wir die Fahrstraße, bis unser Steig endgültig in die **Almstraße** mündet. Wir folgen ihr, bis sie nach Norden biegt, kurz darauf zweigt der direkte Weg zur Stosia links ab **(2)**, 1532 m; über die Techendorfer Alm ist der Weg zur Stosia etwa 15 Min. länger. Wunderschön wandern wir auf einem Wiesenweg am Waldrand entlang bis auf die weite **Hochfläche Stosia (3)**, 1811 m, wo wir uns nach rechts wenden. Über einen gemächlich steiler werdenden Grasrücken wandern wir Richtung Almspitz und Bärenkofel hinauf, können jedoch beide Gipfel auf gutem Weg in der Westflanke umgehen und gelangen in einen **Sattel**. Nun noch ein letzter Aufschwung und wir stehen auf dem **Latschur (4)**.

Im **Abstieg** kehren wir zur **Stosia (3)** zurück und gehen geradeaus weiter Richtung Zihagas. Ein herrlicher Weg verläuft über den weiten Kammbogen, an den Kuckwänden vorbei, durch Wald und über die Peloschenwiesen bis zur **Zihagas (5)**, 1563 m. Hier teilen sich nochmals die Wege, wir gehen links und queren auf gut angelegtem Weg über den steilen Norduferhang hinunter zum **Weißensee**. Wir erreichen **Neusach**, 932 m, und gehen durch den Ort nach Westen bis zum **Gasthaus Seefriede**, dort befindet sich die **Schiffsanlegestelle (6)**. Mit dem Schiff zurück zum **Weißensee-Ostufer (1)** mit dem Gasthaus Dolomitenblick.

Reißkofel, 2371 m

Von Weißbriach über die E.T.-Compton-Hütte ★★★

Auf den Spuren des berühmten Alpenmalers

Edward Theodore Compton, 1849 in London geboren, reiste als junger Mann wegen eines Bronchialleidens in die Schweizer Berge und war nach einer Besteigung des Titlis so fasziniert, dass er seinen Wohnsitz in die Alpenregion verlegte. Mit seiner Münchner Ehefrau ließ er sich in Feldafing am Starnberger See nieder, wo er 1921 starb. Er war der erste Maler, der sich intensiv mit der alpinen Hochgebirgswelt auseinandersetzte und Bergmotive sehr realitätsbezogen in die Malerei umsetzte. Mit dem berühmten Leipziger Diorama, 16 m hoch und 40 m im Durchmesser, schuf er einen Bergpanoramablick, mit dem er wesentlich zur Sehnsucht der Stadtmenschen nach den Bergen und einem zunehmenden Alpentourismus beitrug. Compton selbst entwickelte sich zum ausgezeichneten Bergsteiger und war regelmäßiger Gast in Greifenburg im Drautal. Vom Deutschen und Österreichischen Alpenverein als Künstler und Bergsteiger sehr geschätzt, sollte daher die neugebaute Hütte am Reißkofel seinen Namen tragen. Compton war noch bei der Wahl des Bauplatzes behilflich, die Einweihung »seiner« Hütte erlebte er jedoch nicht mehr. Der Reißkofel, in seiner Form an einen Dolomitenberg erinnernd, wurde erstmals 1848 von dem Gemsjäger und Bergführer Johann Festin bestiegen, 1855 führte er Paul Grohmann als ersten Touristen auf die Spitze. Heute ist der höchste Berg der Gailtaler Alpen ein beliebtes Ziel. Vom Reißkofelbad ist der Berg über die – im Sommer extrem heiße – Südflanke als Tagestour zu bewältigen. Viel schöner und entspannter ist jedoch der Weg über die Nordflanke mit Übernachtung auf der heimeligen Compton-Hütte. Mit Abstieg über den Höhenzug des Sattelnocks ergibt sich eine großartige Runde.

Unterwegs zum Gipfelaufbau, in der Bildmitte der Reißkofel.

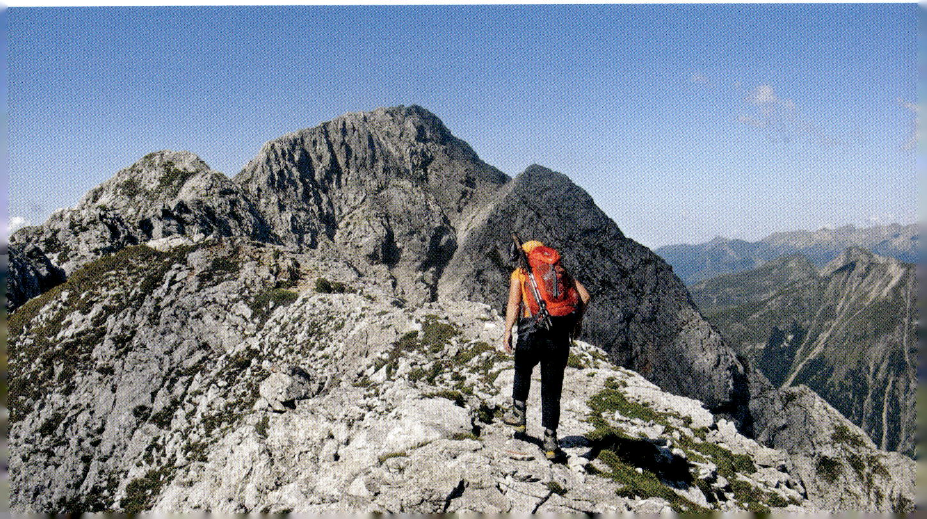

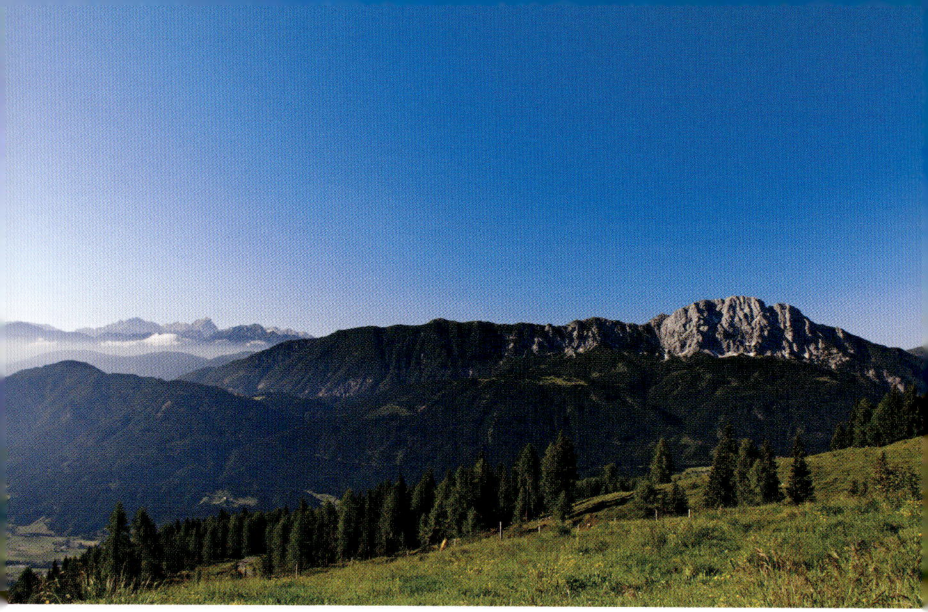

Die Nordseite des Reißkofels, links der Höhenzug über den Sattelnock.

KURZINFO

Talort: Weißbriach im Gitschtal, 817 m.
Ausgangspunkt: Von der Umgehungsstraße von Weißbriach in Fahrtrichtung Weißensee links nach Weißbriach abbiegen und geradeaus bis zum großen Parkplatz beim Kurhaus. Zu Fuß etwa 300 m auf der Straße bis zum Beginn des Gösseringgrabens, 817 m.
Verkehrsmittel: Busverbindung vom Bahnhof Hermagor nach Weißbriach.
Gehzeit: 10.15 Std., verteilt auf 2 Tage.
Höhenmeter: 1700 Hm.
Anforderungen: Bis zur Compton-Hütte leicht, überwiegend Forst- und Almstraßen. Der Aufstieg zur Schaflerhöhe und der Weg über den Sattelnock können bei Nässe schmierig und rutschig sein. Gipfelanstieg Reißkofel leichte Kletterei (bis I), teilweise ausgesetzt, Trittsicherheit und Schwindelfreiheit nötig. Die gesamte Route ist bestens markiert.
Einkehr/Übernachtung: E.T.-Compton-Hütte, 1585 m, ÖAV, bew. 1. Juni–30. September, Tel. +43 676 7506886, alpenverein.at/etcomptonhuette.
Karte: F&B WK 223.

1. Tag: Unser Weg ist klar vorgegeben: Von **Weißbriach (1)** wandern wir auf einer Almstraße, am Gösseringbach entlang und an den Ruinen alter Industrieanlagen aus dem 19. Jh. vorbei, durch den romantischen **Gösseringgraben**. In Gösse-

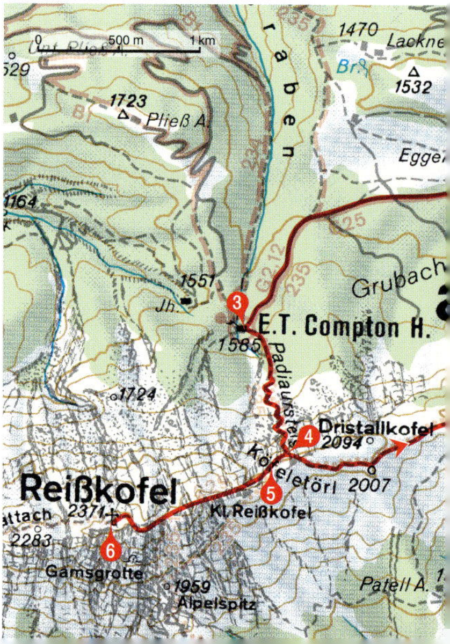

ring, 963 m, verlässt die Straße mit einer scharfen Kehre den Gösseringgraben, wir gehen am Wasser entlang geradeaus weiter auf dem mit 238a markierten Weg zur Pfarreben (nicht dem Wegweiser zur Compton-Hütte über die Waisacher Alm folgen!).
Bei **P. 1092 (2)** verlässt unser Weg den Gösseringbach, um zur **Pfarreben**, 1160 m, aufzusteigen, einer Weggabelung im Wald. Ab dieser Stelle folgen wir dem Wegweiser zur Compton-Hütte, zuerst auf Weg 11, dann auf Weg 239. Wir passieren die Abzweigung zur Funderalm, der Wald lichtet sich und wir wandern über herrliche Almwiesen, auf denen im Spätsommer der Schwalbenwurzenzian blüht. Bald darauf erreichen wir die urgemütliche **Compton-Hütte (3)**, 1585 m, die versteckt auf einer Waldlichtung steht, mit den gewaltigen Wandfluchten des Reißkofels als Kulisse.

2. Tag: Der Aufstieg zum Reißkofel beginnt gemütlich mit einem Weglein durch lichten Lärchenwald und entlang einer Schotterreise bis zum Fuß des Wandaufbaus. Im steilen, felsdurchsetzten Erd- und Latschengelände gewinnen wir schnell an Höhe und stehen bereits nach 1 Std. in der Grasmulde der **Schaflerhöhe (4)**, 2020 m, zwischen dem Kleinen Reißkofel und dem Dristallkofel, wo sich die Wege teilen: Den Linken merken wir uns für unsere Höhenwanderung zum Sattelnock vor, zum Reißkofel gehen wir rechts und gelangen ins **Köfeletörl (5)**, 2129 m, wo auch der Weg vom Reißkofelbad mündet. Auf breit ausgetretenem Schotterweg steigen wir über eine Felsrippe und einen Grashang bergauf an den Fuß einer Felsrinne und klettern über leichte Felsen hinauf in eine Scharte (Achtung auf Steinschlag!) und von dort nach links auf die Kammhöhe. Teils oben auf schmalem Grat, teils auf Steigspuren in der Südflanke nähern wir uns den Gipfelfelsen, umgehen den letzten Aufschwung nordseitig und steigen zuletzt von Nordwesten auf dens imposanten Gipfel des **Reißkofel (6)**. Weit reicht der Blick,

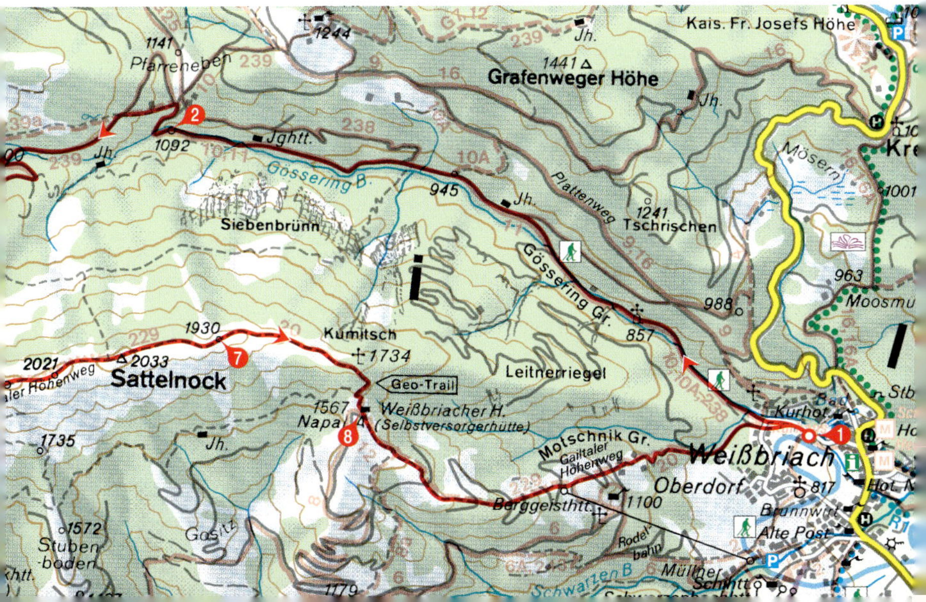

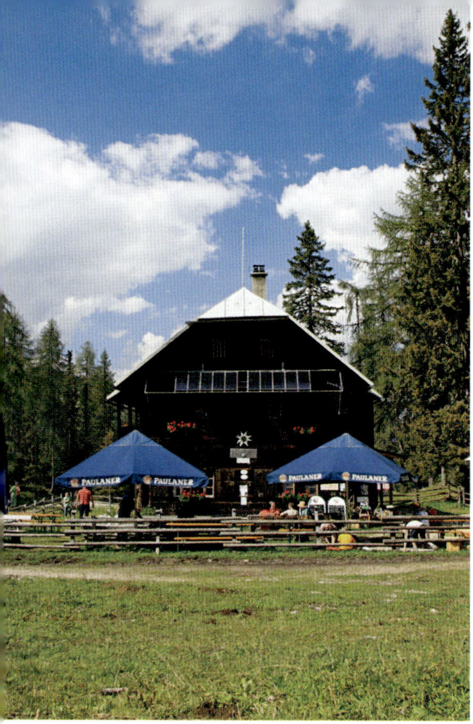

Die E.T.-Compton-Hütte.

von den Karnischen und den Julischen Alpen im Süden bis zu den Hohen Tauern im Norden. Wir kehren zurück ins **Köfeletörl (5)** und können entweder auf unserem Aufstiegsweg zur Schaflerhöhe absteigen oder am Drahtseil über den Kleinen Reißkofel klettern. Von der **Schaflerhöhe (4)** queren wir auf schmalem Steig die steile Grasflanke des Dristallkofels und wandern über den breiten Grasrücken bis zum **Sattelnock**, den wir knapp unterhalb des Gipfels nordseitig umgehen – guter Rastplatz bei P. 1930 **(7)**. Nun beginnt unser Abstieg abwechselnd über den breiten Rücken und in der Südflanke, einen steilen Grataufschwung umgehen wir nordseitig mit prachtvollem Tiefblick zum Weißensee. Wir kommen nach **Kumitsch**, einer idyllischen Verflachung (Kreuz, ca. 1700 m), von dort geht es entlang einer bewaldeten Rippe sehr steil hinunter zum **Gudrunfelsen** (Bank) und durch einen Graben an den Fuß der Felswand. Kurz darauf erreichen wir die **Weißbriacher Hütte (8)**, 1567 m, eine Selbstversorgerhütte der Sektion Hermagor des ÖAV inmitten einer weiten Almwiese. Wir wandern an der Hütte vorbei nach Südosten und über einen Zaun in den Wald. Auf einem schwach ausgeprägten Rücken steigen wir im dichten Fichtenwald, auf angenehm weichem Waldboden, mehrmals eine Forststraße überquerend, hinunter bis zu einer Wegteilung bei einer **Schleppliftbergstation**, gehen links, kommen an der privaten **Hammerbodenhütte** vorbei und erreichen bald die ersten Häuser von **Weißbriach**. Durch den Ort zum Ausgangspunkt in **Weißbriach (1)**.

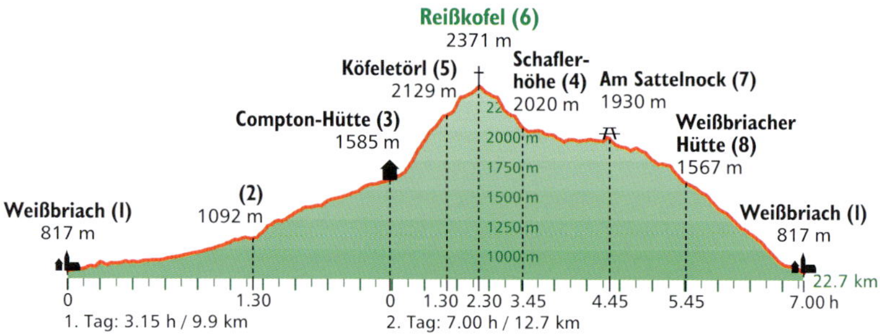

Gartnerkofel, 2195 m

Vom Nassfeld über den Westgrat

★★

Kletterfreuden im Reich der Wulfenia

Dieser großartige Aussichtsberg wird sehr viel begangen, dementsprechend breit und bequem ist der Normalweg durch die Südflanke. Für gute Bergsteiger mit etwas Klettererfahrung bietet sich der felsige Westgrat als reizvolle Alternative an; mit Aufstieg über den Westgrat und Abstieg über den Normalweg ergibt sich eine lohnende Rundtour. Am Gipfel können wir dann ein herrliches 360°-Panorama genießen: In den Julischen Alpen dominieren Wischberg und Montasch, im Süden steht die dreigipfelige Grauzariagruppe mit dem Monte Sernio, über dem Nassfeld sehen wir Monte Cavallo und Trogkofel, und im Norden reicht der Blick bis Großglockner, Großvenediger und Hochalmspitze. Im Frühsommer blüht in den Gipfelwiesen eine reichhaltige Alpenflora, und ab Ende Juni öffnet rund um die Watschiger Alm die Wulfenia ihre tiefblauen Blüten. Franz Xaver Freiherr von Wulfen entdeckte um 1779 auf dem Nassfeld eine einmalige botanische Rarität: die nach ihm benannte Wulfenia Carinthiaca. Sie ist weltweit nur rund um den Gartnerkofel und im montenegrinisch-albanischen Grenzgebiet zu finden. Die leuchtend blau blühende Schönheit wird auch »Kärntner Kuhtritt« genannt, was auf einen Zusammenhang mit der Almbewirtschaftung hindeutet. In den letzten Jahren ist ein Rückgang der Blume zu verzeichnen, der offensichtlich in direktem Zusammenhang mit der Auflassung der Almflächen steht. Der Einfluss des Weideviehs – Tritt und Verbiss – sowie das Schwenden (Roden von Strauchwerk und Gebüsch) durch die Almbewirtschafter scheint die Wulfenia zu fördern, auf verbuschten Flächen ohne Kuhtritt und Verbiss verschwindet sie. Um die Wulfenia nachhaltig zu schützen und ihre Standorte zu erhalten, wurde ein EU-Projekt zur Erhaltung der Kärntner Landesblume initiiert.

Der Gartnerkofel über dem Nassfeld.

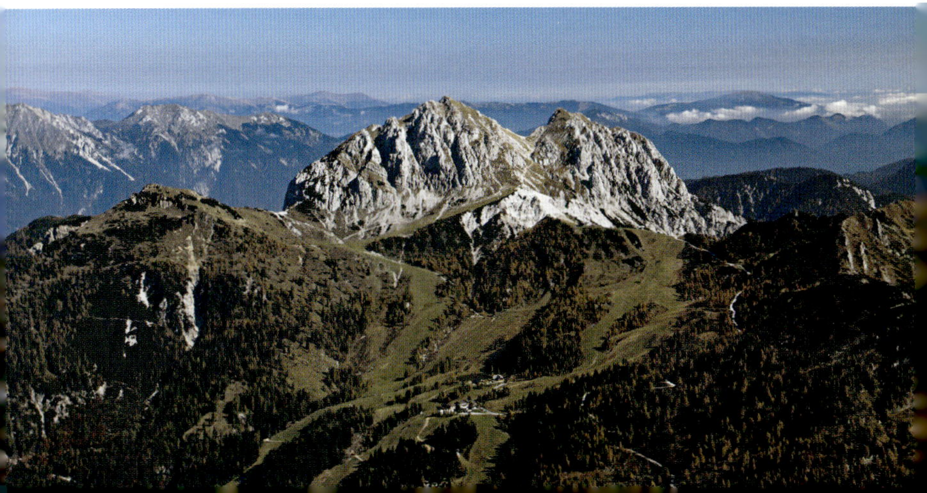

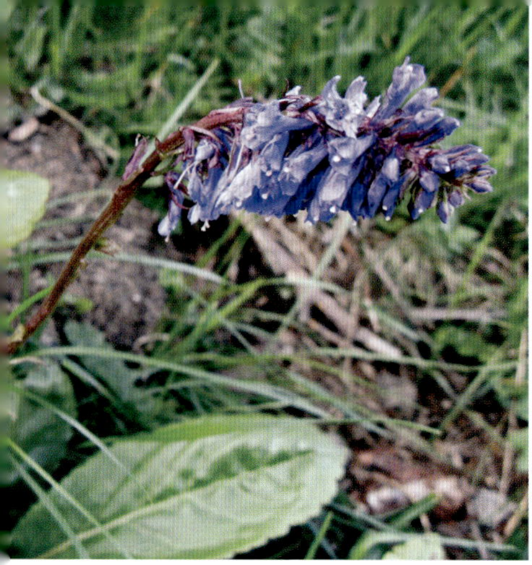

Wulfenia.

KURZINFO

Talort: Hermagor, 603 m, im Gailtal bzw. Tröpolach, 601 m, am Beginn der Passstraße zum Nassfeld.
Ausgangspunkt: Watschiger Alm, 1640 m, von der Nassfeld-Passhöhe auf guter Straße zum großen Parkplatz kurz vor der Alm.
Gehzeit: 3.15 Std.
Höhenmeter: 560 Hm.
Anforderungen: Aufstieg über Westgrat leichte Kletterei mit Stellen I, Steinschlaggefahr durch Vorausgehende, Trittsicherheit und Schwindelfreiheit erforderlich, nicht beschildert, nur alte, verwaschene Markierungen; im Abstieg leichter und breiter Bergweg.
Einkehr: Watschiger Alm, 1640 m, bew. Anfang Juni–Mitte September, Tel. +43 650 3910520.
Karte: F&B WK 223.
Varianten: 1. Wem die Kletterei über den Westgrat zu heftig ist, der sollte sich diesen schönen Aussichtsberg nicht entgehen lassen und über den leichten Normalweg, »blau«, zum Gipfel wandern, Aufstieg 1.45 Std., Abstieg 1 Std.
2. Durch die Garnitzenklamm: 6 km lange, teils breite, teils sehr enge Schlucht mit senkrechten Felswänden, der anspruchsvolle Weg bleibt in naturbelassenem Gelände meist nahe am Wasser, führt zeitweise über versicherte Felsen und nur wenig auf Stegen. Vom Schluchtende an der Klause Aufstieg zur bewirtschafteten Kühweger Alm, 1480 m, von dort Abstieg auf Almstraßen und Wanderwegen über das Kirchlein St. Urban, 875 m. Gehzeit für die gesamte Runde 4–5 Std., Ausgangspunkt: Von Hermagor über Möderndorf Richtung Eggeralm bis zur Kehre, großer Parkplatz.

Vom **Parkplatz** gehen wir auf der asphaltierten Straße weiter zur **Watschiger Alm (1)**. Hier beginnt der Wanderweg zum Gartnerkofel, der zunächst über ziemlich steile Wiesenhänge Richtung Kühweger Törl führt. An einer **Wegteilung (2)**, 1870 m, gehen wir auf dem **Geo-Trail** geradeaus weiter (rechts zweigt der Normalanstieg zum Gartnerkofel ab) und steigen steil hinauf ins **Kühweger Törl (3)**, 1914 m. Links führt der Weg auf die Kammleiten, mit einem Abstecher von wenigen Minuten können wir diesen einfachen Gipfel noch mitnehmen und von ihm aus unseren weiteren Aufstieg studieren. Zum Westgrat des Gartnerkofels wenden wir uns im Törl nach rechts, ein Pfad führt entlang der Latschen in fünf

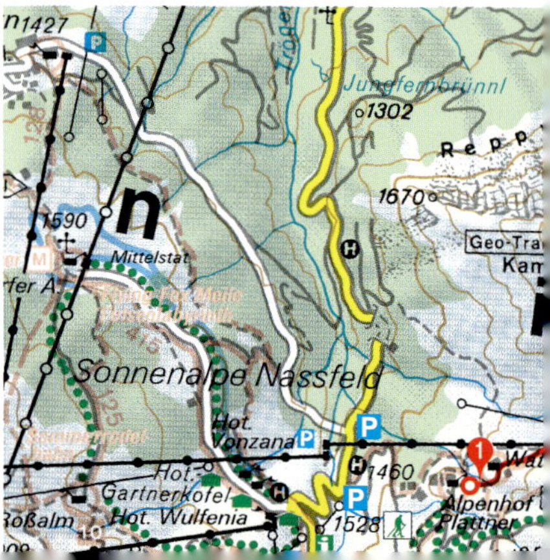

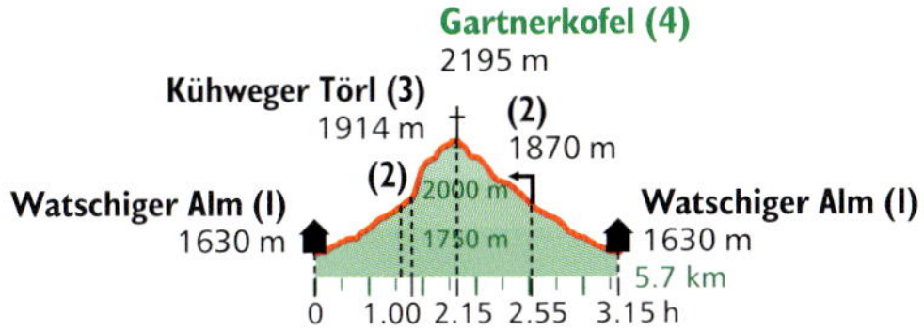

Minuten zum **Einstieg**. Über unangenehm splittrige Felsen erreichen wir eine erste Rinne, durch die wir auf einen Absatz klettern. Durch weitere Rinnen führt der Aufstieg, schwierigste Stelle ist der Ausstieg aus einem seichten Kamin im unteren Teil des Westgrats: An einem abdrängenden Block vorbei verlassen wir den Kamin nach links und gelangen auf einen **Wiesenpfad**. Über eine Schrofenflanke und kleingriffige Platten erreichen wir eine Gratscharte – hier sehen wir bereits das Gipfelkreuz. Jenseits der Scharte wenige Meter hinab und auf einem Steig (Wandbuch) zu einem letzten felsigen Aufschwung. Unsere Kletterpartie endet auf einem Vorgipfel, wir steigen wenige Meter ab zum Normalweg, auf dem wir in wenigen Minuten den **Gartnerkofel (4)** mit dem großen Kärntner Kreuz erreichen.

Im **Abstieg** folgen wir dem breiten Weg durch die Südflanke bergab bis zu einem Schotterabsatz: Links geht es zur Bergstation des Sessellifts, wir wenden uns rechts und wandern unter den Felsen der Südwestflanke Richtung **Kühweger Törl**, wo wir bald auf unseren Aufstiegsweg treffen. Durch bunte Almwiesen bergab zur **Watschiger Alm (1)**.

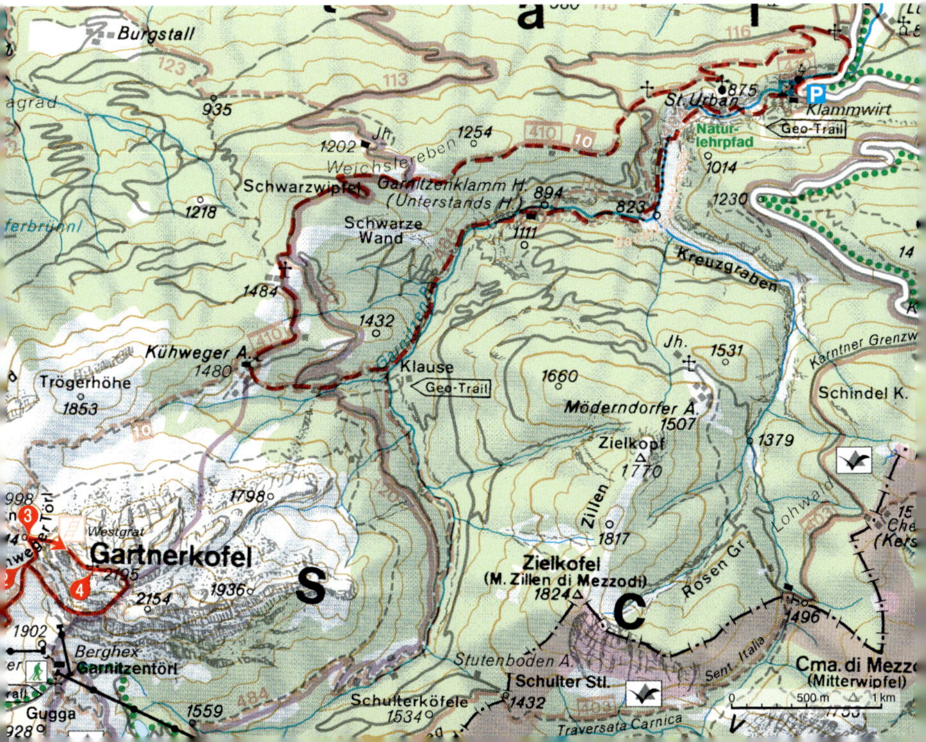

45 Trogkofel / Creta di Aip, 2280 m

Über die Via Ferrata Crete Rosse ★★★

Das Wahrzeichen über dem Gailtal

Die unverwechselbare Berggestalt des Trogkofels überragt weithin sichtbar das Nassfeld, ein wuchtiges Kalkriff, einer Trutzburg nicht unähnlich, das nach allen Seiten mit steilen Felswänden abbricht, während das abgeschrägte Gipfeldach so groß wie ein Fußballfeld ist. Kein leichter Anstieg führt auf seinen Gipfel, und die hellen Kalkwände sind ein Eldorado für Kletterer. Die einzige Schwachstelle dieses interessanten Berges finden wir in der Ostwand, doch auch hier stellen sich uns steile Felsstufen in den Weg, die wir nur mithilfe von Leitern und Drahtseilen überlisten können. Uiberlacher Steig heißt der leichteste Weg auf den Trogkofel, ein leichter, aber ausgesetzter Klettersteig mit interessanten Felspassagen, nicht ganz steinschlagsicher und für Ungeübte nur mit Klettersteigausrüstung ratsam. Ein zweiter Anstieg, die Via Ferrata Crete Rosse, führt mit originellen Kletterpassagen durch die italienische Südflanke und lässt sich mit dem Uiberlacher Steig zu einer spannenden, anspruchsvollen Runde verbinden.

KURZINFO

Talort: Hermagor, 603 m, im Gailtal bzw. Tröpolach, 601 m, am Beginn der Passstraße zum Nassfeld.

Ausgangspunkt: Von Tröpolach auf einer Naturstraße über Schlanitzen zur Rudnigalm, 1621 m, begrenzte Parkmöglichkeit.

Gehzeit: 4.30 Std.

Höhenmeter: 700 Hm.

Imposante Berggestalt: der Trogkofel.

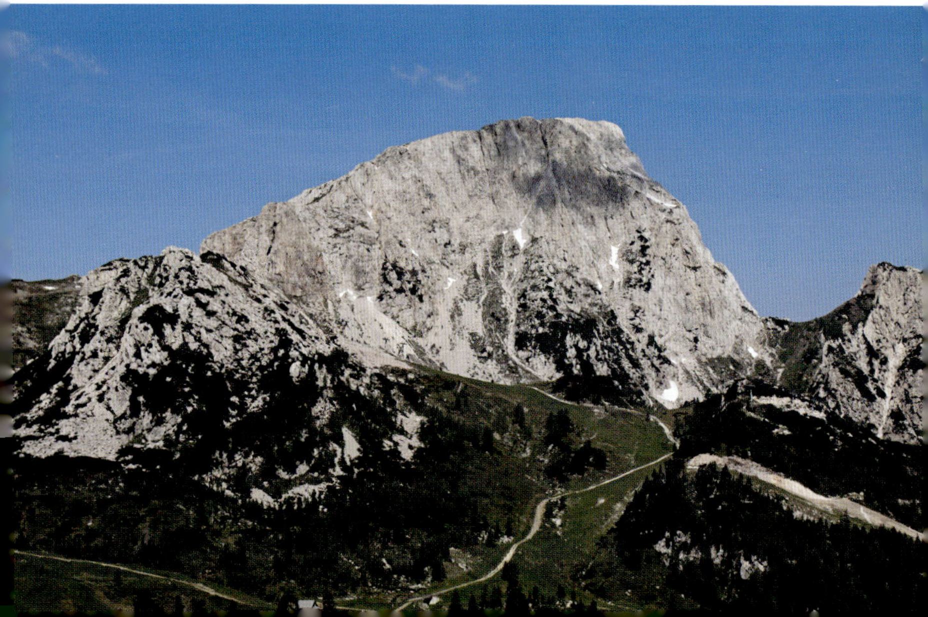

Anforderungen: Kurze, schöne Klettersteigrunde, Trittsicherheit und Schwindelfreiheit erforderlich. Der Uiberlacher Steig ist relativ leicht, für Ungeübte Klettersteigausrüstung empfehlenswert; Via Ferrata Crete Rosse ziemlich schwierig, Klettererfahrung und Klettersteigausrüstung erforderlich.
Einkehr: Rudnigalm, bew. Mitte Juni–Ende September, Tel. +43 664 4617769 oder +43 4285 7227.
Karte: F&B WK 223.
Variante: Auf den Rosskofel/Monte Cavallo, 2239 m: Vom Trogkofelsattel über die Kammhöhe hinunter in den Rudnigsattel. Dieser wird im Süden von der Creta di Pricotič begrenzt, durch das Kar östlich der Creta führt der Anstieg. Durch grobe Felsblöcke zu einer Wandstufe, über Schrofen und leichte Felsen hinauf auf einen Absatz, von dort kurzer Abstieg in das obere Kar. Dieses wird ansteigend in östlicher Richtung gequert bis in eine Grasmulde, durch die der Weg hinauf in einen weiten Sattel führt. Über einen breiten, flachen Rücken auf die Gipfelhochfläche des Monte Cavallo mit großer Friedensglocke und großartiger Rundumsicht. Abstieg auf dem Aufstiegsweg. Zeit: Aufstieg 2.30 Std., Abstieg 1.30 Std.

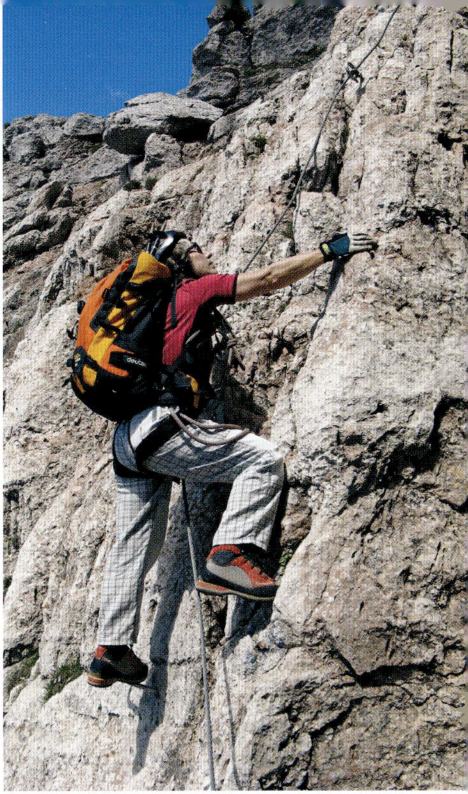

Steilaufschwung in der Via Ferrata Crete Rosse.

Der Weg von der **Rudnigalm (1)** zum Trogkofel beginnt zunächst wenig einladend mit einer Wanderung über geschotterte Pisten – der Wintertourismus lässt grüßen! Nach einer Dreiviertelstunde verlässt unser Weg das Pistengelände und biegt rechts ab, um sich durch schönes, mit üppiger Flora verwuchertes Felssturzgelände zur Kammhöhe mit dem **Trogkofelsattel** hinaufzuschlängeln; auf halber Strecke **(2)**, 1870 m, zweigt rechts der Uiberlacher Steig ab. Im **Trogkofelsattel (3)**, 2030 m, treffen wir auf den Karnischen Höhenweg, der als aussichtsreiche Panoramaroute die Südflanke des Trogkofels nach Westen quert. Wir folgen ihm etwa 10 Minuten, dann weisen die Markierungen steil hinauf in die Felsen und zum **Einstieg in die Via Ferrata (4)**.

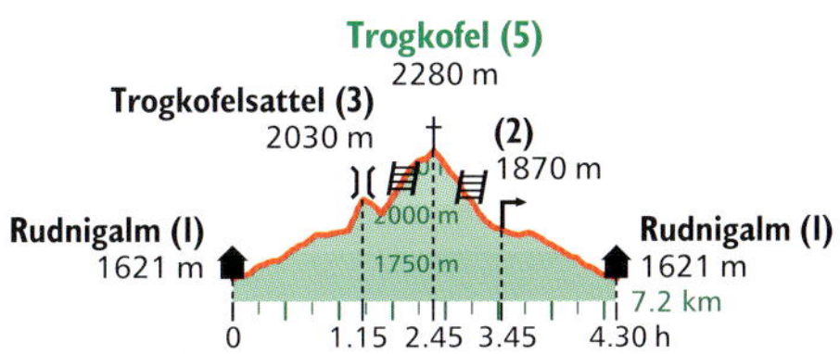

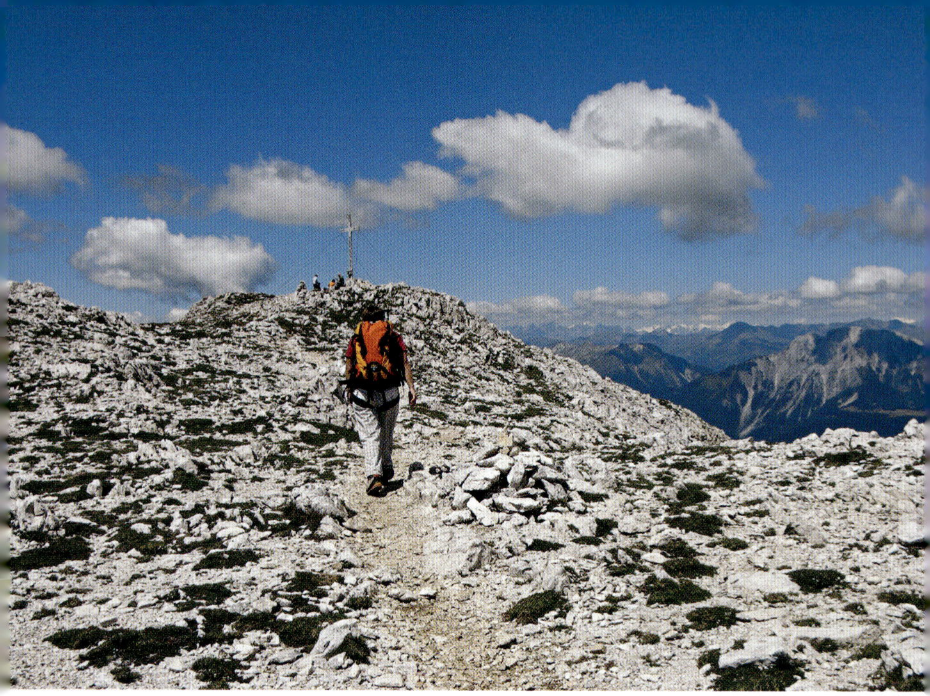

Auf dem breiten Gipfeldach.

Durch eine steile Rinne und über kleine Überhänge turnen wir höher, schlüpfen unter einem Klemmblock durch auf eine Kanzel, klettern an senkrechter Wand hinauf auf das Gipfeldach, wandern über blumenreiche Wiesen und schließlich zum höchsten Punkt des **Trogkofels (5)**. Beim Abstieg zweigen wir links in den **Uiberlacher Steig** ab, der steil über schrofige Bänder und leichte Felsen (einige Drahtseile) hinunter in einen weiten **Geröllkessel** führt; hier liegen häufig bis weit in den Sommer Altschneefelder. Wir queren zu einem Band, das in den zweiten, abenteuerlichen Teil unseres Abstiegs überleitet. Den Auftakt bildet eine Eisenleiter, dann klettern wir über Wandabsätze und kleine Stufen, durch enge Schluchten und Kamine, mithilfe von Stiften und einer zweiten Leiter sehr steil hinunter an den Fuß der Ostwand. Durch das blumenreiche **Trogkofelkar** queren wir nach Süden, bis wir auf unseren Aufstiegsweg treffen **(2)** und auf ihm zur **Rudnigalm (1)** zurückkehren.

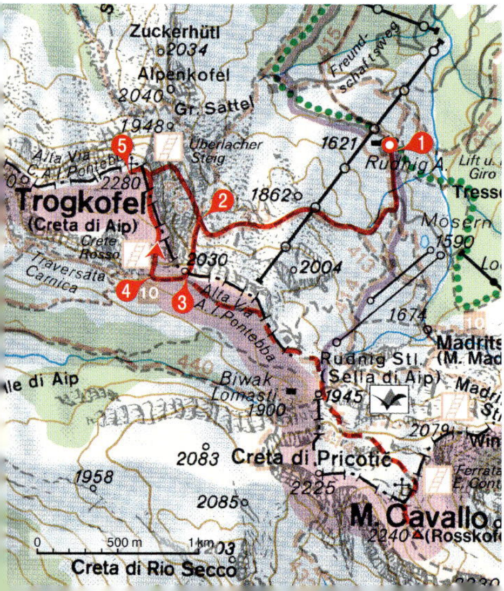

Käserundwanderweg, 1783 m

Wo der Gailtaler Almkäse produziert wird ★

Kulinarische Genüsse beidseits der italienisch-österreichischen Grenze

Gailtaler Almkäse und Gailtaler Speck sind im südlichen Kärnten ein Qualitätsbegriff. Auf den Hochalmen im Karnischen Hauptkamm, dort wo die Berge zwischen Plöckenpass und Nassfeld zahm und grasig sind, erstrecken sich sanfte, blumen- und kräuterreiche Almwiesen. Die Kühe, die dort weiden, geben eine nahrhafte Milch, beste Grundlage für einen würzigen Almkäse, der auf 20 Almen – 8 im Friaul, 12 in Kärnten – erzeugt wird. Zwischen den Almen breitet sich ein Netz von Wanderwegen aus, und die gemütliche Einkehr unterwegs oder vor der Heimfahrt setzt einem schönen Wandertag das i-Tüpfelchen auf. Einige Almbauern halten auch Schweine, und so finden wir auf einem Jausenbrettl die herrlichsten Köstlichkeiten: Hartkäse, Almschotten (ital. Ricotta), Speck, Leberaufstrich, Würste, Almbutter, und zum Nachtisch gibt es Joghurt mit frischen Blaubeeren. Auf den Hütten im Friaul werden uns zum italienischen Rotwein einfache, aber feine Nudelgerichte serviert, kein Wunder, dass sich auf den leichten Wanderungen ein lebhafter kulinarischer Grenzverkehr entwickelt hat. Wer einmal bei der Käseherstellung zusehen will, findet auf der Tressdorfer Alm am Nassfeld eine Schaukäserei.

KURZINFO

Talort: Goderschach, 623 m, zwischen Hermagor und Kötschach-Mauthen.
Ausgangspunkt: Von der Gailtaler Straße in Reisach oder in Gundersheim über die Gail und nach Goderschach. Im Ort, dem Wegweiser Straniger Alm folgend nach Süden abbiegen und auf enger Naturstraße zur Straniger Alm, 1479 m, begrenzte Parkmöglichkeit.
Gehzeit: 4.30 Std.
Höhenmeter: 600 Hm.
Anforderungen: Wenig anstrengende Wanderung auf leichten Bergwegen und auf Straßen.
Einkehr: Straniger Alm, bew. Juni–September, Tel. +43 4284 21001, straniger-alm.at; Cra. Cason di Lanza; Kleinkordinalm. Infos rund um den Käse und die Almen: gailtaler-almkaese.at.
Karte: F&B WK 223.
Varianten: 1. Kleiner Käserundwanderweg: von der Straniger Alm über die Cra. Valbertad alta zur Abzweigung, 1525 m, Aufstieg über die Cra. Cordin Grande, 1689 m, in den Kordinsattel, 1749 m, und über die Kleinkordinalm (kurzer Abstecher) zurück zur Straninger Alm, 2.45 Std. Gehzeit.
2. Über den Schmugglerweg: Von der Straße zum Passo del Cason di Lanza zweigt auf 1515 m links der Schmugglerweg ab. Nach einem kurzen steilen Aufstieg im Wald verläuft der Weg nahezu eben durch liebliche Moorlandschaft. Zuletzt kurzer Aufstieg über die Cra. Cordin Grande (derzeit nicht bewirtschaftet) in den Kordinsattel, Gehzeit: 3.30 Std.

Gailtaler Almkäse.

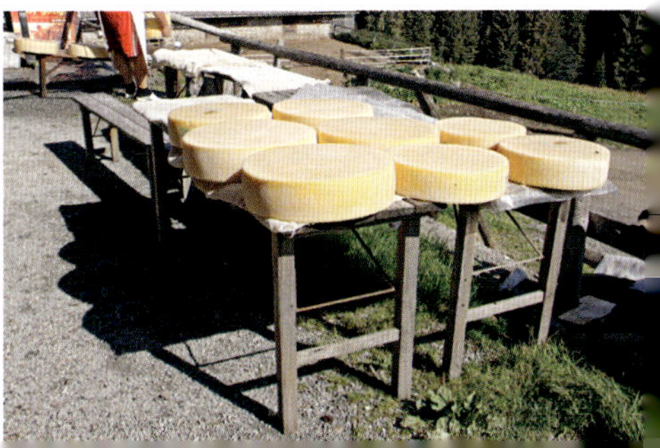

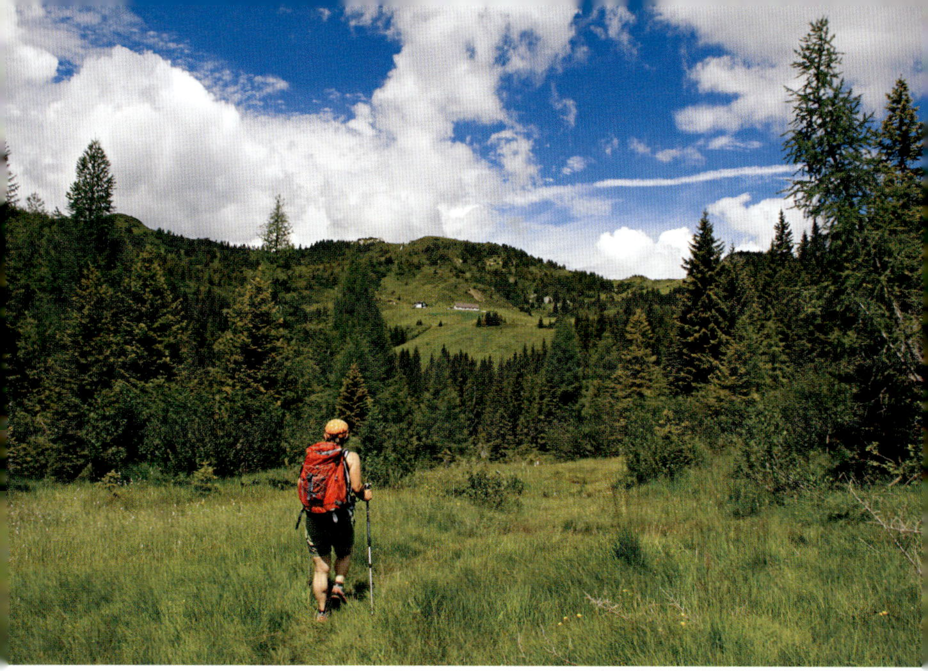

Auf dem Schmugglerweg zur Cra. Cordin Grande (Variante).

Von der **Straniger Alm (1)** gehen wir auf der Straße weiter in einen **Sattel** mit Wegteilung **(2)**, 1530 m, nehmen den mittleren Weg und wandern auf ihm gemütlich zur **Cra. Valbertad alta**, 1507 m (derzeit keine Jausenstation). Wir gehen geradeaus weiter, nach einem kurzen Abstieg zweigt bei einem **Rastplatz (3)**, 1525 m, links der **kleine Käserundwanderweg** zur Cra. Cordin Grande ab. Wir aber gehen geradeaus weiter bergab und erreichen die **Cra. Valbertad bassa (4)**, 1403 m. Nach einer ersten Stärkung folgt ein gemächlicher Aufstieg auf der Straße zum **Passo del Cason di Lanza**, etwa nach 1 km **(5)**, 1515 m, zweigt links der **Schmugglerweg** zur Cra. Cordin Grande ab. Wir bleiben auf der Straße und erreichen nach einem weiteren Kilometer den Lanzapass mit der **Cra. Cason di Lanza (6)**, 1552 m, die ebenfalls berühmt für ihre friulanischen Spezialitäten ist. Gut gestärkt machen wir uns auf den Rückweg, der nach Norden in den **Rattendorfer Sattel (7)**, 1783 m, führt. Anfangs etwas steil wird der Weg bald flacher, wir können gemächlich über die Almwiesen bummeln und dabei das weiße Kalk-

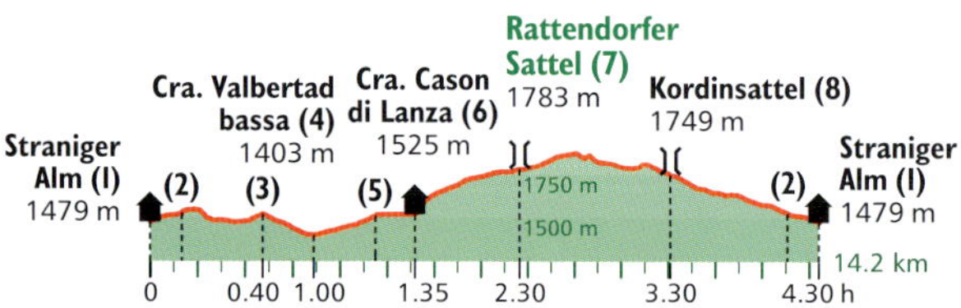

riff des Trogkofels bewundern. Im Sattel treffen wir auf den mit 403 markierten **Karnischen Höhenweg**, den wir bis zur Straniger Alm nicht mehr verlassen. Wir wandern sehr schön in leichtem Auf und Ab über die Rattendorfer Schneid und die weite Almhochfläche nach Westen bis in den **Kordinsattel (8)**, 1749 m, und von dort auf breitem Almweg oberhalb der Kleinkordinalm (kurzer Abstecher möglich) an dem kleinen Grasgipfel der Gugel, 1686 m, vorbei bis zu einer Almstraße. Auf dieser gehen wir links, kommen zu der uns schon vom Aufstieg bekannten Wegteilung, gehen rechts und sind nach wenigen Minuten zurück an der gemütlichen **Straniger Alm (1)**, wo wir den Tag mit einer der Köstlichkeiten aus der Almküche beschließen.

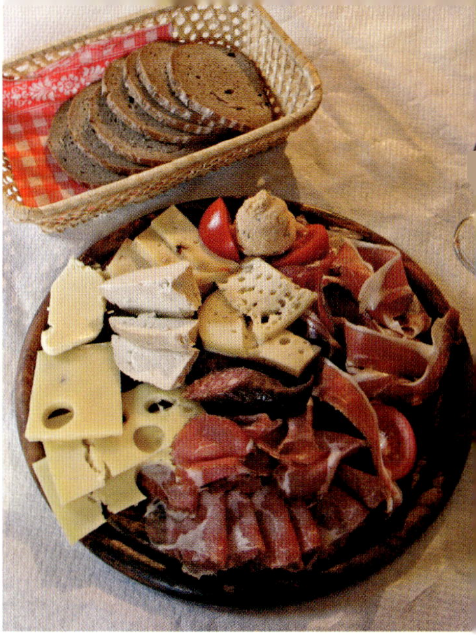

Das schmeckt! Jausenbrettl auf der Alm.

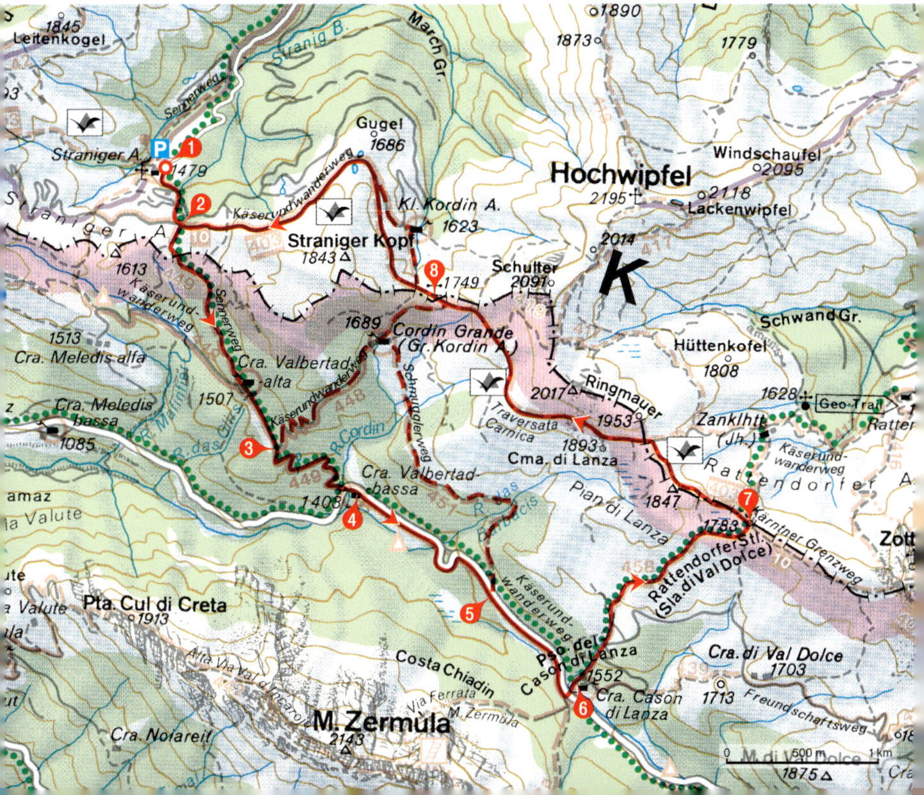

47 Polinik, 2331 m

Über die Obere Spielbodenalm ★★★

Die großartige Aussicht am Plöckenpass
Neben dem Gartnerkofel gehört der Polinik zu den beliebtesten und meistbesuchten Gipfeln im Karnischen Hauptkamm, denn der Aufstieg ist nicht schwierig und die Aussicht gewaltig. Er ist etwas nach Norden vorgeschoben und bietet damit faszinierende und informative Einblicke in die Täler rechts und links des Plöckenpasses: Im Westen dominiert das Massiv der Kellerspitzen, darunter sehen wir das Tal und den Weg bis zum Valentintörl und der Rauchkofel zeigt uns seine schönste Seite. Nach Osten können wir den Karnischen Höhenweg Richtung Nassfeld verfolgen und uns von der steilen Schneide der Creta di Timau faszinieren lassen; im Süden, gleich gegenüber, breitet sich die wellige Hochfläche des Kleinen Pal aus. Im Norden, gleich hinter dem Reißkofel, stehen die Hohen Tauern Spalier, von der Hochalmspitze über den Großglockner bis zum Großvenediger. Im frühen Sommer punktet der Polinik mit einer Fülle von Blumen, allerdings kann der südseitige Aufstieg dann ganz schön heiß werden.

KURZINFO

Talort: Kötschach-Mauthen, 707 m, am Beginn der Straße zum Plöckenpass.
Ausgangspunkt: Plöckenhaus (geschlossen), 1215 m.
Gehzeit: 5.00 Std.
Höhenmeter: 1120 Hm.
Anforderungen: Sehr steiler Bergweg, im Gipfelbereich viel Geröll und leichte Felsen, Trittsicherheit erforderlich.
Einkehr: Unterwegs keine Möglichkeit.
Karte: F&B WK 182.

Vom **Plöckenhaus (1)** weg halten wir uns an die Wegweiser Karnischer Höhenweg (KHW) und Spielbodentörl und gehen auf einem Forstweg zum stimmungsvollen **Grünsee**, den wir an seinem Ostufer erreichen. Am See rechts vorbei biegt unser Weg kurz darauf von der Forststraße, die zu den Soldatenfriedhöfen führt, links ab Richtung Spielbodenalm **(2)**, 1252 m, und führt quer über eine Wiese in den Wald. Nun geht es auf teils steilen Kehren durch den stark durch

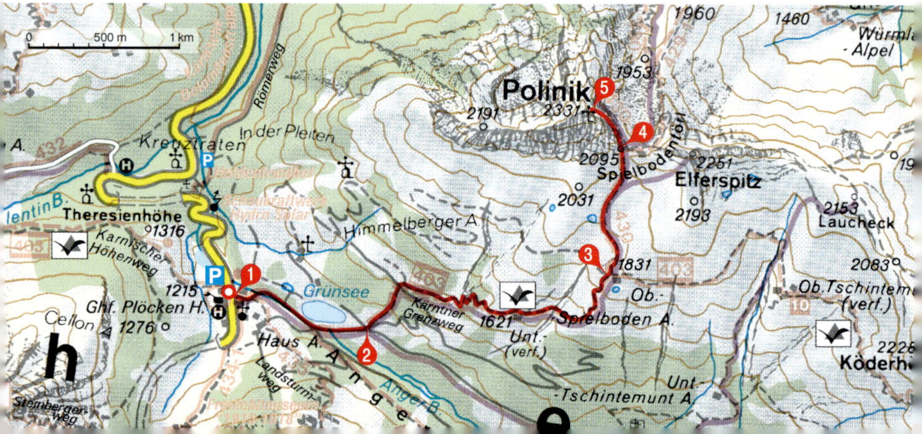

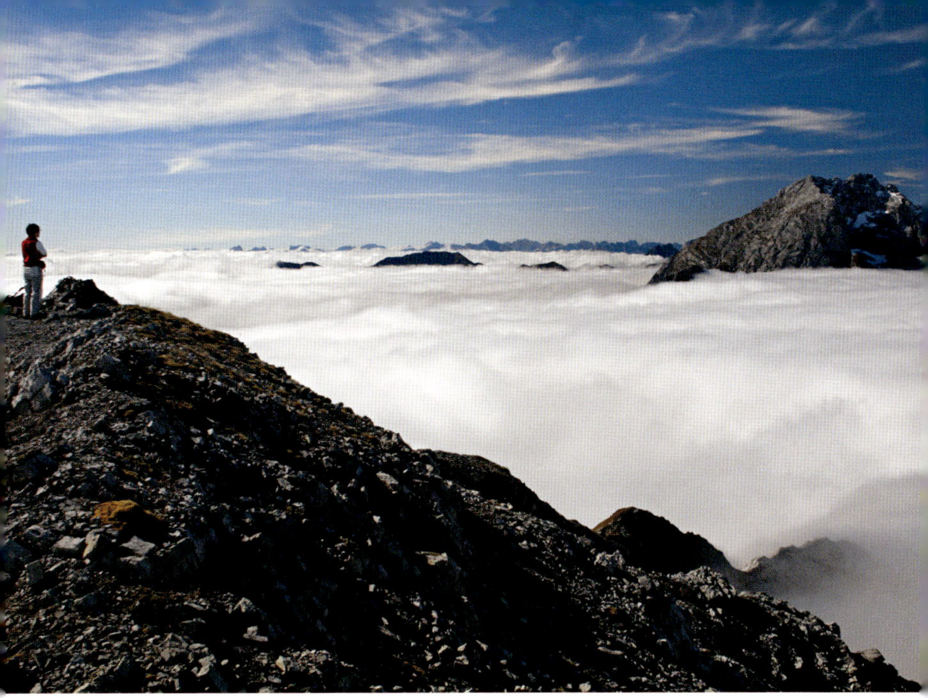

Über den Wolken am Polinik, gegenüber das Massiv der Kellerspitzen.

Windbruch geschädigten Wald; nachdem wir eine Forststraße überquert haben, wird der Weg besser. Wir treffen auf eine weitere Forststraße und folgen ihr ein Stück nach rechts, bis wir die Straße nach links verlassen und auf einem Wiesensteig zur **Oberen Spielbodenalm (3)**, 1831 m, aufsteigen können. Im weitläufigen Almgelände finden sich schöne Rastplätze mit herrlichem Rückblick zu den Kellerspitzen. An der Alm verlassen wir den Karnischen Höhenweg und wandern über steile Grashänge in nördlicher Richtung geradewegs in das **Spielbodentörl (4)**, 2095 m, hinauf, dort setzt der Ostgrat des Polinik an. Die erste Gratstufe umgehen wir in der Nordflanke, dann steigen wir über Schotter und leichte Felsen entlang des Ostgrates hinauf zum höchsten Punkt des **Polinik (5)**. Das **Gipfelkreuz** steht etwas tiefer und weit nach Norden vorgeschoben. **Abstieg** auf dem Aufstiegsweg.

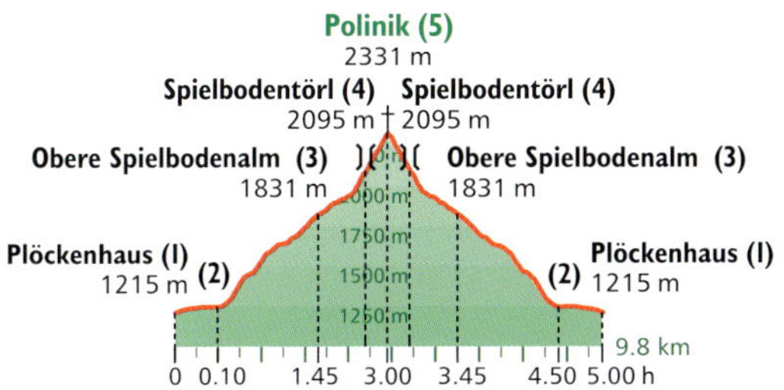

48 Kleiner Pal, 1866 m

Vom Plöckenpass über die MG-Nase ★★

Das Freilichtmuseum des Gebirgskrieges

Die Wanderung auf den Kleinen Pal ist eine erschütternde Reise in die Vergangenheit des Ersten Weltkrieges. Bei dieser Tour geht es nicht um das Gipfelerlebnis; auf Schritt und Tritt werden wir mit einer vom Krieg gezeichneten Landschaft konfrontiert. Als Wächter und Grenzberg am Plöckenpass war der Kleine Pal von großer strategischer Bedeutung, heute noch gut erkennbar an der MG-(Maschinengewehr-)Nase, die nur hundert Höhenmeter oberhalb des Passes eingerichtet war. Die Frontlinie verlief über den Gipfel, Ruinenreste der österreichisch-ungarischen und der italienischen Stellungen auf dem Gipfel zeigen uns, dass die damaligen Feinde sich in einem Abstand von nur wenigen Metern gegenüberstanden, was entsprechend viele Opfer forderte. Auf der weitläufigen Hochfläche des Kleinen Pal befand sich eine regelrechte Kriegsstadt mit Unterkünften, Laufgräben und Schützenstellungen. Sie erstreckte sich vom Rechten Flügel im Westen über die sogenannte Mittelkote und die Westkote zum Gipfelbereich und weiter nach Osten zum Linken Flügel. Seit 1983 restauriert der Verein der Dolomitenfreunde die historischen Orte und schafft so ein informatives Freilichtmuseum. Die rekonstruierten Museumsbereiche sind mit gelben Informationstafeln versehen, durch das Freilichtmuseum führt ein markierter, historischer Rundweg. Fakten über den Gebirgskrieg erhalten wir in dem sehr informativ gestalteten Kriegsmuseum im Rathaus von Kötschach-Mauthen; so empfiehlt es sich, das Museum vor dem Kleinen Pal zu besuchen. Da die Aufstiege zum Kleinen Pal von der österreichischen Seite sehr steil und anspruchsvoll sind, wählen wir als Abstieg den Alpiniweg auf der italienischen Seite, eine geniale und kühne Weganlage, von Alpini im Krieg als Transportweg gebaut. Damit haben wir eine spannende, tagesfüllende Rundtour.

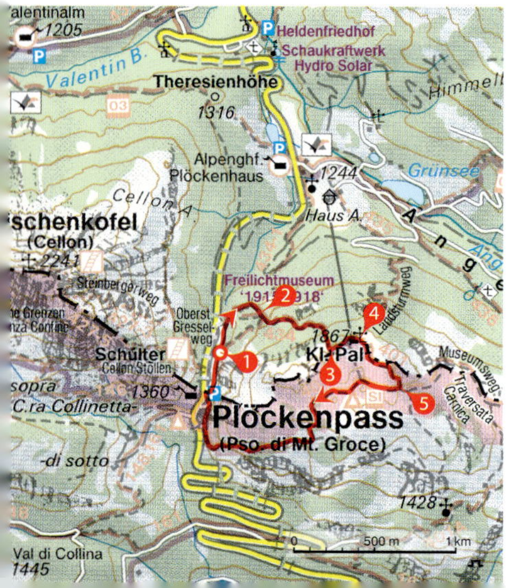

KURZINFO

Talort: Kötschach-Mauthen, 707 m, am Beginn der Straße zum Plöckenpass.
Ausgangspunkt: Großer Parkplatz am Plöckenpass/Passo di Monte Croce, 1360 m, der sich von der alten Grenzstation entlang der Straße Richtung Norden (Richtung Windrad) bis zu seinem Ende rechts der Straßengalerie erstreckt.
Gehzeit: 3.15 Std. (ohne Abstecher, Varianten und Schaupausen – hierfür sind zusätzliche Zeiten einzuplanen).
Höhenmeter: 550 Hm.
Anforderungen: Anspruchsvolle, steile, teils ausgesetzte Bergwege, in den Stollen und Kavernen ist eine Taschen-

oder Stirnlampe erforderlich. Achtung, man kann immer noch Blindgänger und Munition finden. Diese Relikte sind äußerst gefährlich, nichts berühren, liegen lassen und den Fund sofort melden. Das Freilichtmuseum ist so weitläufig und interessant, dass man einen ganzen Tag einplanen sollte.

Einkehr: Ristorante Albergo Al Valico, 1360 m, auf der italienischen Seite der Plöckenpasshöhe.

Karte: F&B WK 182.

Tipp: Museum 1915–1918 im Rathaus von Kötschach-Mauthen und Freilichtmuseum Kleiner Pal: Infos unter dolomitenfreunde.at.

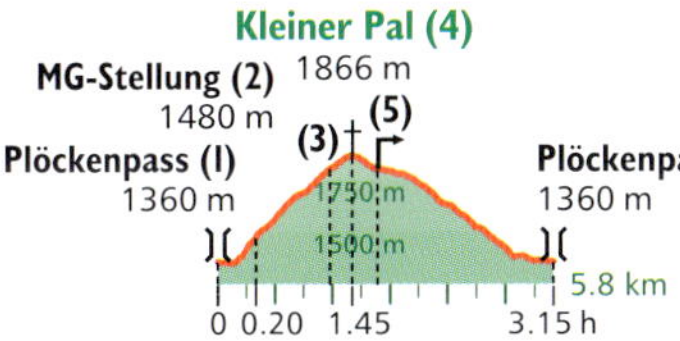

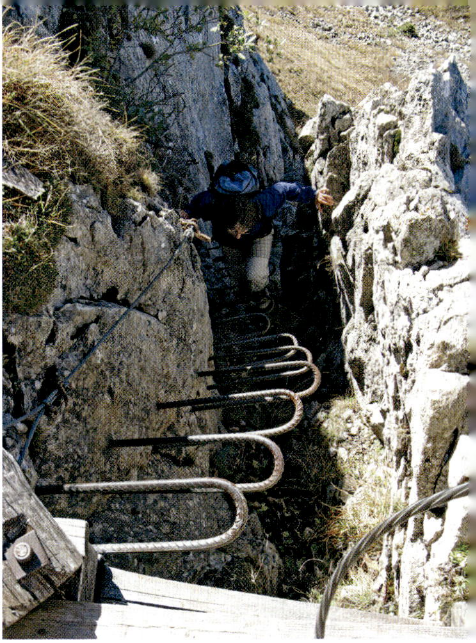
Am rekonstruierten Frontklettersteig.

Der Weg zum Kleinen Pal beginnt am nördlichsten Punkt des Parkplatzes am **Plöckenpass (1)** an einem Wegweiser und führt zunächst links hinauf auf die Galerie. Hier zweigt die Route zum Cellon links ab, während wir auf der Galerie bleiben und noch etwas nach Norden gehen, bis uns die gelben Schilder »Historischer Rundweg« von der Galerie nach rechts hinunter und über die MG-Nase zu den gemauerten Anlagen der **MG-Postenstellung (2)**, 1480 m, lotsen, die wir bald darauf erreichen. Von hier führt ein gut angelegter Bergweg durch die steile Nordwestflanke hinauf bis an den **Rand der Gipfelhochfläche (3)**, 1800 m. Bei den ersten Kavernen zweigt rechts der Weg zum **Rechten Flügel** ab, drahtseilversichert führt er um einen ausgesetzten Felsvorsprung auf die westliche Hochfläche. Die Wege über den Rechten Flügel sind mit gelben Pfeilen markiert, aber jeder Besucher kann hier beliebig seine eigene Runde drehen (der kleinteilige Abstecher über den Rechten Flügel ist deshalb nicht in der Karte eingezeichnet). Nicht versäumen sollten wir, dem Wegweiser zur historischen Feldküche zu folgen; von dort können wir direkt zum Rand der **Gipfelhochfläche (3)** zurückkehren.

Zum Gipfel des Kleinen Pal nehmen wir nun den rechten Weg. Wir passieren die Abzweigung zur Mittelkote und zum Alpiniweg und steigen entlang eines rekonstruierten Laufgrabens zur **Materialseilbahn** auf. Von hier führt der Weg über die steile Westkote zum Gipfel. Dabei haben wir zwei Möglichkeiten: leicht durch eine Kaverne (Taschenlampe!) oder etwas schwieriger, aber sehr interessant über den rekonstruierten **Frontklettersteig**. Dieser ist nur kurz und wenig schwierig, durch eine steile Felsrinne steigen wir auf

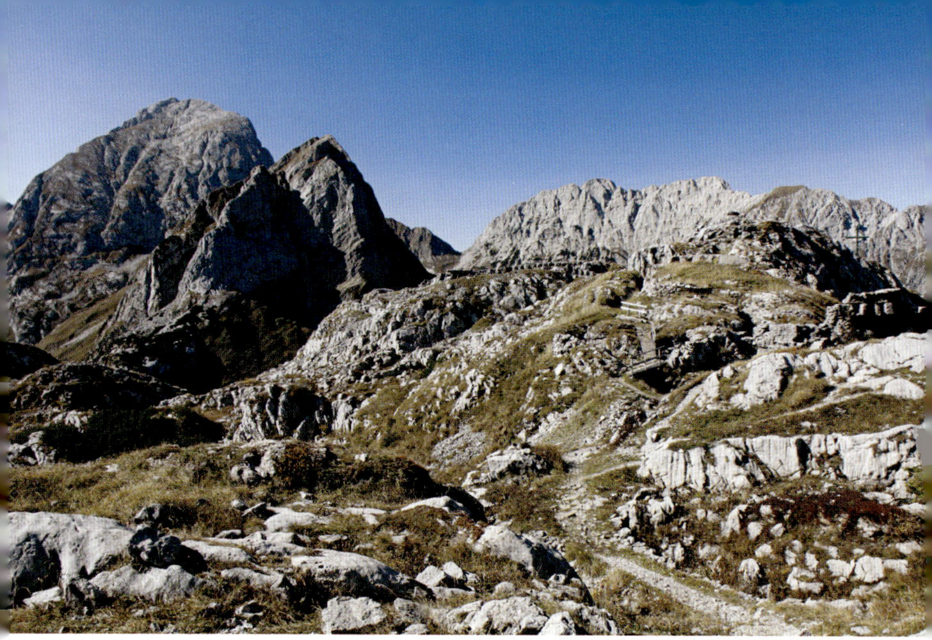

Kriegsruinen und Schützengräben am Gipfel des Kleinen Pal (rechts Trincerone), links der Cellon vor den Kellerspitzen.

Klammern hinauf zum Gipfel des **Kleinen Pal (4)**, der an der rekonstruierten **Panzerkuppel**, einem ehemaligen Beobachtungsposten, zu erkennen ist. Etwas weiter südöstlich kommen wir zur **Vorfeldstellung** und dem vordersten Punkt der österreichisch-ungarischen Stellungen, nur wenige Meter weiter zum **Trincerone**, der vordersten italienischen Stellung. Der Gipfel ist durchzogen von zahlreichen Gräben, sodass der Weg teilweise über Holzbrücken führt. Der **Abstieg** zum Alpiniweg ist am Gipfel nicht beschildert. Wir folgen zunächst dem Weg Richtung Freikofel und Blaustein etwa 15 Min. bergab bis zu einer **Wegteilung (5)**, 1800 m: links geht es über die Kamelrücken zum Freikofelsattel, wir nehmen den rechten Weg zum Plöckenpass und wandern über die kupierte Hochfläche zu einer Mulde. Hier mündet von rechts der Weg von der Materialseilbahn, kurz darauf erreichen wir an einer **Ruine** den Beginn des Alpiniwegs. Nun verbreitert sich unser Steig zu einem Schotterweg, der in engen, gemauerten Kehren durch die steile Südflanke und unter den Überhängen der Südwand bergab führt. Der Alpiniweg mündet kurz vor der alten Grenzstation in die Plöckenpassstraße, über die wir wieder zum Parkplatz am **Plöckenpass (1)** gelangen.

Die MG-Nase.

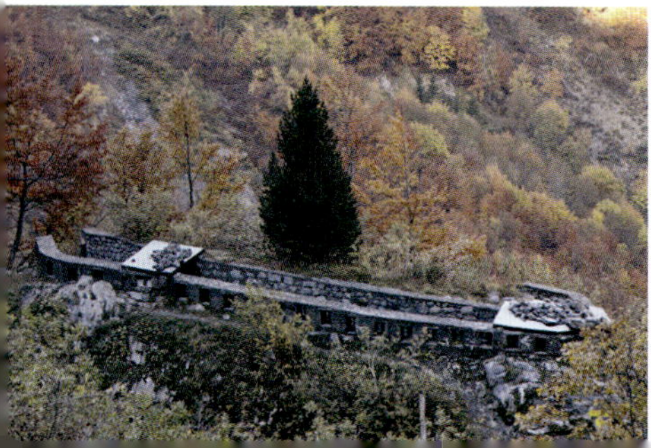

Mauthner Alm, 1782 m

Von Mauthen über die Enzianhütte ★★

Wer ist die Schönste auf der Alm?

Die Karnischen Alpen zählen zu den 100 wichtigsten geologischen Gebieten der Erde. Nirgends in Europa sind die Entwicklungsräume des tiefen Meeres, der Kontinentalränder und der Rifflagunen des Erdaltertums so nahe beieinander und so gut erlebbar. Hier mischen sich alte und junge Gebirge, Kalkriffe und Silikatgestein. Diese Mischung der Gesteinsarten auf kleinstem Raum hat zu einer einzigartigen Flora geführt. Kalkliebende und kalkfliehende Pflanzen gedeihen nebeneinander und erfreuen uns mit ihrer Vielfalt und Buntheit während des ganzen Bergsommers. Berühmt für ihren Blumenreichtum sind die Bergmähder auf der Mauthner Alm, hier erleben wir eine Fülle der schönsten Bergblumen, unter denen die leuchtend orangerote Feuerlilie den Wettstreit um die Schönste auf der Alm eindeutig für sich entscheidet.

Feuerlilie.

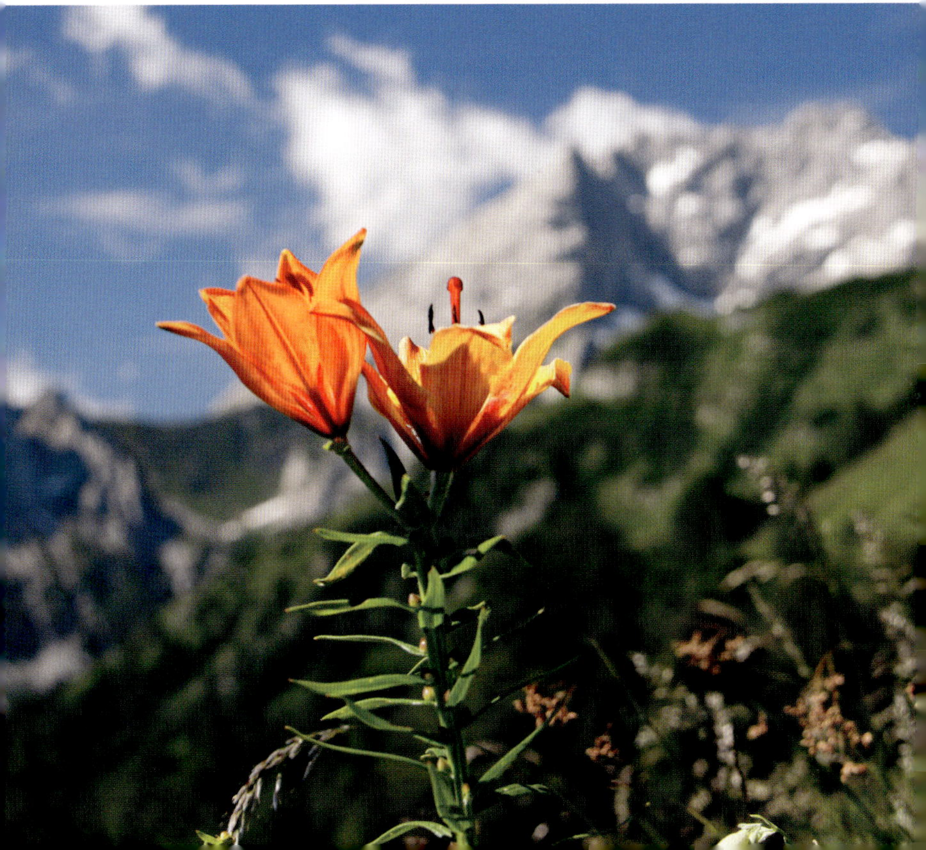

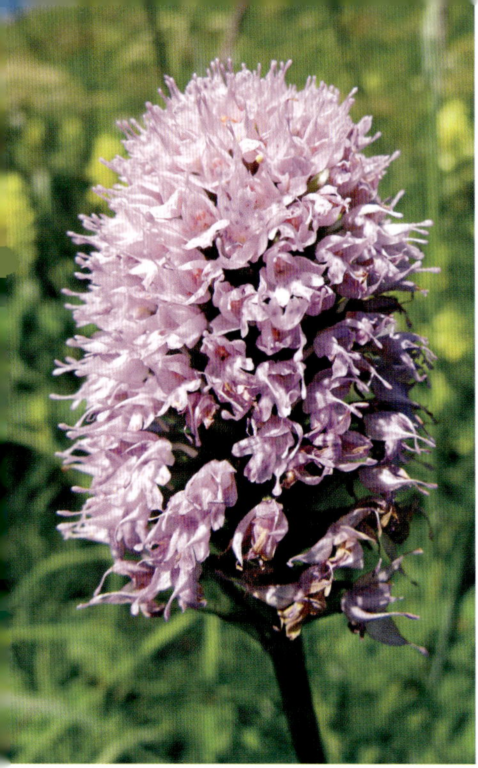

Kugelorchis.

KURZINFO

Talort: Kötschach-Mauthen, 707 m, am Beginn der Straße zum Plöckenpass.
Ausgangspunkt: Auf der Plöckenpassstraße bis zur Abzweigung Lamprechtbauer, rechts abbiegen und knapp 1 km zum herrlich gelegenen Gasthof, großer Parkplatz, 1000 m.
Verkehrsmittel: Mit dem Bus nach Kötschach, zu Fuß vom Bahnhof nach Mauthen und weiter auf Wanderweg 432 über die Kirche Maria Schnee zum Gh. Lamprechtbauer, ca. 1 Std.
Gehzeit: 4.00 Std.
Höhenmeter: 800 Hm.
Anforderungen: Leichte Bergwege, der Aufstieg zur Hochfläche verläuft über steile Bergwiesen, bei Nässe heikel.
Einkehr: Gasthof Lamprechtbauer, 1000 m, lamprechtbauer.at; Enzianhütte, 1501 m, Tel. +43 650 7602421.
Karte: F&B WK 182.
Variante: Der große Alpenblumenrundweg verläuft vom Rastplatz, 1700 m, über die Hochfläche Richtung Hinterjoch und in einer Schleife nach Norden zum Gipfel der Mauthner Alm.

Vom **Lamprechtbauer (1)** haben wir die Wahl: entweder ganz komfortabel auf der 6 km langen Almstraße in 2 Std. zur Enzianhütte aufzusteigen oder über den deutlich kürzeren Waldweg. Zunächst bleiben wir auf der Straße, biegen dann jedoch in »Louisas Pfad« ein und wandern auf dem schönen, zeitweise etwas steilen Weg, die weiten Kehren der Almstraße abkürzend, hinauf zur **Enzianhütte (2)**, 1501 m.

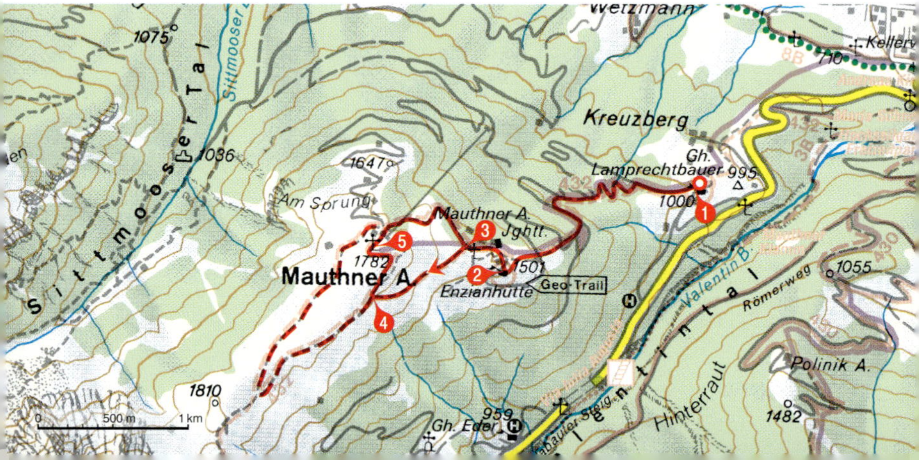

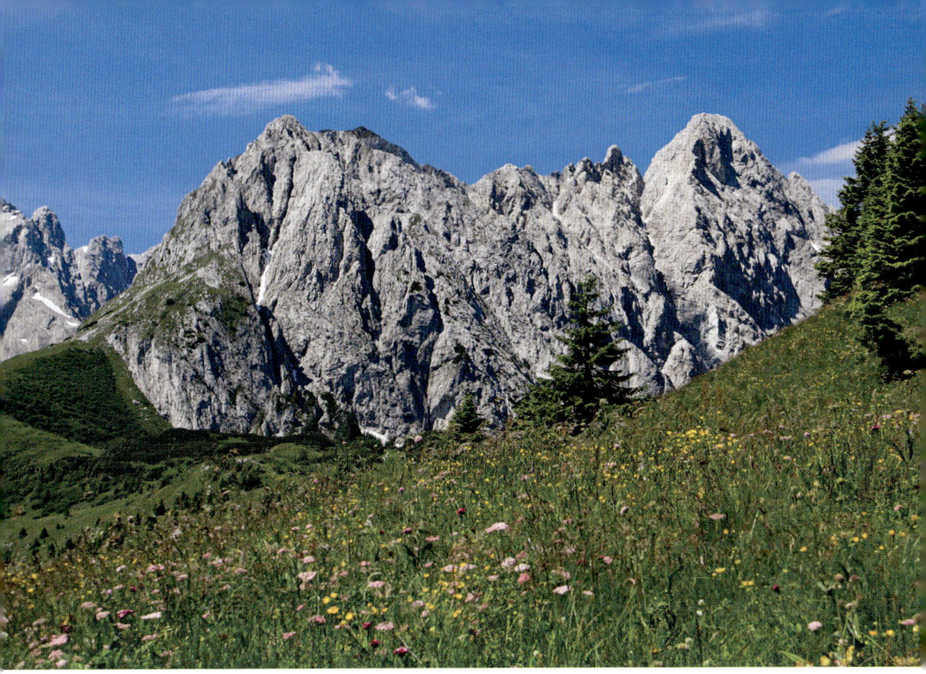

Auf der Mauthner Alm gegen Hinterjoch und Mooskofel.

Nun folgen wir dem Wegweiser »Alpenblumen Wanderweg« bergauf und nehmen 10 Min. später an der Wegteilung den **linken Weg (3)**, 1535 m. Nach einem kurzen Waldstück führt der Weg in ansteigender Querung durch die blumenreichen **Bergmähder**, mit herrlichem Blick zu den Kellerspitzen, auf die weitläufige **Hochfläche (4)**, ca. 1700 m, wo uns mit einer Bank ein herrlicher Rastplatz erwartet! Hier teilen sich die Wege: Links geht es auf Steigspuren über die Bergwiesen zum **Hinterjoch**, 1879 m, von dort kann man zum **Gasthof Valentinalm** absteigen. Wir gehen rechts und wandern über die schönsten Wiesen hinauf zum aussichtsreichen Gipfel der **Mauthner Alm (5)**.
Wer nochmals die ganze Blumenfülle genießen möchte, kann auf dem Aufstiegsweg zur **Enzianhütte (2)** zurückkehren. Eine schöne Rundtour ergibt sich mit Abstieg vom Gipfel über die nordostseitigen Hänge. Ein guter Weg führt durch den Wald und über Lichtungen hinab zur **Enzianhütte (2)**; von da auf dem Aufstiegsweg zurück zum **Lamprechtbauer (1)**.

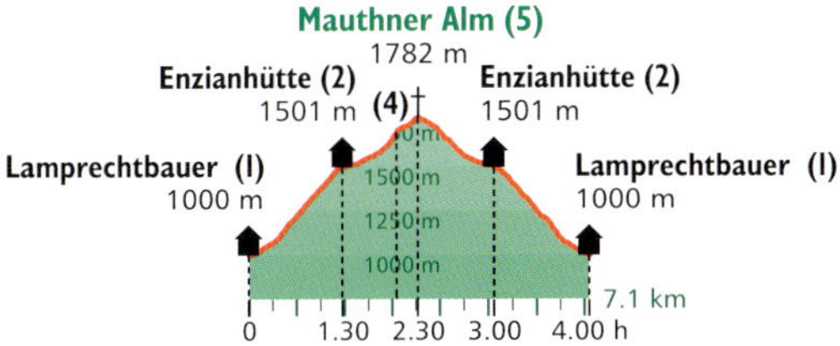

50 Zum Wolayer See, 1959 m

Von der Unteren Valentinalm übers Valentintörl ★★★

Kleiner Grenzverkehr rund um den Wolayer See

Im Aufstieg vom Gasthof Untere Valentinalm zum Wolayer See gilt es zunächst, das Valentintörl als sperrenden Riegel zu überwinden. Es verbindet die elegante Pyramide des Rauchkofels mit der Hohen Warte, dem höchsten Berg der Karnischen Alpen. Steil und düster strebt die Nordwand der Hohen Warte vom Valentintörl hinauf zum Gipfel, zwei schwere Klettersteige durchziehen die mächtige Felsflanke. Weiter östlich, in den Nordabstürzen der Kellerspitzen, ist ein kleines Schneefeld eingebettet: das Eiskar, der südlichste Gletscher Österreichs. Am Valentintörl finden wir ein unterirdisches Wegenetz: Hier lebt eine große Kolonie Murmeltiere, verspielt tollen sie über die Grashänge und mit etwas Glück können wir den putzigen Tieren einige Zeit zusehen, bevor sie durch einen gellenden Warnpfiff in ihre Baue vertrieben werden. Für den Wanderer ist der Rauchkofel mit seinen Blumenwiesen ein lohnendes Ziel, ein prachtvoller Logenplatz vor den großen Felswänden. Vom Törl führt ein steiler Weg zum Gipfel, etwas gemütlicher ist dann der Abstieg zum malerischen Wolayer See. Mal dunkelgrün, mal tiefblau schimmernd ist er das Kleinod am Karnischen Höhenweg. Eingebettet zwischen den steilen Felswänden von Seekopf und Seewarte, eines Nebengipfels der Hohen Warte, hat er eine großartige alpine Kulisse, während die blumenreichen Seeufer zum Entspannen und einem kühlen Bad einladen. Rund um den See wandern wir über einen 400 Millionen Jahre alten Meeresboden. Mit etwas Aufmerksamkeit können wir versteinerte Korallen, Muscheln und Seesterne entdecken. So viele Erlebnisse verlangen zu guter Letzt nach einer ausgiebigen Rast, und so laden uns gleich zwei bestens geführte Hütten zum Einkehren ein. Während die Italiener, die aus dem Friaul zum Wolayer Pass aufsteigen, häufig zur Wolayerseehütte streben, um sich mit Bier und Apfelstrudel zu stärken, zieht es die Österreicher gerne zum Rifugio Lambertenghi, wo sie sich Rotwein, Pasta und Cappuccino schmecken lassen.

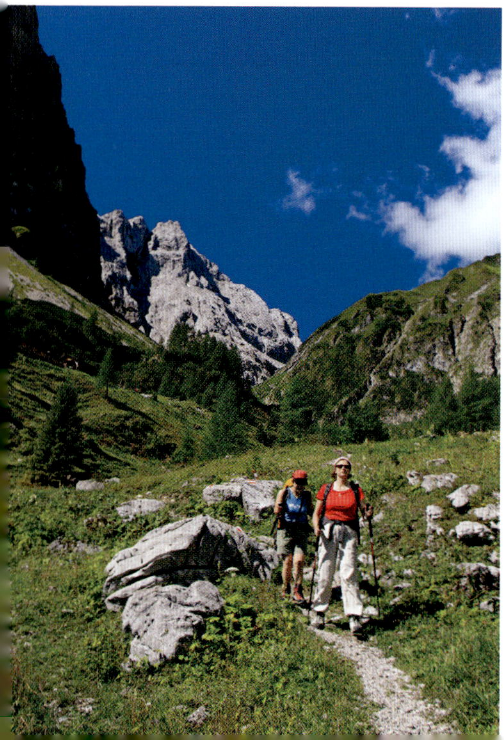

Im Abstieg vom Valentintörl zur Oberen Valentinalm.

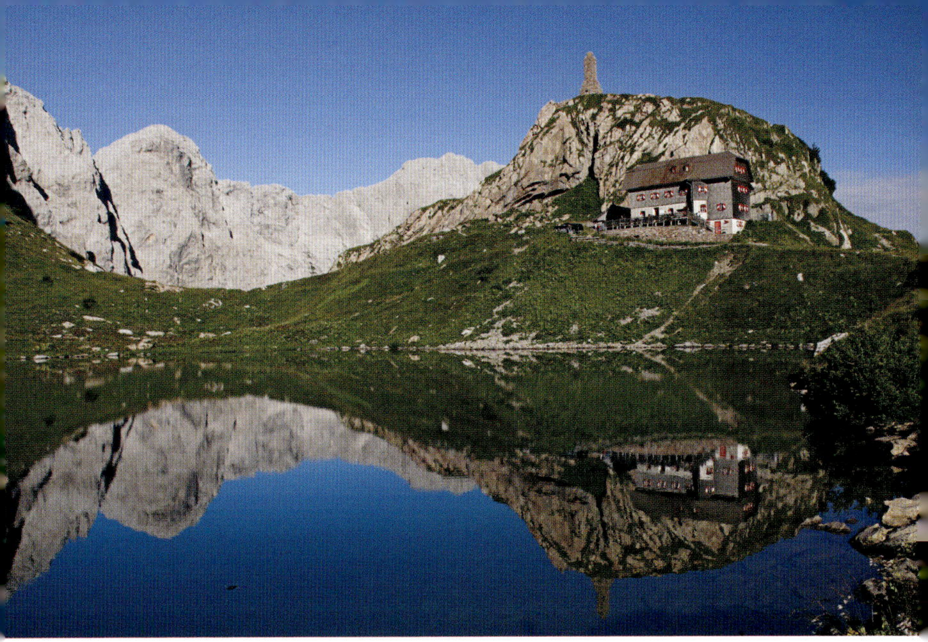

Im Wolayer See spiegelt sich die Wolayerseehütte.

KURZINFO

Talort: Kötschach-Mauthen, 707 m, am Beginn der Straße zum Plöckenpass.
Ausgangspunkt: Gasthof Untere Valentinalm, 1205 m, auf guter Schotterstraße vom Heldenfriedhof an der Plöckenpassstraße zum Gasthof mit kleinem Wanderparkplatz.
Gehzeit: 6.15 Std.
Höhenmeter: 1100 Hm.
Anforderungen: Bergwanderung auf teils schottrigen Bergwegen, im Frühsommer häufig Altschneefelder; Variante steil und etwas mühsam, Trittsicherheit erforderlich, bei Nässe heikel.
Einkehr: Gasthof Untere Valentinalm, privat, Tel. +43 650 4163253, valentinalm.at; Wolayerseehütte, 1959 m, ÖAV, bew. Anfang Juni–Anfang Oktober, Tel. +43 720 346141, wolayerseehuette-lesachtal.at; Rif. Lambertenghi Romanin, 1955 m, wegen Umbau 2024 (evtl. auch 2025) geschlossen.
Karte: F&B WK 182.
Variante: Über den Rauchkofel: Nördlich des Valentintörls setzt eine felsige, im unteren Teil mit Drahtseilen versicherte Rinne an, die sehr steil bergauf zu einem grasigen Absatz führt; hier geht es links zur Wolayerseehütte hinunter. Über steile Grashänge und links eines Grabens weiter bergauf und nach rechts an den Gipfelaufbau. Über leichte Felsen (Drahtseil-Versicherung) hinauf zum höchsten Punkt. Zurück am Absatz auf einer Wegspur nach Westen und über leichte Felsen hinunter in eine Mulde, durch diese, rechts eines schwach ausgeprägten Felsrückens, zur Wolayerseehütte. Zeitaufwand 1.30 Std., 350 Hm.

Vom **Gh. Untere Valentinalm (1)** führt ein breiter Almweg bequem bis zur **Oberen Valentinalm**, 1540 m. Die weiten Kehren können wir auf dem alten Wanderweg gut abkürzen. Kurz unterhalb der Oberen Valentinalm überquert die Almstraße den Valentinbach, hier zweigt

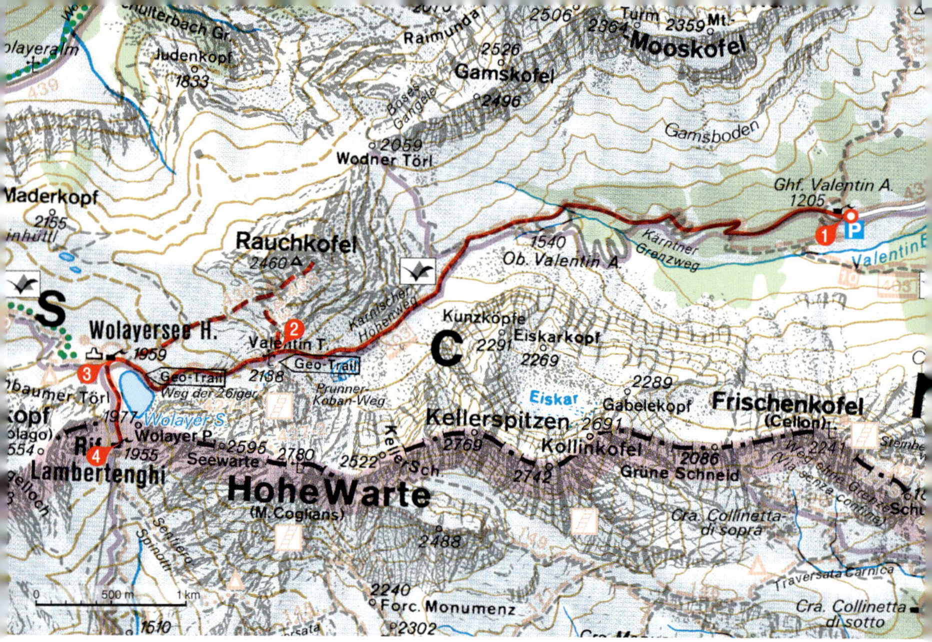

der Weg zum Valentintörl rechts ab. Durch bunte Blumenwiesen, am murmelnden Bach entlang, steigen wir zum **Valentinkar** auf, eingebettet zwischen den Felswänden von Kellerspitzen und Hoher Warte im Süden und den Abbrüchen des Rauchkofels im Nordwesten. Die Markierungen leiten uns am rechten Karrand über die erste Steilstufe hinweg; früh im Sommer können wir auch über steile Schneefelder gerade hochsteigen. Wir erreichen den Karboden, wo der Anstieg kurzzeitig flacher wird, doch schon bald verlässt der Weg Schotter und Schnee, um sich durch die steilen und blumenreichen Südosthänge des Rauchkofels höherzuschlängeln bis ins **Valentintörl (2)**, 2138 m. Jenseits können wir entweder über Altschneefelder direkt zum Wolayer See hinablaufen oder rechts des Kars auf dem Wanderweg absteigen. Am See gehen wir rechts zur **Wolayerseehütte (3)**, 1959 m; anschließend wandern wir von der Wolayerseehütte am westlichen Seeufer entlang weiter zum **Wolayer Pass**, 1977 m, und steigen jenseits wenige Meter bergab zum stattlichen **Rifugio Lambertenghi (4)**, 1955 m.

Der **Rückweg** verläuft auf dem Aufstiegsweg.

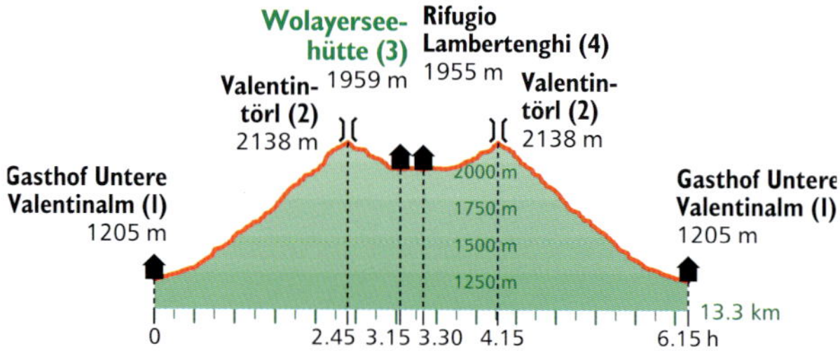

Mussenhöhe, 2038 m

Von St. Jakob über das Röthenkreuz ★★★

Die Paradieslilie und ihr Hofstaat

Das Blumenparadies der Mussen stellt eine in den Ostalpen einzigartige botanische Kostbarkeit dar. Hier gedeihen Pflanzen in einer Vielzahl und Vielfalt, wie wir sie nur noch sehr selten finden. Die Königin unter den Blühern ist die zartweiße Paradieslilie, die mit der leuchtend rot blühenden Karthäusernelke hier einen ihrer seltenen Standorte hat. Aber auch Türkenbundlilien, Arnika, Steinnelken, Gelber Enzian, Kugelorchis, das nach Vanille duftende Kohlröserl und das Holunderknabenkraut, das in einer zartgelben und strahlendroten Variante blüht, bezaubern uns im Blumenteppich. Zwei Umständen haben wir diesen Blumenreichtum zu verdanken: Zum einen wechseln im Gesteinsuntergrund Kalk- und Silikatgesteine auf kleinem Raum und bieten damit unterschiedlichen Pflanzen Nahrung. Zum anderen werden die Mussenwiesen seit Jahrhunderten gemäht und nicht beweidet. Die Mahd dieser steilen Bergmähder ist ein mühevolles Geschäft, und so wurden sie oft nur alle zwei, manchmal erst nach drei Jahren gemäht, sodass die Pflanzen ausreichend Zeit hatten, sich zu entwickeln. Bereits seit 1978 ist die Mussen Naturschutzgebiet, zwischenzeitlich auch Natura-2000-Gebiet, wodurch die Bauern von der Naturschutzverwaltung in ihrer extensiven Bewirtschaftung unterstützt werden, damit dieses Juwel erhalten bleibt. Interessant ist, auch wenn wir Wanderer davon nicht viel sehen werden, dass der Artenreichtum unter den Pflanzen auch zu einer speziellen Fauna geführt hat. So leben auf der Mussen seltene Insekten wie ein Nachtfalter, den man bisher nur hier entdeckt hat, sowie Hunderte verschiedener Schmetterlingsarten. Auf der hier beschriebenen langen Rundtour durchwandern wir die schönsten Abschnitte der Mussenwiesen.

Auf der Mussen, Blick über das Gailtal in den Karnischen Hauptkamm.

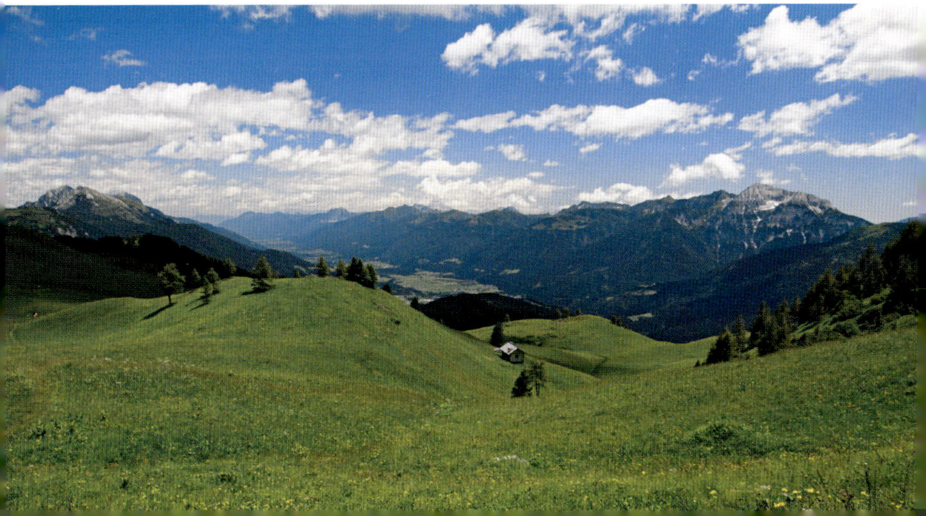

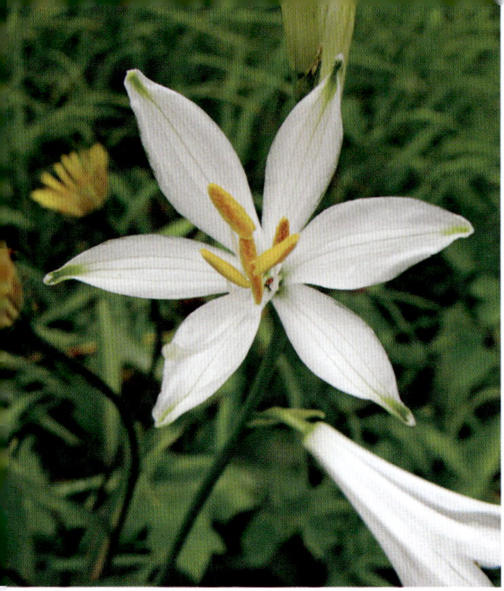

Paradieslilie.

KURZINFO

Talort und Ausgangspunkt: St. Jakob im Lesachtal, 948 m, begrenzte Parkmöglichkeit unterhalb der Kirche, gegenüber vom Gasthof Zum Löwen.

Verkehrsmittel: Busverbindung vom Bahnhof Kötschach-Mauthen nach St. Jakob.

Gehzeit: 6.30 Std.

Höhenmeter: 1100 Hm.

Anforderungen: Leichte Bergwanderung, die im Aufstieg vom Röthenkreuz zu den Mussenwiesen einzelne kurze, steile, felsdurchsetzte Wegpassagen aufweist, die als »rot« einzustufen sind. Insgesamt jedoch einfache Tour, bei der blumenverliebte Fotografen einen längeren Zeitbedarf einplanen sollten.

Einkehr: Gasthof Zum Löwen in St. Jakob, Tel. +43 4715 8818.

Karte: F&B WK 223.

Tipp: Beste Jahreszeit für diese Wanderung ist der Frühsommer; die Blütezeit der Paradieslilie beginnt etwa ab Mitte Juni.

Hinweis: Das Lesachtal wurde als das »naturbelassenste Tal Europas« ausgezeichnet. Mit seinen intakten, alten Ortschaften gehört es zu den »Bergsteigerdörfern«, eine Initiative des Österreichischen Alpenvereins für Wanderer und Bergsteiger, die den sanften Tourismus fördern soll, Infos unter bergsteigerdoerfer.at.

Vom jahrhundertealten, denkmalgeschützten Gasthof Zum Löwen in **St. Jakob (1)** folgen wir nicht dem Wegweiser zur Mussenhöhe, sondern dem mit 226 markierten Weg zur Röthen und gehen auf der Straße Richtung Kötschach-Mauthen, bis wir nach wenigen Minuten bei einem Hof in Strajach links in eine geschotterte Fahrstraße einbiegen können **(2)**. Wir wandern auf der Straße durch den schattigen Fichtenwald aufwärts, im Frühsommer säumen unzählige lila Kerzen großer Knabenkräuter den Weg, und erreichen nach einer halben Stunde eine **Straßenteilung (3)**, 1100 m. Wieder folgen wir nicht dem Wegweiser Richtung Mussen, sondern dem rechten Sträßchen zum Röthenkreuz. Wir bleiben auf Forststraßen bis zum Röthenkreuz, der Weg ist nicht zu verfehlen und an mehreren Wegteilungen gut mit »Röthen« be-

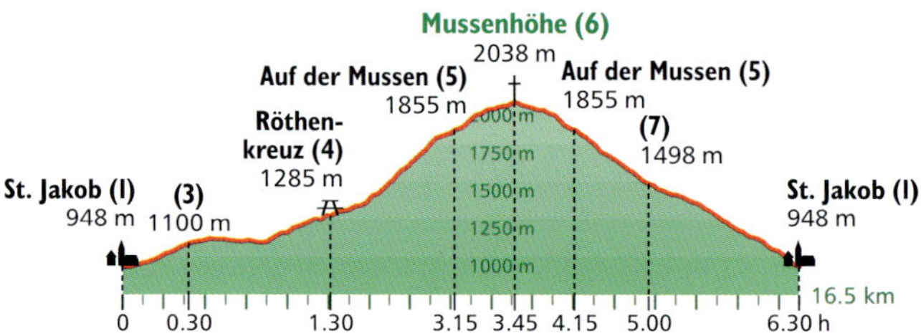

schildert. Das **Röthenkreuz (4)**, 1285 m, mit Bank steht noch im dichten Wald und ist ein idealer Rastplatz, bevor wir die Mussenwiesen erreichen und vor lauter Schauen und Fotografieren Essen und Trinken vergessen.

Vom Röthenkreuz bleiben wir noch ein Stück der Straße treu, dann biegt rechts der Wanderweg ab und schon bald lichtet sich der Wald. Über steile Lichtungen und durch kurze Waldpassagen verläuft der Anstieg, vorbei an den ersten Lilien, zu einer prachtvollen Blumenwiese mit kleiner Hütte. Das Gelände legt sich langsam zurück, wir gewinnen zunehmend mehr einen Überblick über die weitläufigen Wiesen, die immer bunter und prachtvoller werden. Eine Anhöhe wird **»Auf der Mussen« (5)**, 1855 m, genannt, dort haben wir das Zentrum der Bergmähder erreicht. Über einen Rücken wandern wir weiter zum Gipfel der **Mussenhöhe (6)**, einem breiten Gupf vor dem Schatzbühel, den Gipfelsammler in gut einer halben Stunde noch »mitnehmen« können.

Im **Abstieg** wandern wir zunächst hinunter zur Hochfläche **»Auf der Mussen« (5)**, wo wir rechts Richtung St. Jakob abbiegen. Anfangs auf einem Weg, dann auf einer geschotterten Almstraße steigen wir ab bis zu einem ehemaligen kleinen **Parkplatz (7)**, 1498 m. Etwa 10 Min. folgen wir der Fahrstraße bergab, dann leiten uns die Markierungen nach rechts. Auf dem alten Wanderweg, mehrmals die Straße überquerend, kehren wir zurück zum Ausgangspunkt in **St. Jakob (1)**.

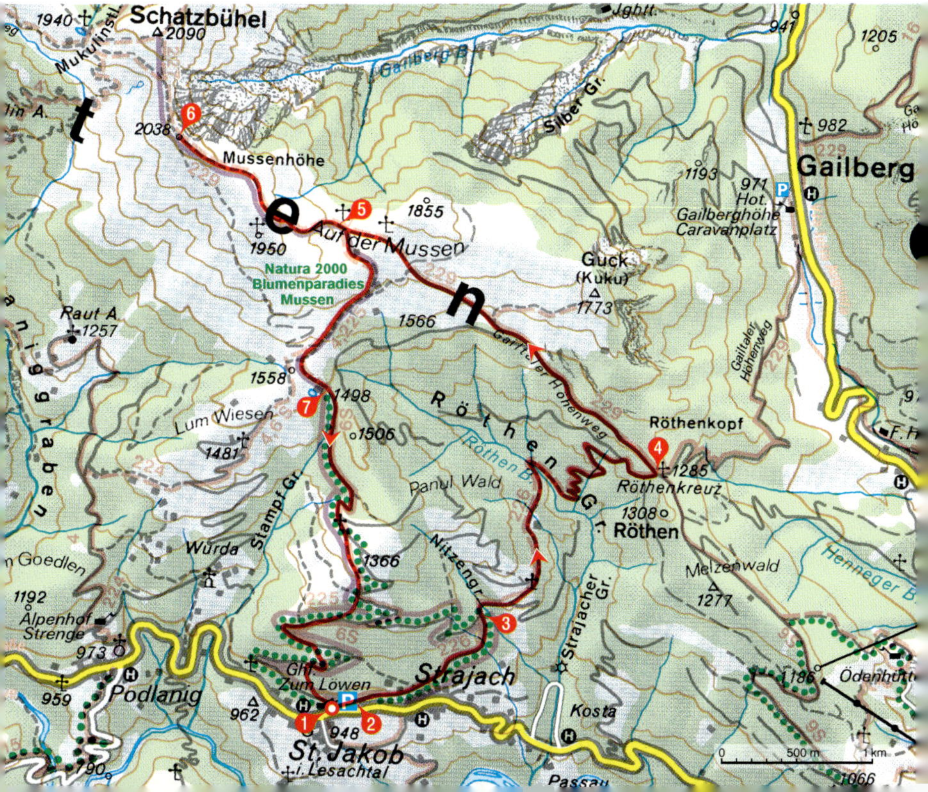

Stichwortverzeichnis

Impressum

Titelbild: Am Weg zur Klagenfurter Hütte mit Blick auf das Hochstuhlmassiv (Tour 37).

Bild Seite 1: Am Zweisee (Tour 18).

Alle Fotos stammen von Evamaria und Primus Wecker.

Die Autorin:
Evamaria Wecker ist seit ihrer Kindheit in den Bergen unterwegs, auf Hochtour, beim Klettern, auf Skiern und Schneeschuhen. Als aktive Fachübungsleiterin ist sie auch viel mit Gruppen auf Tour. Nach langjähriger Tätigkeit beim Deutschen Alpenverein gibt sie nun ihre Erfahrungen und ihre Liebe zu den Bergen als Autorin von Bergbüchern und in alpinen Fachzeitschriften weiter.

Kartografie:
Wanderkarten im Maßstab 1:50.000 und 1:75.000,
Übersichtskarte im Maßstab 1:900.000,
© Freytag & Berndt, Wien

Werk-Nr.: 3072

4., aktualisierte Auflage 2024

ISBN 978-3-7633-3427-8

FSC www.fsc.org
MIX
Papier | Fördert gute Waldnutzung
FSC® C147178

Liebe Bergfreunde!
Alle Angaben dieses Buches wurden von der Autorin nach bestem Wissen recherchiert und vom Verlag mit größtmöglicher Sorgfalt überprüft. Für die Richtigkeit der Angaben kann jedoch – soweit gesetzlich zulässig – keine Haftung übernommen werden.
Wir bitten dafür um Verständnis und freuen uns über jede Anregung und Berichtigung zu diesem Rother Wanderbuch:

Rother Bergverlag · Keltenring 17 · D-82041 Oberhaching
Tel. +43 89 60 86 69-0 · leserzuschrift@rother.de · rother.de